看图学技术指标

——实用技术指标图解大全

麻道明◎编著

中国宇航出版社
·北京·

内 容 简 介

本书主要对 12 大常用技术指标进行了讲解，通过经典实例的深度剖析，引导投资者熟练掌握各大技术指标的基本特性、应用法则、实盘应用技巧。重点解析技术指标常见的技术陷阱，传授技术陷阱的破解方法，从而掌握庄家的“变脸”规律，切中庄家要害。

本书既是一本比较全面又非一般性“指标大全”的技术指标分析类专著，更是一本以研究技术指标特殊信号为主要内容的炒股专用书。

图书在版编目（CIP）数据

看图学技术指标 ： 实用技术指标图解大全 / 麻道明编著. -- 北京 ： 中国宇航出版社， 2019.9（2021.10重印）

ISBN 978-7-5159-1653-8

Ⅰ. ①看… Ⅱ. ①麻… Ⅲ. ①股票投资－图解 Ⅳ. ①F830.91-64

中国版本图书馆CIP数据核字(2019)第125969号

策划编辑　田芳卿　　**责任校对**　吴媛媛
责任编辑　卢　珊　　**装帧设计**　宇星文化

出版发行　中国宇航出版社

社　址　北京市阜成路8号　(010)60286808
邮　编　100830　(010)68768548
网　址　www.caphbook.com
经　销　新华书店
发行部　(010)60286888　(010)68371900
(010)60286887　(010)60286804(传真)
零售店　读者服务部
(010)68371105
承　印　三河市君旺印务有限公司

版　次　2019年9月第1版
2021年10月第2次印刷
规　格　787×1092
开　本　1/16
印　张　19.5
字　数　323千字
书　号　ISBN 978-7-5159-1653-8
定　价　59.00元

前　言

在股市中，技术指标是一个独立而重要的分析工具，实盘应用非常广泛且具有实效。新股民以技术指标寻找最佳买卖点，老股民以技术指标判断市场强弱。

如何利用技术指标更好地为实盘操作提供有利的帮助，是不少投资者的技术难点，有的投资者甚至感到无从下手，以致造成操作失误。为了让更多的投资者正确地认识和利用技术指标进行判势测市，更好地把握市场买卖机会，根据近 30 年的 A 股市场运行规律，并经过长期的跟踪观察、市场检验、潜心研究，笔者编写了这本技术指标分析专著，旨在为广大投资者的实盘操作带来一些帮助。

本书有 14 个章节，由入门到提高再到精通，着重对股市中常用的 12 大技术指标进行深入详细的解析，并通过经典实例的深度剖析，引导投资者熟练掌握各大技术指标的基本特性、应用法则、实盘技巧等，摸准技术指标的运行规律，掌握具有实盘操作价值的买卖信号，避免实盘操作中遇到的各种虚假信号，力求使普通投资者掌握一套实盘应用技术和技巧，在茫茫股海中用技术指标引领航向，达到运筹帷幄、从容出入、胜人一筹的操盘境界。

本书还重点解析了技术指标的常见技术陷阱，传授了每一个技术陷阱的破解方法。在我国资本市场中，存在幕后庄家是不争的事实，市场中有了庄家的存在，就会有许许多多的真假信号产生，这些信号若隐若现，时真时假，使散户深受其害，蒙受巨大的经济损失。比如，庄家在建仓时，就会制造“难看”的技术指标图形，误导散户抛出筹码；当庄家在出货时，就会设计“好看”的技术指标图形，引诱散户接走筹码；在洗盘、拉升阶段也是如此。在这个布满陷阱的市场中，散户要有一套防身制胜的技术分析本领。那么散户拿什么来保护自己呢？只有掌握破解技术指标陷阱的方法，才能刺中庄家的“咽喉”。所以，笔者在书中教给大家一套识别技术指标陷阱和破解陷阱的方法，通过技术指标的每一个细节，分析当前的市场特征，进而推测未来股价的变化趋势，从而掌握庄家的“变脸”规律，找出其中的破绽，切中庄家的要害，然后“出剑下刀”。

本书既是一本比较全面而又非一般性“指标大全”的技术指标分析类专著，更是一本以研究技术指标特殊信号为主要内容的炒股专用书。全书以理论为前提，注重实战分析，突出实盘技巧。书中讲解的内容，对临盘操作具有十分重要的指导意义，希望能给投资者的实盘操作带来切实的帮助。

在成书过程中，得到了中国宇航出版社有关领导的大力支持，本书的责任编辑、印刷师傅和发行人员等，在编辑出版发行过程中付出了大量的心血，在此付梓之际，谨致以最衷心的谢意！

本人才疏学浅，由于时间仓促，书中差错疏漏之处定然多多，期盼股林前辈、同仁不吝斧正，以便在今后再版时进一步改进和提高。愿本书为广大投资者在实际操作中带来一点启示，创造一份财富。如是，将深感欣慰。

麻道明

2019 年 6 月于楠溪江畔

目 录

第一章 /
如何看懂技术指标

一、怎样看技术指标

技术指标分析是股市技术分析的重要组成部分，它与 K 线、切线、波浪、形态以及周期等技术分析方法一起，构成了完整的股市技术分析体系。

技术指标和其他几种技术分析工具不太一样的是：它并不是一种“理论”，而是一种“指标”。它由众多技术指标组成一个体系，这些指标来自不同的分析人员、不同的理论原则，并指向不同的分析目标。

目前市场中的技术指标有数千种，并不断有新的技术指标加入，因此技术指标分析的突出特点是数量极其庞大，分析对象五花八门。

在这些技术分析指标中，有的只适用于大市，不适用于个股，如涨跌比率 ADR；有的只适用于个股，不适用于大市，如简易波动指标 EMV。大多数技术指标既适用于大市，又适用于个股。

技术指标有多种划分标准，根据技术指标的主要功能，可以将其划分为趋势型、均线型、量价型、能量型、超买超卖型、压力支撑型、大盘型以及图表型和主力型等。这是根据指标侧重点不同采取的相对归类，有的指标可以同时归纳为多个类型。

如何学习并掌握如此多的技术指标，一直是投资者的一大难题。其实，掌握所有（或绝大部分）技术指标不但没有可能，也没有必要。在中国股市，经过近 30 年的实盘检验和市场筛选，大约有近百种技术指标可供参考，其中最常用的只有一二十种。本书将从如何看懂技术指标开始，对其中的 12 种常用技术指标进行深入分析，让投资者快速掌握并熟练运用这些技术指标。

1. 技术指标区域

在股市中，使用的交易软件有很多，除了大智慧、同花顺、钱龙、通达信等通用软件外，多数券商还有自己研发的交易软件。

在通用的股票交易软件中，电脑界面主要包括三大区域：最上端是 K 线区域，中间是成交量或成交额区域，最下端是技术指标区域，如图 1-1 所示。

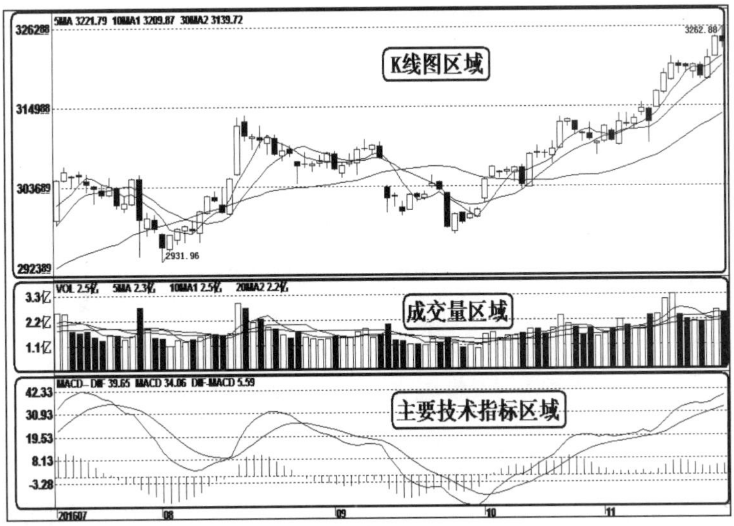

图 1–1

在技术指标区域里，可能布置了投资者所需要的多种技术指标。根据股票交易的软件不同，技术指标区域部署的指标数量和指标种类也不一样。比如钱龙交易软件在这里布置了 58 种技术指标，指标数量、指标种类还可以随时调整。

2. 指标区域简介

在指标区域里，包含三项主要内容：指标主图、指标数值、指标坐标值。如图 1–2 所示。

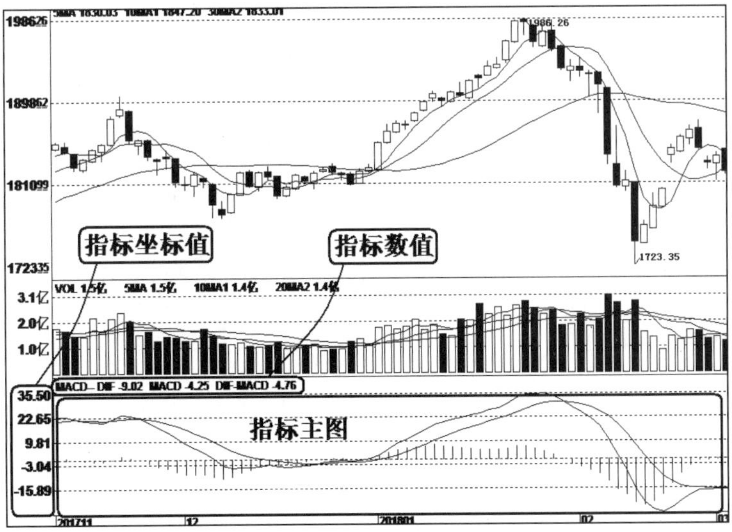

图 1–2

在主要技术指标区域，包含了许多内容，如图 1–3 所示。左上角为指标数值栏，第一项内容是该指标的名称，如 MACD 指标，说明当前盘面显示的是 MACD 指标。

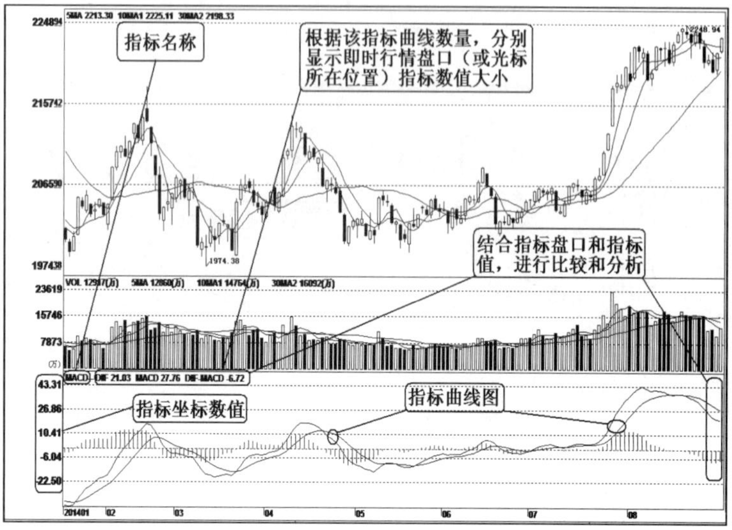

图 1–3

在同一栏的右边分别是该指标的曲线数值，根据该指标曲线数量分别显示其指标值。如 MACD 指标有两条曲线，分别是 DIF 线和 MACD 线，该位置就会显示这两条线当前或光标所在位置的指标值。

此外还有一个指标值是 DIF–MACD 的差值，当 DIF 值大于 MACD 值时，为正值；当 DIF 值小于 MACD 值时，为负值。

指标主图左边为该指标的坐标数值，根据不同指标的特性，标明相应的数值。有的指标分正值和负值，如 MACD 指标；有的指标在 0~100 之间波动，如 KDJ 指标；有的指标从 0 到无限大或无限小，如 OBV 指标。

二、技术指标的调用

在当前市场中，几乎所有交易软件的开机默认指标都是 MACD 指标，即打开电脑主屏时，主图显示的就是 MACD 指标。要分析其他技术指标时，就要对其他技术指标进行调用。在通用股票交易软件中，技术指标可以通过以下四种方式进行调用。

1. 从 End 键调用

End 键的调用方法，是先将屏幕切换到 K 线主图，然后在键盘上按 End 键。每按一下该键，就会切换到下一个技术指标。使用该键，可依次调出 DMI、DMA、EXPMA 等 44 个技术指标（除 3 个大盘指标和 1 个期货指标外）。这是软件自身编排好的，但用此方法调用编排靠后的技术指标比较麻烦，这是它的不便之处。

2. 鼠标点击调用

鼠标点击调用方法，如图 1–4 所示。用鼠标左键点击“K 线”，可以调出美国线、收盘价线、最高价线和最低价线等。点击“成交量”时，可以调出成交量或成交金额。点击“MACD 指标”时，可以调出各种技术指标，指标出现的顺序与第 1 种方法（按 End 键）相同。点击“[1]”时，可以调出不同参数的技术指标套数，投资者可以设定三套不同参数的技术指标。

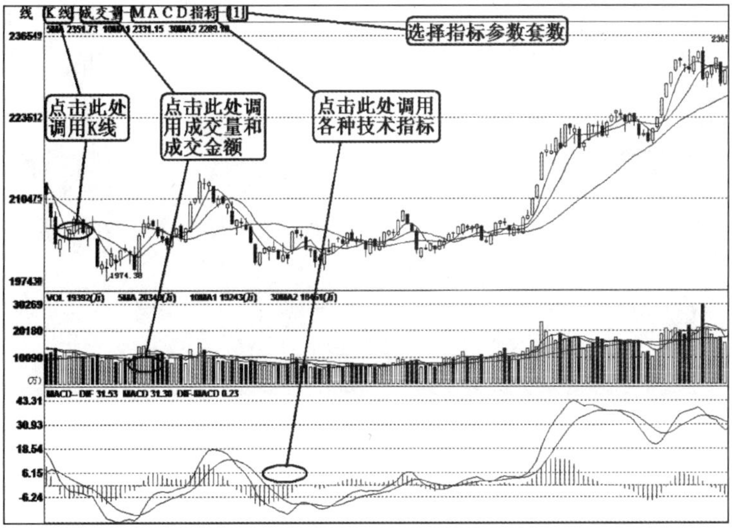

图 1–4

3. 按指标热键调用

在交易软件中，每个技术指标都有自己的热键，只要在键盘上输入指标热键字母，然后按“回车”键确认，就可以快速切换到所需要的技术指标。

多数技术指标的热键就是指标本身的英文字母，如“KDJ”“RSI”“MACD”

等指标，输入该指标的英文字母后，按“回车”键确认即可调出。有的则是英文字母缩写，如 EXPMA 指标的热键是“EXP”、W%R 指标的热键为“WR”，钱龙指标的热键为“QIAN”等。这是调用技术指标最简便的方法。

4. 从 K 线图中调用

从 K 线图中调用技术指标，有以下两种调用方法。

（1）单击K线主图左上角的“分析”菜单，从弹出的下拉框中选择“技术指标”，然后再选择“常用指标”或“全部技术指标”，用鼠标左键点击所需要的技术指标，如图 1–5 所示。在“常用指标”栏中，有 BOLL、KDJ、MACD、RSI 等 10 大常用技术指标，在“全部技术指标”栏中，有 58 种技术指标（包括几个期货指标）供投资者选用。

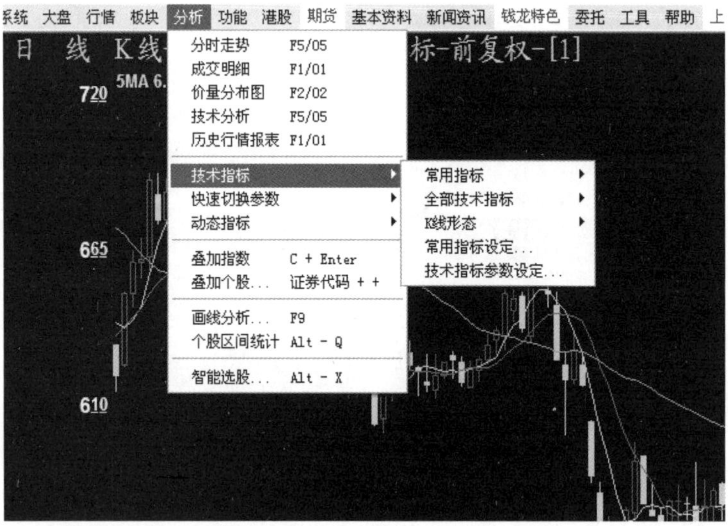

图 1–5

（2）将光标移到指标区域，单击鼠标右键，跳出一个菜单框。再将鼠标移到“变换技术指标”位置，就会自动弹出一个小框。然后选择“常用指标”或“全部技术指标”，就可以随心所欲地调用各种技术指标，如图 1–6 所示。

比如，当你想调用 KDJ 指标时，可以根据上述方法，将光标移到“常用指标”或“全部技术指标”栏，然后用鼠标左键点击“KDJ 指标”，如图 1–7 所示，主屏中的指标区域就会切换为 KDJ 指标，之后可以根据该指标对行情走势进行分析研判。

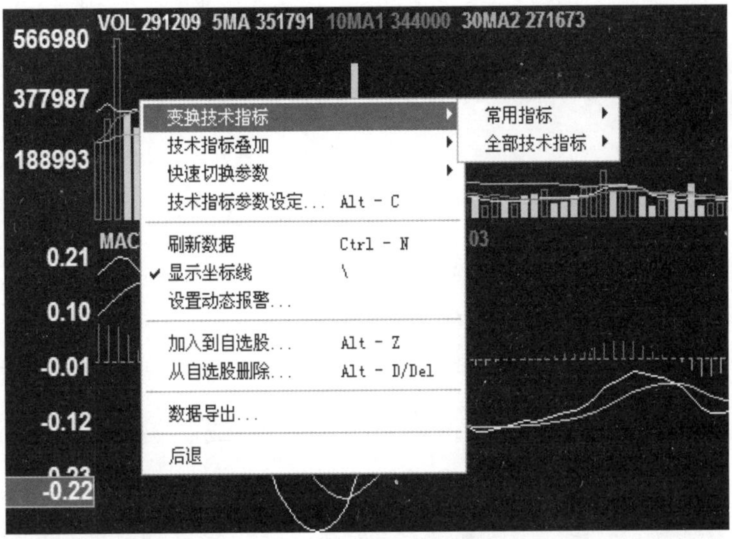

图 1–6

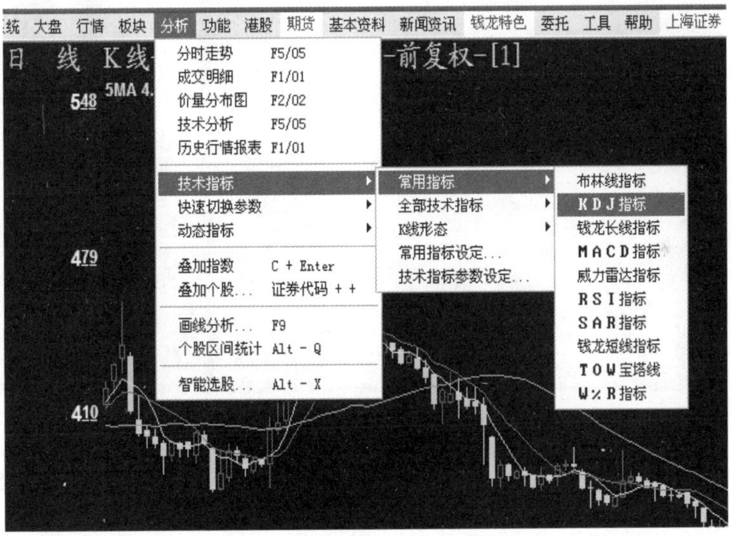

图 1–7

三、技术指标的叠加

技术指标是研判行情、选择最佳进出点的重要依据之一。不同的技术指标，其分析方法也不同，投资者如果没有形成自己的分析思路和操盘模式，很容易导致判断混乱。

为了相互印证，可以用指标叠加的方法进行分析，将两大技术指标叠到一起进行分析比较，以选择最佳的进出共振点。这种方法牵涉的问题很多，包括单边行情、宽（窄）幅震荡行情、横盘震荡行情、震荡偏强（弱）行情、技术修正状态下的高位震荡行情等操盘技巧，还有不同行情下技术指标如何衔接的问题等。

1. 叠加到 K 线图中

指标叠加方法，是先将屏幕切换到 K 线图，然后再将光标移到 K 线主图区域（不能放在其他区域），点击鼠标右键弹出指标框，如图 1–8 所示。从指标框中选择“技术指标叠加”，然后再从“常用指标”或“全部技术指标”栏中选择所需叠加的技术指标，点击鼠标左键，在主图中即可出现指标叠加图形。

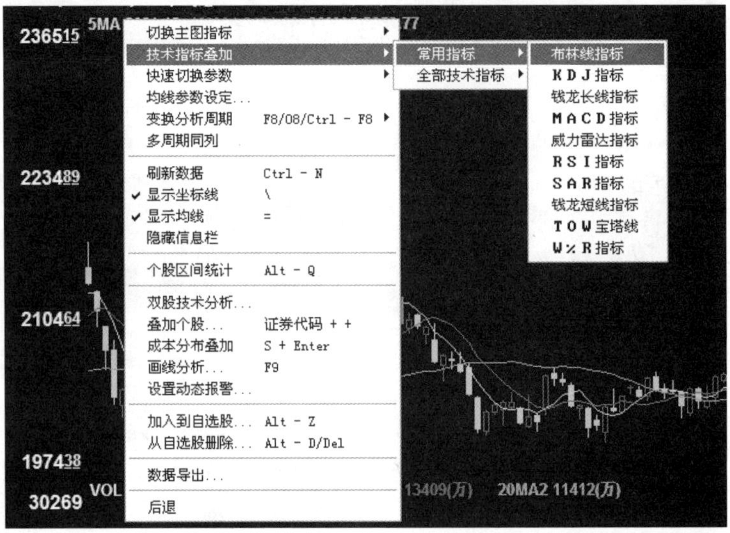

图 1–8

比如，要想将布林线（BOLL）叠加到 K 线图中，可以根据上述方法，将光标移到“技术指标叠加”栏，然后在“常用指标”栏中用鼠标左键点击“布林线指标”，这样主图中的布林线指标就叠加到 K 线图中了。利用指标叠加功能，可以根据布林线指标与 K 线的共振原理，对行情走势进行分析研判，如图 1–9 所示。

当不需要叠加分析时，可以将叠加的指标取消，将光标放到 K 线图区域（不能放在其他区域），点击鼠标右键弹出指标框，在指标框中点击“取消指标叠加”，即可恢复原来的 K 线图形。

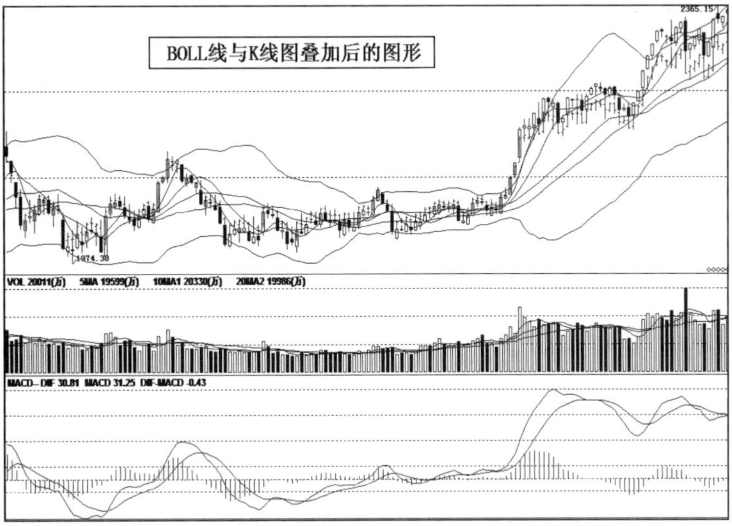

图 1–9

2. 叠加到成交量中

叠加到成交量的方法与叠加到 K 线图中的步骤基本相同，不同的是，必须将光标移到成交量区域（不能放在其他区域），点击鼠标右键弹出指标框，选择需要叠加的指标。比如，要想将布林线叠加到成交量中，就可以用上述方法和步骤进行叠加，如图 1–10 所示。

图 1–10

3. 指标与指标叠加

指标与指标叠加的方法分两步。

首先，根据技术指标的调用方法，调出一个指标等待叠加。

其次，根据上述叠加方法和步骤，将光标移到主要指标区域（不能放在其他区域），点击鼠标右键弹出指标框，选择需要叠加的指标。

比如，要想将 BOLL 与 RSI 两大指标叠加，可以先调出其中的一个指标，然后根据上述方法和步骤进行叠加，如图 1–11 所示。

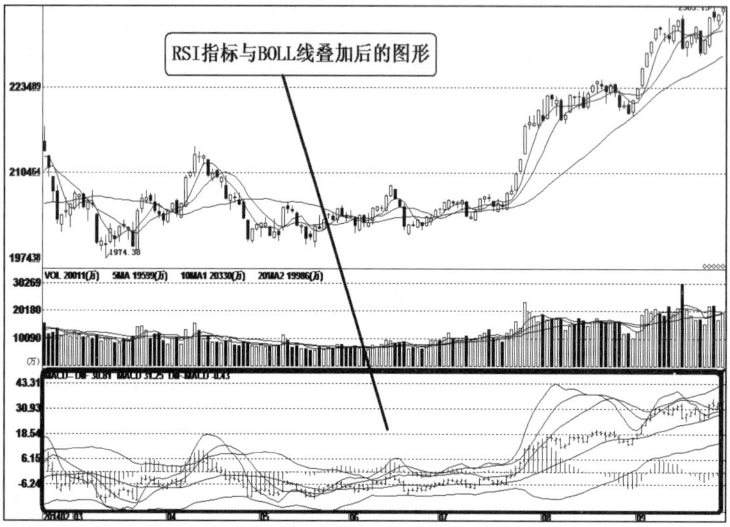

图 1–11

四、技术指标参数的设定

A 股市场经过近 30 年的发展，投资者可谓是经历了风风雨雨，生死沉浮。不少投资者都有过这样或那样的被套经历，其中一个重要的原因，就是对技术指标似懂非懂，指标应用错误，导致亏损累累。很多人甚至对技术指标的作用产生怀疑，其实这是对技术指标的理解和认识不够造成的。

比如，有些庄家利用常用技术指标制造技术骗线，使很多投资者感到一买进股票就狂跌，一卖出股票就飞涨，对指标的使用方法捉摸不透。难道就没有办法避免这种情况了吗？当然有。可以通过修改技术指标参数，躲过庄家的技术骗线，而且使用起来效果奇佳。

1. 参数设定方法

在通用股票交易软件上，技术指标均有自己的默认参数，投资者可以根据自己的需要，在参数选择范围内（绝大多数指标的参数在 1~999 之间，个别指标的参数没有限制或无需参数）自由设定，同一指标可设定三套不同的参数。

技术指标参数设定方法，主要有以下三种。

（1）按 Alt+C 键。

将页面切换到 K 线主图，在键盘上按 Alt+C ，弹出一个对话框，如图 1-12 所示，然后可以在对话框中设定指标参数。

比如，要设定均线系统参数时，可在左边的指标库内用鼠标左键点击“K 线”，这时右边对话框中将自动切换成为 K 线的相关内容。软件的原始默认参数为 5、10、30，大家可以在右边小框内输入想要设定的参数。

设定步骤如下。

第一步，先确定周期，即在“日线、周线、月线”中选择相应的周期。

第二步，在“平均线参数 1~8”后面对应的小框内，输入设定的参数数值（参数选择范围在 0~1000 之间），根据需要最多可设定 8 条移动平均线参数。

第三步，点击“确定”或“应用”，平均线参数设定完成。如果取消设定参数，点击“恢复为默认值”，便可恢复为默认指标参数。

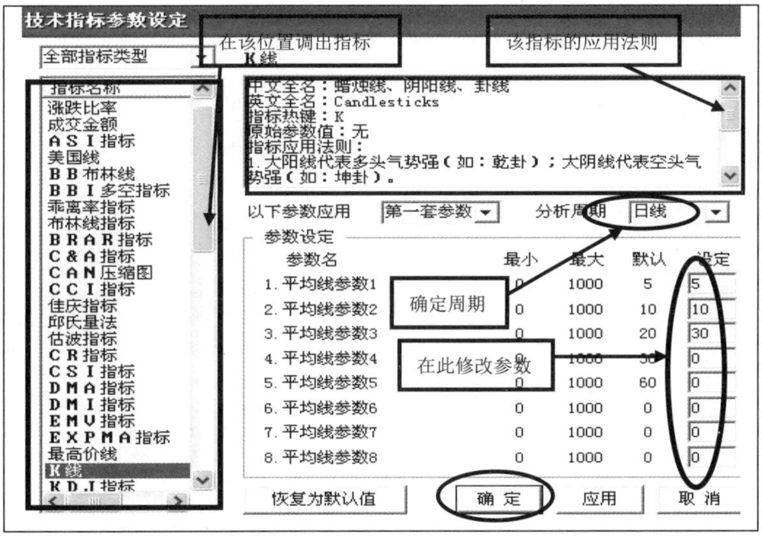

图 1-12

（2）鼠标左键点击。

将页面切换到 K 线主图，如图 1-13 所示。用鼠标左键点击图中三个方框内的任意位置，在页面上弹出一个与图 1-12 相同的对话框，然后根据上述方法，设定需要的技术参数。

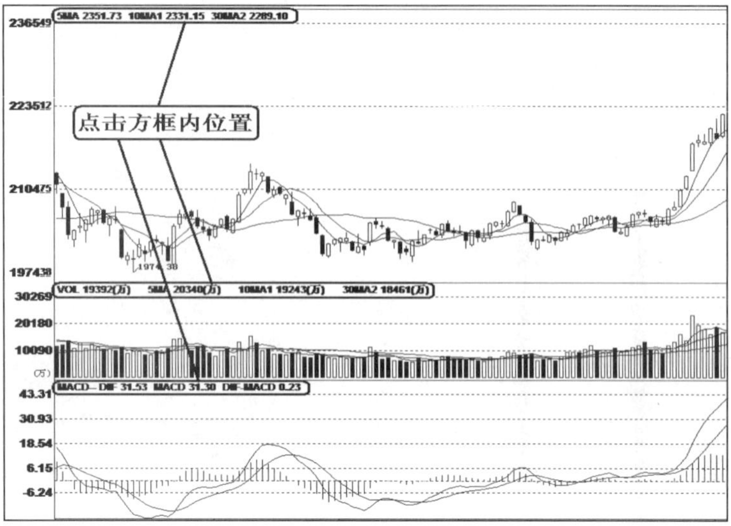

图 1–13

（3）鼠标右键点击。

把页面切换到 K 线主图，把光标移动到 K 线主图的“任意空白处”，然后点击鼠标右键，此时页面上弹出一个对话框。需要注意的是，光标所在位置不同，弹出的对话框也是不一样的。

如果光标放在 K 线区域的任意位置，点击鼠标右键，弹出的小对话框如图 1–14 所示。此时用鼠标左键点击“均线参数设定”栏，页面上就弹出一个与图 1–12 相同的对话框，然后根据上述方法，设定需要的指标参数。

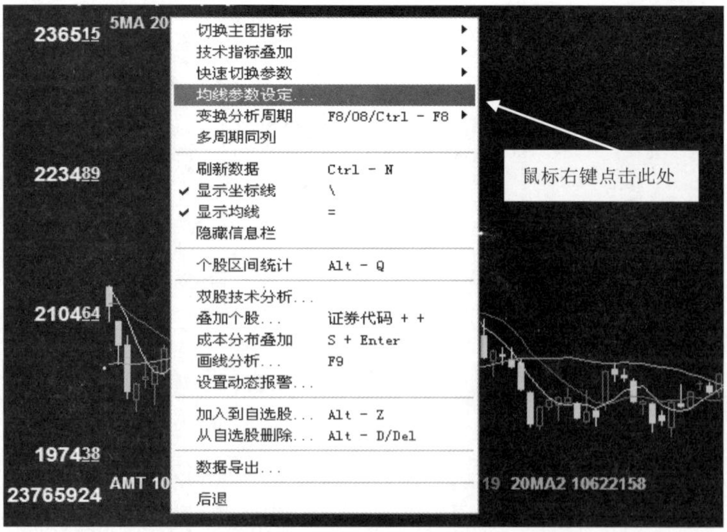

图 1–14

如果光标放在成交量区域的任意位置，弹出的小对话框如图 1–15 所示。此时用鼠标左键点击“参数设定”栏，页面上就弹出一个与图 1–12 相同的对话框，然后根据上述方法，设定所需要的指标参数。

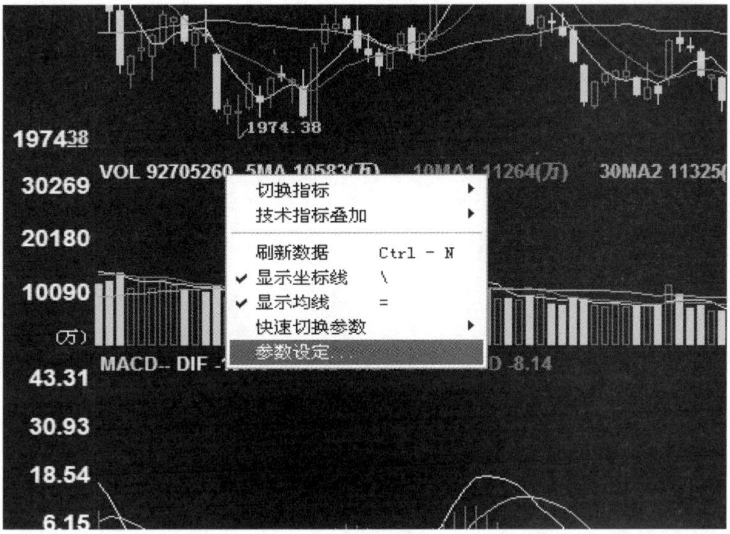

图 1–15

如果光标放在技术指标区域的任意位置，弹出的小对话框如图 1–16 所示。此时用鼠标左键点击“技术指标参数设定”栏，页面上就弹出一个与图 1–12 相同的对话框，然后根据上述方法，设定需要的指标参数。

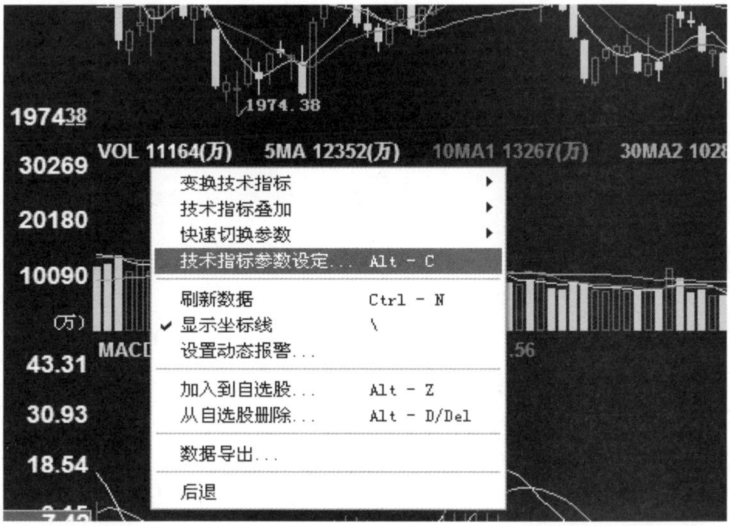

图 1–16

2. 注意事项

构成参数的时间周期，可以是日、月或周、年、分钟等。这些时间周期要根据股票上市时间长短和投资者的操作周期进行取舍，理论上可以采取任意时间周期。在大多数股票分析软件上，各种时间周期的变动范围大多限定在 1~999 内，个别指标参数没有限制或无需参数。

根据需要，投资者可以设定 1~3 套指标参数组合。

在修正技术指标参数时，应注意以下通则。

（1）根据时间循环周期设定参数。

无论大盘还是个股，时间周期对其运行都会产生较大的影响。对有些指标来说，周期是一个非常重要的参数。这一点在平均线（MA）、强弱指标（RSI）上表现得尤为突出。至于周期的测量，通常可以由两个重要低点的时间跨度来确定。

同时，由于存在长线、中线、短线的区别，投资者必须根据具体情况设定个性化且自己熟知的参数，而 5（日）或其倍数，以及斐波那契数字，在这方面都是不错的选择。

（2）保持不同时间标准的一致性。

如果将适用于日线的参数放到分钟图中，指标就会显得过于敏感，特别是震荡类指标，用于周线或月线则会明显滞后。因此在应用过程中，这一原则必须适当变通。这绝不是一个简单的计算问题，换算之后还需要进行微调，尽管对个别指标来说，保持绝对一致能取得较好的效果。

（3）注意大盘与个股之间的异同点。

由于大盘与个股是一般与特殊的关系，因此适合于大盘的同一指标参数，通常可以直接或略作调整后用于大多数个股，但两者之间的差异毕竟存在。大盘的平均结果往往会掩盖许多真相或忽略了个性化，即处于超强或超弱状态的个股，在走势上不同于大盘，其参数设定理应开“小灶”。

（4）随市场变化不断调整优化。

强势股和弱势股走势与大盘迥然不同，平衡市与趋势运行的情况下也有所不同。面对不断变化的市场，一旦发现原参数不太适合当时的市势，就需要对指标参数进行修正以优化指标效果。这是一项长期的工作，中短期参数更是如此。

五、技术指标应用法则

尽管技术指标数量众多，功能各异，但在技术指标的图形分析上，它们有众多的一致性。技术指标分析的目的，就是寻找股价的最佳买卖点。不管什么指标，都是依据以下几种信号判断最佳买卖点。

1. 位置法则

位置法则就是根据指标所处的位置进行分析判断，也就是说根据指标位置的“高、低、强、弱”来预测后市行情的发展变化。大家知道，技术指标是根据具体的数值和趋向来分析判断市场未来变化趋势的，位置法则可以划分为以下三类。

（1）部分技术指标有其自身的波动范围，即在某一固定数值范围内运行。比如 KDJ、RSI、W%R 等，都有一个共同的波动区间：0 ~ 100。在这个空间范围内，虽然每个技术指标具体的划分方法不同，但都有强势区、弱势区之分。

一般的应用法则是，当技术指标进入强势区或超买区时，表明市场经过一段升幅之后有回档的压力；当指标进入弱势区或超卖区时，表明市场经过一段跌势之后有反弹的要求。这里应用的是反向思维定式，当然这仅仅是从简单的层次理解指标。图 1–17 所示是 W%R 指标的波动图形。

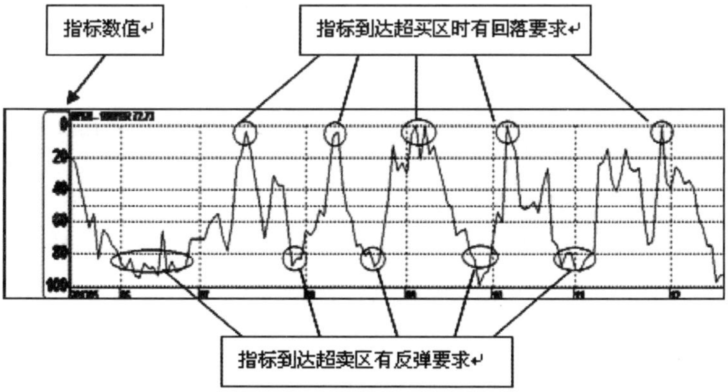

图 1–17

（2）部分技术指标如 MA、SAR、BOLL 等，是将指标值同当日的市场收盘价格做对比。虽然在具体应用上，每个指标都有自己的一套规则，但通常来说，当收盘价格高于指标值时，则表明市场仍处于强势市场；当收盘价格低于指标值时，则表明市场处于弱势之中。这里应用的是正向思维定式。图 1–18 所示是 BOLL 指标的波动图形。

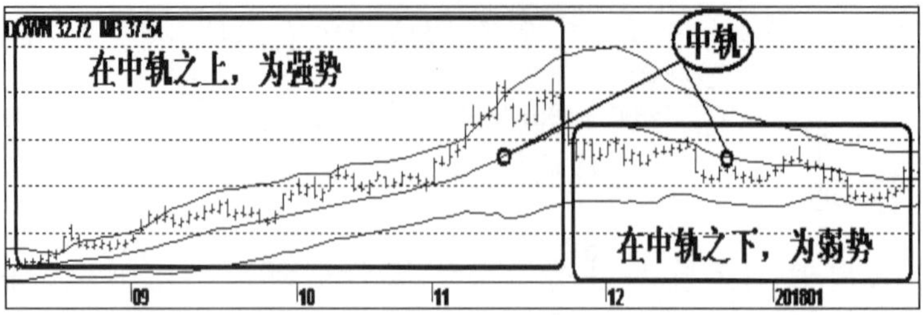

图 1–18

（3）有的技术指标如 OBV、VOL 等，本身无波动区间的说法，也就无所谓强势、弱势区域之别。作为反映成交量信息的技术指标，也不能和股价作比较。但是，可以把当前的指标值同历史上形成的显著高低点作对比，从而得出相应的判断。图 1–19 所示是 VOL 指标的波动图形。

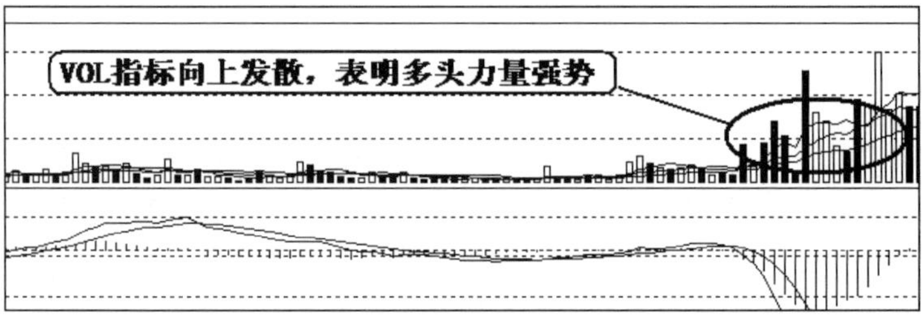

图 1–19

2. 交叉法则

如果仅仅是以位置的“高、低、强、弱”法则来判断市场的话，那么，当技术指标长时间处在高位区域或者低位区域时，投资者应该如何应对？

虽然在位置法则第二种分类方法中，是将指标值与当前市场价位作对比，不存在这一问题，但诸如 KDJ、RSI 这些技术指标，却经常在低位区或者高位区出现钝化的情况，届时该如何操作？

在指标设计过程中，大部分技术指标都考虑到这一问题可能带来的尴尬，因而引入了快慢两条曲线，并以曲线交叉信号作为后市行情的研判依据。如 KDJ 指标中有快线和慢线两条曲线，RSI 指标中也有参数值不同的两条快慢曲线，MACD 指标中设置了 DIF 与 MACD 两条快慢曲线。

有了快慢两条曲线，很自然地，交叉法则就成了这类技术指标应用中极为重要的一条规则。比如在低位区，快线向上交叉慢线时，对后市的发展是有利的，市场称之为“金叉”。在高位区，快线向下交叉慢线时，往往意味着后市将发生相反方向的运动，因此市场形象地称之为“死叉”。

即使是位置高低法则中第二种分类中的MA、SAR、BOLL等指标，也适用穿越交叉法则。在葛氏移动平均线法则中，股价穿越平均线时，往往就是作出买卖决定的时刻。由此可见，把交叉法则列为技术指标通用法则中的一项重要内容，是具有一定的技术理论依据的。

图1–20是MACD指标的基本波动图形，其中标示了低位金叉后的上涨买入信号和高位死叉后的下跌卖出信号。

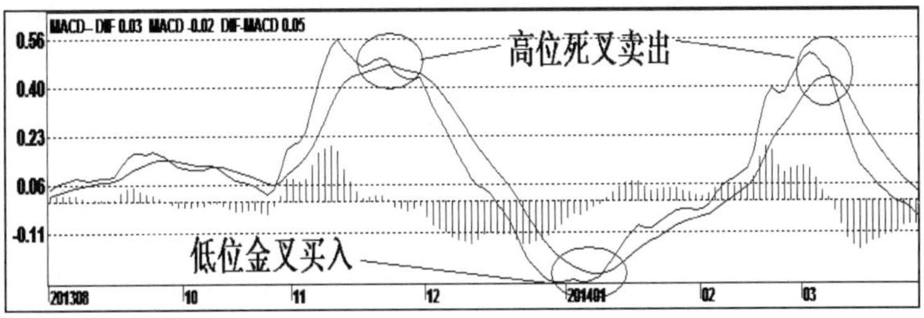

图 1–20

图1–21是RSI指标的基本波动图形，其中标示了低位金叉后的上涨买入信号和高位死叉后的下跌卖出信号。

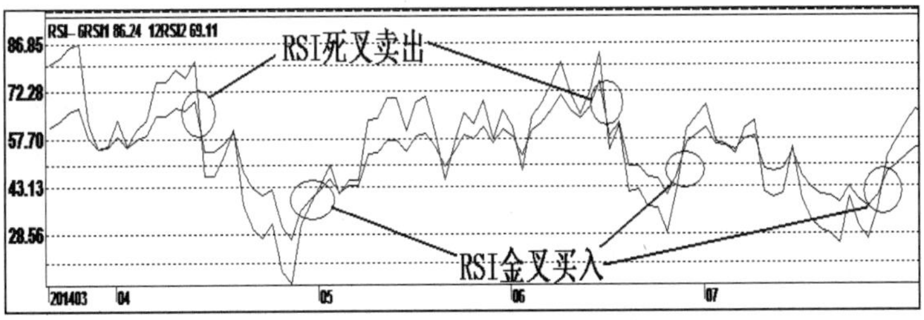

图 1–21

3. 背离法则

在运用技术指标时，经常会遇到股价走势与技术指标走势背离的现象。背离，简单地说就是走势不一致。一旦出现背离走势，就是一个比较明显的买卖信号。

技术指标背离有两种：一是顶背离，二是底背离。

（1）顶背离现象。顶背离通常出现在股价的高档位置。当股价的高点比前一次的高点高，而指标的高点却比前一次的高点低，换言之，就是当指标处于高位，并形成一峰比一峰低的形态，而此时股价却对应的是一峰比一峰高，则表示该指标怀疑股价的上涨是外强中干，暗示股价很快就会反转下跌，这就是所谓的“顶背离”现象。顶背离是比较强烈的卖出信号，如图 1–22（左图）所示。

（2）底背离现象。底背离一般出现在股价的低档位置。当股价的低点比前一次的低点低，而指标的低点比前一次的低点高，也就是说，指标认为股价不会再持续下跌，暗示股价会反转上涨，这就是“底背离”现象。底背离是提示开始建仓的信号，如图 1–22（右图）所示。

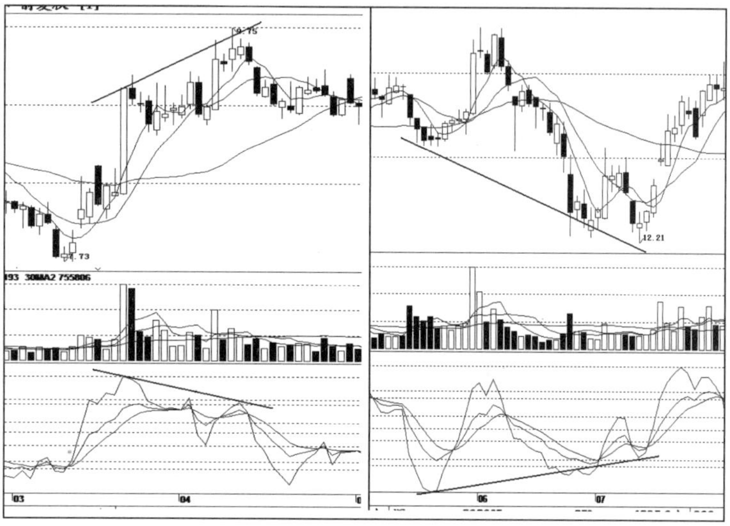

图 1–22

常用的技术指标如 KDJ、RSI、MACD、W%R 等，可以运用背离法则指导操作。需要提醒的是，技术指标背离出现在强势市场中一般比较可靠。也就是说，当股价处在高位时，通常只需要出现一次背离形态，即可确认趋势将出现反转；股价处在低位区域时，一般要反复出现几次背离，才可以确认趋势反转。这就是股价下跌容易、上涨难的道理。

当出现背离信号时，原则上要以技术指标指示的方向作为买卖依据，而不是股价运行的方向。

4. 方向法则

在技术指标图形中，指标的运行方向向上为买入信号，指标运行方向向下为卖出信号。方向信号出现在平衡位置不太可靠，只有出现在超买或超卖区时才较为可靠。

在目前的技术指标体系中，几乎每一个技术指标都具有指示方向的作用。无论是超买超卖型指标，还是支撑压力型指标，或者是以数值大小测市判势的技术指标，在某一时段里，或多或少地都带有方向性。如 VOL 数值逐日增加，则表明市场逐渐趋向活跃。DMI 指标中的 +DI 线方向持续下行，则说明股价处于下跌状态，如图 1–23 所示。

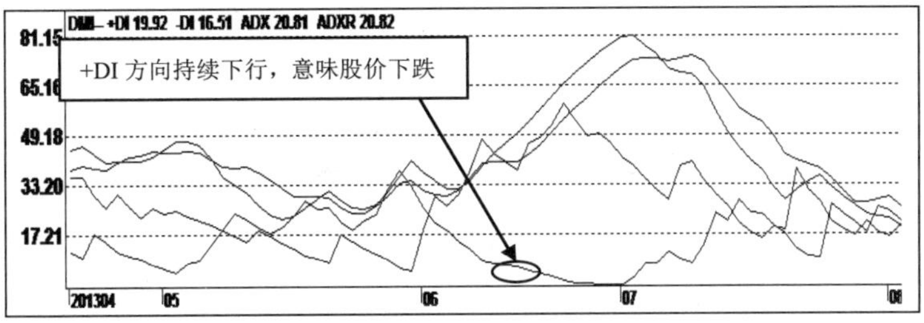

图 1–23

当技术指标持续向一个方向发展，说明股价继续沿原来的方向运行。如 COPPOCK 指标上下起伏时，说明市场处于震荡之中；当指标曲线持续下行时，表明股价处在持续弱势下跌之中；当指标曲线持续上行时，表明股价处在持续强势上涨中。如图 1–24 所示。

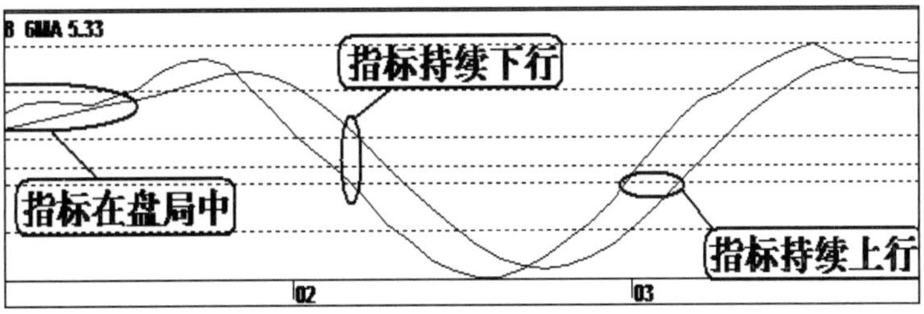

图 1–24

方向法则的买卖信号出现在高位或低位反转时，或者指标值从原来的持续增加或减少，转为持续减少或增加的时候。方向具有短期方向、中期方向和长期方向，投资者可以根据自己的习惯和经验选择操作。

方向法则在趋势行情中比较明显。在盘整行情中，技术指标方向指示不明确，一般放弃使用方向法则，改用突破法则、形态法则、位置法则等。

5. 突破法则

在技术指标分析中，突破是常见的现象，也是较为有效的市场操作信号。当技术指标向上或向下突破某一重要的阻力或支撑区，或者突破某一个重要的平衡位置时，是重要的买卖信号。

突破法则可以划分为以下三类。

第一类，突破的位置是固定的。比如KDJ、RSI、MACD、W%R等技术指标，以0轴（0线或50指标线）作为强弱分界线，CCI指标以天线、地线作为强弱标志线。一旦指标突破这些位置，则意味着市场出现转势，即由多头市场转换为空头市场，或者由空头市场转换为多头市场。

如图1–25所示，MACD指标中的DIF线或MACD线向上突破0线时，表明市场由弱势转为强势，应以做多为主；当DIF线或MACD线向下突破0线时，表明市场由强势转为弱势，应以做空为主。

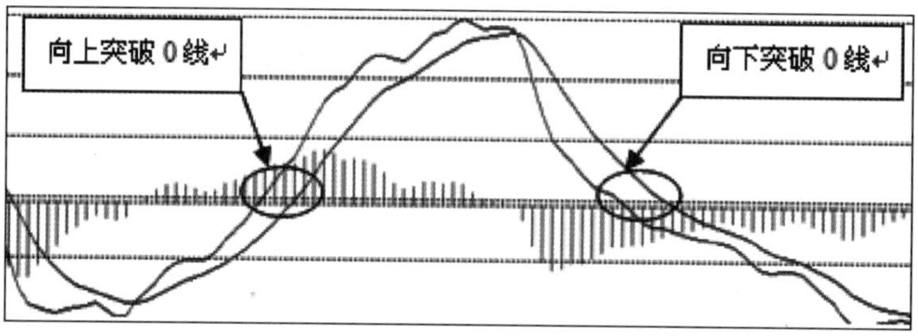

图 1–25

第二类，在市场长期波动过程中，会自然形成一个压力位或阻力位。比如RSI、KDJ等技术指标，随着股价的涨跌，会自然形成趋势线、形态、支撑带或阻力带。当股价向上或向下突破这些位置时，就会发出强烈的买卖信号。

如图1–26所示，RSI指标在长期下跌过程中，形成一条清晰的下降趋势线，这条趋势线不断压制股价走低。一旦股价向上突破这条下降趋势线，就意味着市场出现转势，从而构成短线买入信号。

第三类，在市场运行过程中，其突破的位置随着股价的变化而变化。比如MA、SAR、BOLL等技术指标，其支撑位或阻力位随着股价的变化而自行调整位置。无论支撑或阻力大小，一旦被突破，都会产生大小不一的相应行情，这就是人们津津乐道并试图寻找阻力位和支撑位的真正原因。

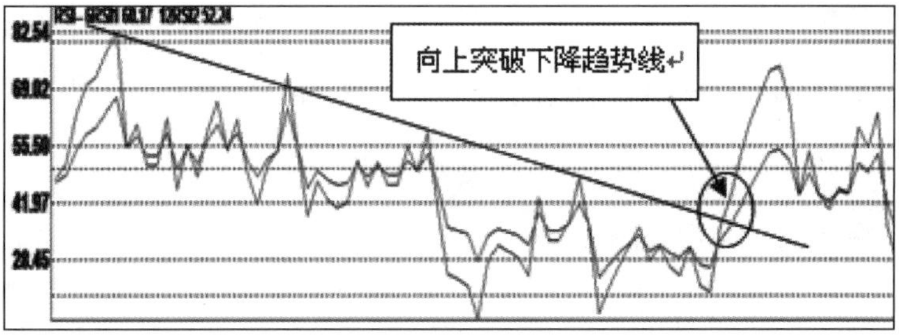

图 1–26

如图 1–27 所示，BOLL 指标由下向上突破中轨线的压力，从而构成较好的买入信号。

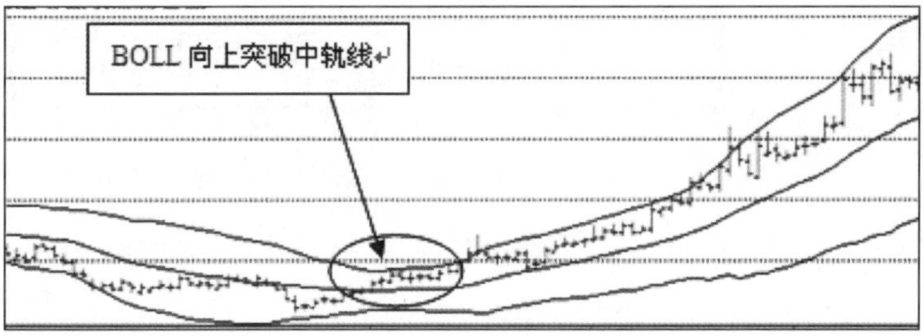

图 1–27

6. 形态法则

形态分析中的顶部图形、底部图形和中途整理图形的研判法则，完全可以用于指标分析。该信号也是出现在超买或超卖区较为可靠。

当技术指标在高位出现双重顶、三重顶或头肩顶等反转形态时，意味着股价的上升动能已经开始衰竭，有可能出现向下反转，转为下跌行情，交易者应及时卖出股票。

如图 1–28 所示，RSI 指标在高位构筑双重顶形态，疑似股价上涨受阻。当开始向下运行时，就应及时卖出股票。

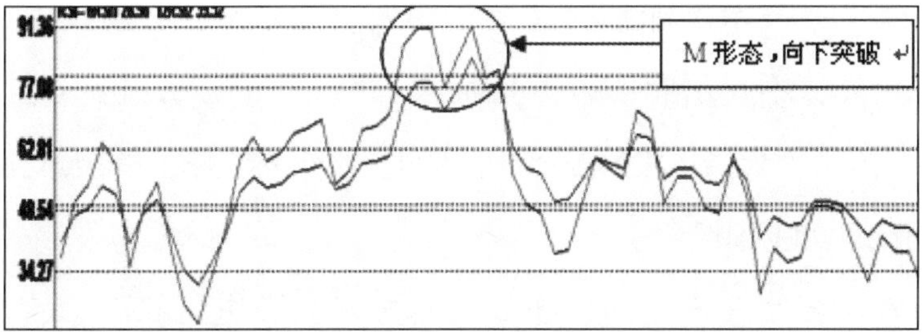

图 1–28

当技术指标在低位出现双重底、三重底或头肩底等反转形态时，意味着股价的下跌动能已经衰竭，股价有可能出现向上反转的上涨行情，投资者应及时逢低买入股票。

如图 1–29 所示，MACD 指标在底部构筑双重底形态，说明下跌动能已经减弱，多头资金开始介入，是一个买入信号。

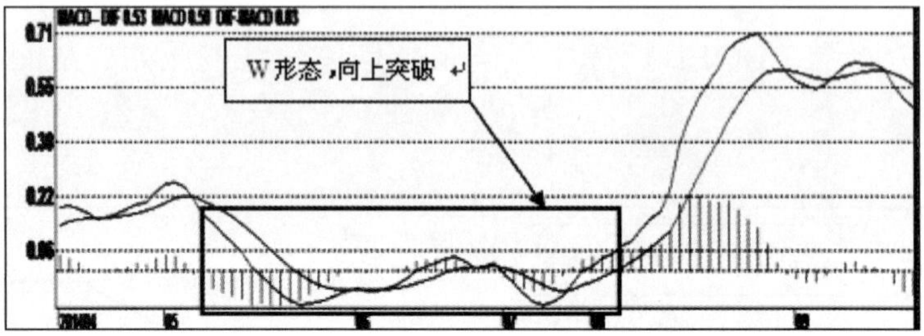

图 1–29

通常，顶部反转形态对行情判断的准确性要高于底部反转形态。技术指标中的形态，可以根据形态学理论进行分析。

形态也可以出现在上涨或下跌的中途。如 RSI 指标在中途出现三角形、楔形等整理形态时，一旦形态形成并确认有效，一般会产生一波力度较大的涨跌行情。比如 KDJ、RSI、MACD 等技术指标在高位形成有效的“M”头时，通常会出现一波较大的下跌行情。

技术指标的 6 大共性法则，是所有技术指标研判法则的高度概括。在进行行情判断时，多数技术指标都可以使用上述信号。同向信号出现的数量越多越可靠，同向信号少则可靠性较差。比如，某只个股在底部出现突破信号时，又产生底部金叉信号、形态信号、背离信号，也符合底部位置信号，那么股价见底上涨的概率就会大大提高。单个信号的可靠性需要进一步验证后，才能作为买卖操作的依据。

当然，不是所有技术指标都具有上述 6 大研判方法，有些技术指标只有其中一种或几种。另外，不是所有的技术指标都适合某一个人，也不是所有人都适合某个技术指标，必须有选择地使用适合自己的技术指标，并了解技术指标的优缺点，当然这需要不断地实践和摸索。

当有些技术指标图形不妥时，还要对其技术参数进行修改，使其信号更强，或更符合使用者的习惯，这就需要熟练掌握技术指标的实盘应用技巧了。

第二章 /
移动平均线（MA）

一、什么叫移动平均线

1. MA 指标概要

中文全名	移动平均线
英文全名	Moving Average
指标热键	MA
指标属性	趋势型技术指标
指标应用	短线、中线、长线技术指标
原始参数	5、10、30
波动范围	无固定波动区间

通俗地说，移动平均线就是 N 天收盘价的平均线，俗称均线（MA）。或者说，就是把某段时间的股价加以平均，再将这个每日不同大小的平均值标于图表上，并将各个平均值连接起来，便得到一条上下起伏的曲线，这就是著名的移动平均线。

可以将 K 线图和移动平均线放在同一张走势图里分析，非常直观明了。

在技术分析领域，移动平均线是绝对不可缺少的指标分析工具。它的主要作用表现在：移动平均线借助一定时期股票收盘价的移动走势反映真实的股价变动趋势。运用移动平均线与每天股价波动之间的相对位置、变动幅度、变化方向，同时配合多条移动平均线的排列关系，可以预测股价未来的发展趋势，从而决定买卖时机。

移动平均线的计算方法非常简单，将最后 N 天的收盘价之和除以 N 天，所得的结果就是移动平均线的值。

比如，5 日平均线就是将最后 5 个交易日的收盘价之和除以 5，所得结果就是 5 日平均线所处的位置，然后将下一个交易日的收盘价加入到平均数运算之中，并将前面第一个交易日的收盘价数值去掉（这叫均线的扣抵），便可求出新的 5 日平均值，将平均数逐日连接起来，得到的便是 5 日平均线。每日股价收盘后，均可求出次日均线所在的位置（但次日随着股价的波动，均线也会出现同步移动）。从这一点上讲，移动平均线具有预知性。

根据均线指标的时间长短，可分为：短期均线，通常为 5 日均线、10 日均线、

30 日均线；中期均线，通常有 30 日均线、60 日均线；长期均线，通常有 120 日均线、250 日均线等。短期、中期、长期是相对的，可以自己确定。

依据移动平均线计算方法的不同，可分为：算术移动平均线、加权移动平均线和平滑移动平均线。就均线指标形态而言，可分为：单条均线、普通组合均线和特殊组合均线（周均线、月均线和分时均线）。

2. MA 指标基本概念

在使用均线指标时，还必须了解几个常用的概念，包括排列、方向、交叉、黏合、角形等。

（1）排列。分为多头排列和空头排列。凡是均线从上到下按周期长短顺序从短期到长期方式排列的，表明市场行情处于相对多头的走势，这就是均线系统的多头排列。多头排列意为多方控制局面，股价可看高一线，以做多为主，如图 2–1（左图）所示。

反之，均线从下到上按周期长短顺序从短期到长期方式排列的，表明市场属于空头性质，这就是均线系统的空头排列。空头排列意为空方控制局面，表明势道趋淡，以做空为主，如图 2–1（右图）所示。

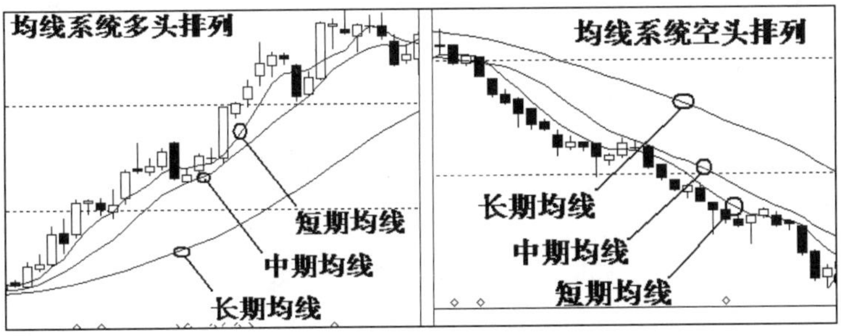

图 2–1

（2）方向。分为顺向运行状态和逆向运行状态。短期均线、中期均线、长期均线沿着同一方向向上或向下运行，为顺向运行状态。如图 2–1 中的多头排列和空头排列就是顺向运行。

逆向运行状态的市场特征是：当短期均线向下，中期、长期均线向上时，说明一波上涨行情终结，但市场下跌多为回档性质，如图 2–2（左图）所示。当短期均线向上，中期、长期均线向下时，表明下跌行情末了，但市场走势多为反弹性质，应快进快出，见好就收，不可中长期持股，如图 2–2（右图）所示。

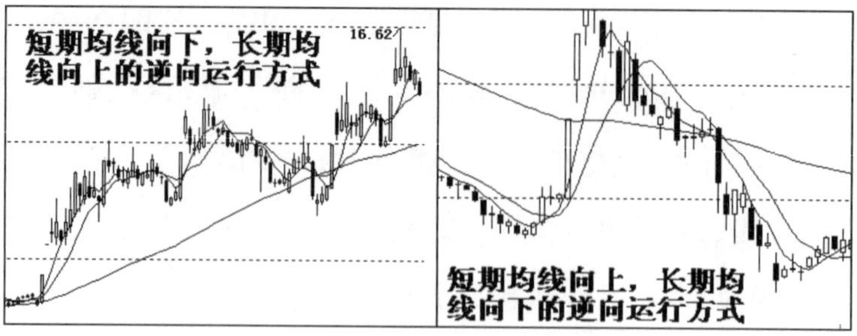

图 2-2

（3）交叉。分为黄金交叉和死亡交叉。短期均线由下向上有效穿过中期、长期均线为黄金交叉，简称金叉。短期均线由上向下击穿中期、长期均线为死亡交叉，简称死叉。如图 2-3 所示。

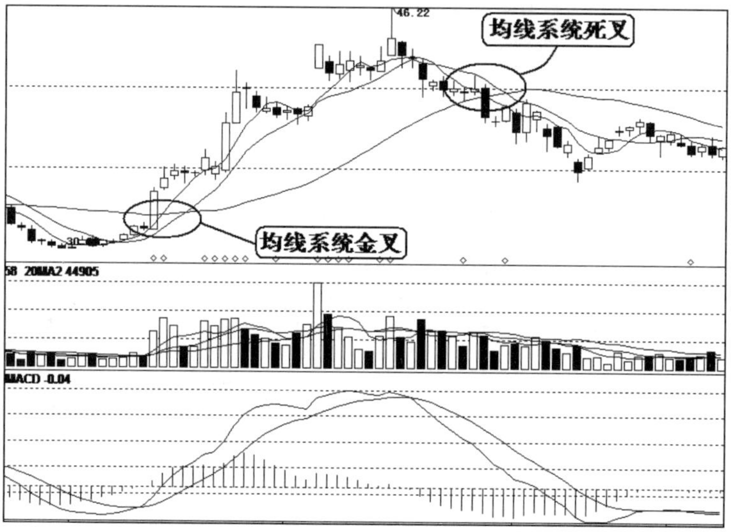

图 2-3

（4）黏合。多条（组合）均线缠绕运行形态。短期均线、中期均线、长期均线相互交错缠绕，不断变换上下位置，说明行情正处在盘整状态中，市场运行方向不明，可待趋势明朗后，再作买卖决定。如图 2-4 所示。

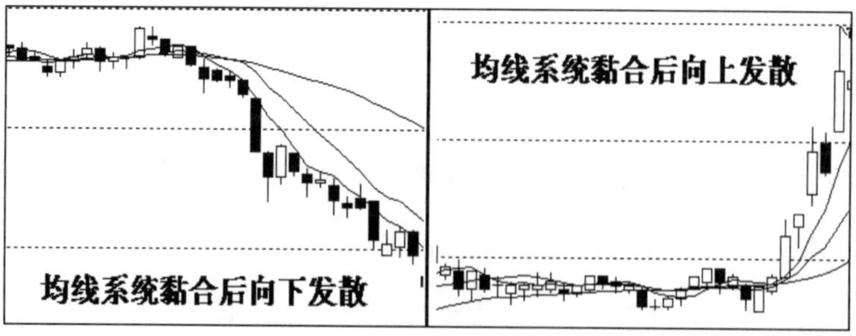

图 2-4

（5）角形。分为银三角、金三角和死亡角。短期均线由下往上穿过中期均线和长期均线，中期均线随后也由下向上穿过长期均线，长期均线转为上行，就会形成一个尖头朝上的不规则三角形。出现这个不规则三角形，表明多方已经积累了相当大的上攻能量，是一个比较典型的买进信号，所以人们形象地把它称为银三角、金三角，或叫银山谷、金山谷。如图 2–5（左图）所示。

短期均线由上向下穿过中期均线和长期均线，随后中期均线向下穿过长期均线，长期均线转为下行，就会在顶部形成一个尖头向下的不规则三角形。出现这个不规则三角形，表明多方上攻能量减弱，空方已积累了相当大的做空动能，是一个比较典型的卖出信号，人们形象地把它称为死亡角或死亡谷。如图 2–5（右图）所示。

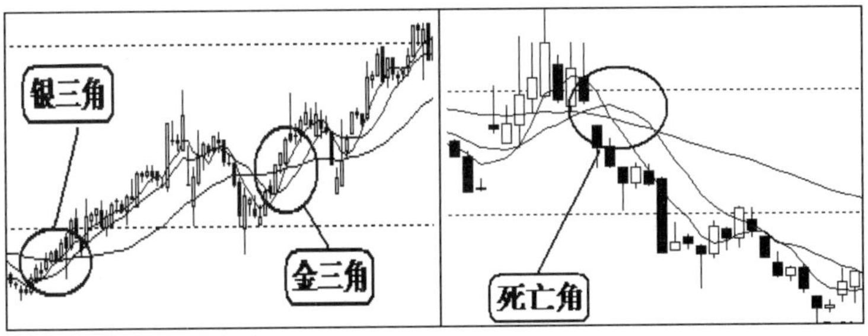

图 2–5

二、移动平均线的特性

技术分析人士利用移动平均线来分析股价走势，主要是因为移动平均线具有以下几大特性，这些特性也涵盖了均线的优点和缺点。

（1）趋势性。均线能够用来表示股价或指数的趋势方向，并追随这个趋势，不轻易放弃。如果从股价的图表中能够找出上升或下降趋势线，那么均线的曲线将与趋势线方向保持一致，能消除股价在运行过程中出现的起伏。

（2）稳定性。通常越是长期的均线，越能表现稳定的特性，即均线不轻易往上或往下，必须等股价涨势或跌势形成之后，均线才会往上或往下延伸。经常是股价回落之初，均线却是向上的，等到股价显著下跌时，才能见到均线掉头向下走，这是均线最大的特点。越是短期的均线，稳定性越差；越是长期的均线，稳定性越强，但也因此使得均线有延迟反应的特性。

（3）真实性。均线指标反映的是一定时期内股票收盘价的移动平均值，能够反映市场的真实情况，一般难以长期造假。

（4）安全性。一般情况下，均线不会轻易地向上或向下运动。通常股价回落或上涨初期，均线反而是反向运行的，待市势明朗后，均线才会真正地改变运行方向。均线选用的周期参数越大，其安全性就越强。比如 30 日均线的安全性大于 10 日均线。

（5）滞后性。移动平均线的滞后性是指在股价原有趋势发生反转时，由于均线追踪趋势的特性，均线的行动往往过于迟缓，均线运行方向的改变通常落后于股价运行方向的变化，掉头速度落后于实际走势。当均线发出反转信号时，股价下跌的幅度已经很大了，这也是均线一个极大的弱点。

（6）助涨性。股价从均线下方向上突破，均线也开始向右上方移动，此时均线可以看作是多头支撑线。当股价回跌至均线附近时，自然会产生支撑力量。短期均线向上移动速度较快，中长期均线向上移动速度较慢，但都表示一定期间内平均成本在增加，卖方力量稍强于买方，因此股价回跌至均线附近，便是买进时机，这就是均线的助涨特征。直到股价上升缓慢或回跌，均线开始减速移动，股价若再次回落至均线附近时，均线才会失去助涨效能。此时股价有重返均线下方的趋势，最好不要买进。

（7）助跌性。反过来说，股价从均线上方向下突破，均线也开始向右下方移动，此时均线会成为空头阻力线。当股价回升至均线附近时，自然会产生阻力。因此均线往下走时，股价回升至均线附近便是卖出时机，此时均线有助跌作用。直到股价下跌缓慢或回升，均线开始减速移动，股价再次与均线接近，均线才失去助跌意义。此时股价有重返均线上方的趋势，不需急于卖出。

（8）支撑性。均线对股价走势具有支撑作用，当股价向上突破均线时，均线会由压力转化为支撑作用。其支撑力度大小，取决于均线选用的周期参数大小。通常周期参数越大，对股价的支撑力度就越强；周期参数越小，对股价的支撑力度就越弱。

（9）阻力性。阻力与支撑相对应，有支撑就有阻力，均线对股价走势同样会产生阻力作用。当股价向下突破均线时，均线即由支撑作用转化为阻力作用。其阻力的力度大小，取决于均线选用的周期参数大小。通常周期参数越大，对股价的阻力就越强；周期参数越小，对股价的阻力就越弱。

三、葛兰碧移动平均线八大买卖法则

在证券技术分析中，美国证券技术分析大师葛兰碧对股价与移动平均线的关系进行了细致的分析，提出了移动平均线八大买卖法则，其中买入、卖出信号各4个。这八大买卖法则在证券技术分析领域颇具权威性，在股市分析中一直沿用至今，经久不衰。无论对机构操盘手还是一般散户来说，该买卖法则都具有很强的指导意义。如图2–6所示。

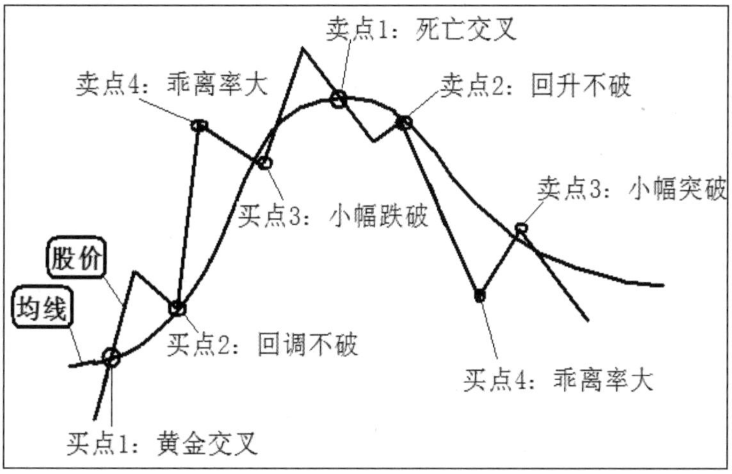

图2–6

（1）股价由下向上穿过均线并继续向上运行，为买入信号。均线由下降通道渐渐走平，而股价从均线下部向上突破均线，形成黄金交叉，并带动均线上移，此为典型的买进信号。如图2–6（买点1）和图2–7所示。

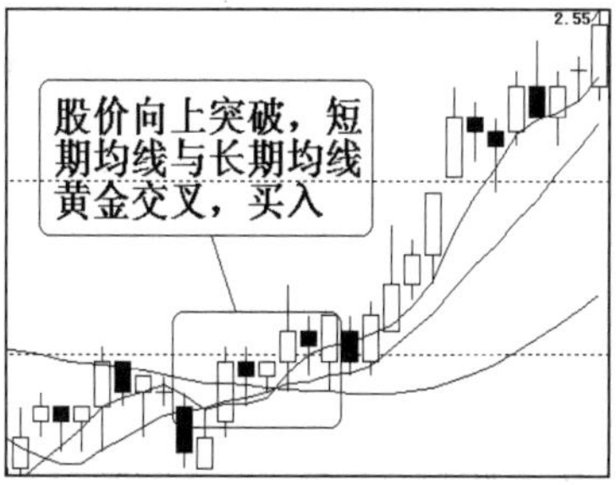

图2–7

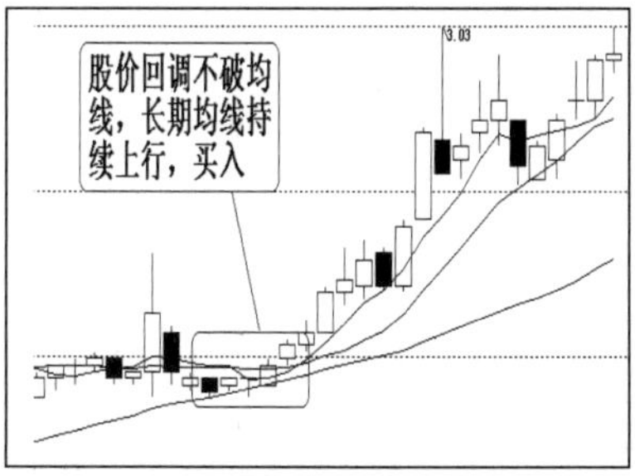

图2–8

（2）股价跌至均线附近但不死叉，反而掉头向上，为买入信号。股价一直在均线之上运行，说明仍为涨势，是买入信号。如图 2–6（买点 2）和图 2–8 所示。

（3）股价跌破均线但很快重返均线之上，为买入信号。股价与均线有“价先线后”的关系，在均线缓缓上升的过程中，股价一时跌破均线，不久即返回均线之上，说明市场仍处于强势。此时的下破为假动作，是买入信号。如图 2–6（买点 3）和图 2–9 所示。

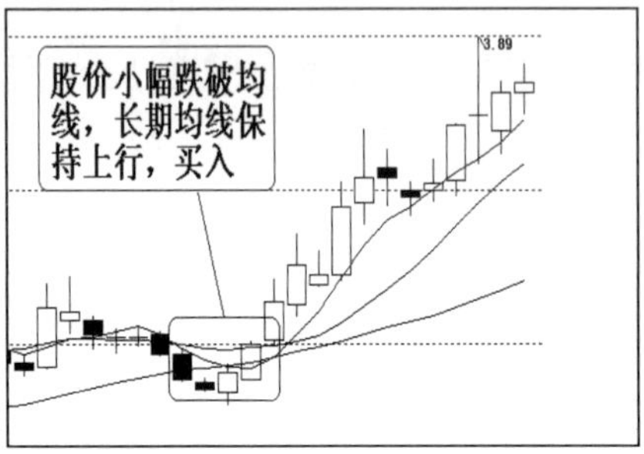

图 2–9

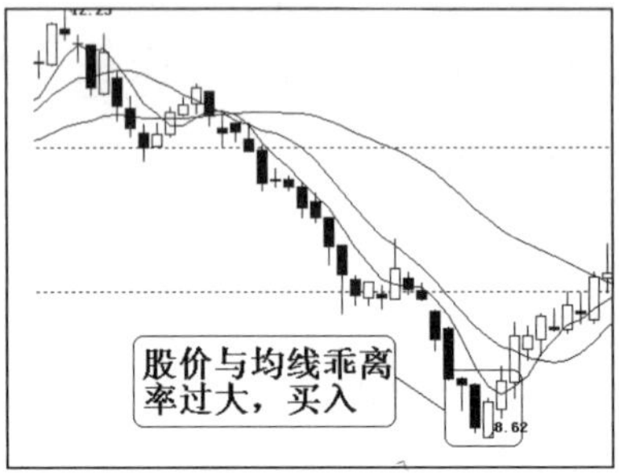

图 2–10

（4）股价大幅下跌并已远离均线，为买入信号。股价大幅下挫，跌破了均线，且继续远离均线，乖离率（BIAS）增大，股价有向均线回归的可能，此时可以买进做反弹。如图 2–6（买点 4）和图 2–10 所示。

（5）股价从上而下跌破均线并继续向下，为卖出信号。均线在高位由上升趋势渐渐走平或有拐头向下的迹象，而股价由上向下跌破均线，形成死亡交叉，表明市场抛压较重，此时应卖出股票。如图 2–6（卖点 1）和图 2–11 所示。

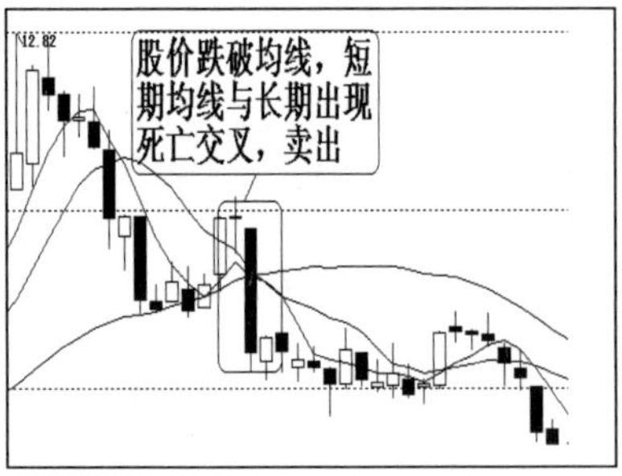

图 2–11

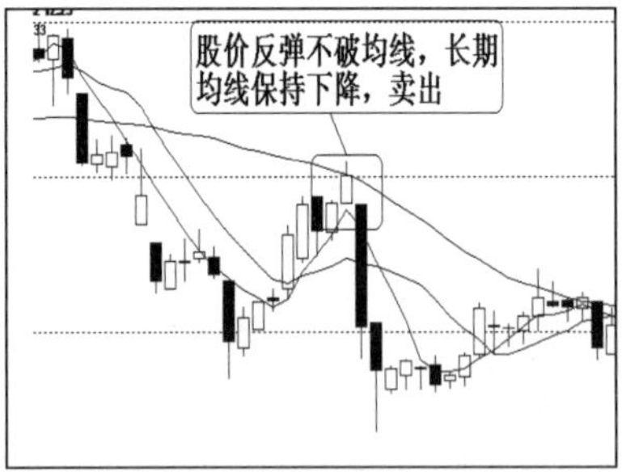

图 2–12

（6）股价上升到均线附近又掉头向下，为卖出信号。股价一直在均线之下运行，说明空头气氛浓烈，应是卖出信号。如图 2–6（卖点 2）和图 2–12 所示。

（7）股价向上小幅突破均线后，很快回到均线之下，为卖出信号。均线缓缓向下压，股价在其下方运行，构成下降通道。股价昙花一现般上穿均线，接着重回均线之下，说明市场为弱势。这种突破为假动作，应尽快卖出。如图 2–6（卖点 3）和图 2–13 所示。

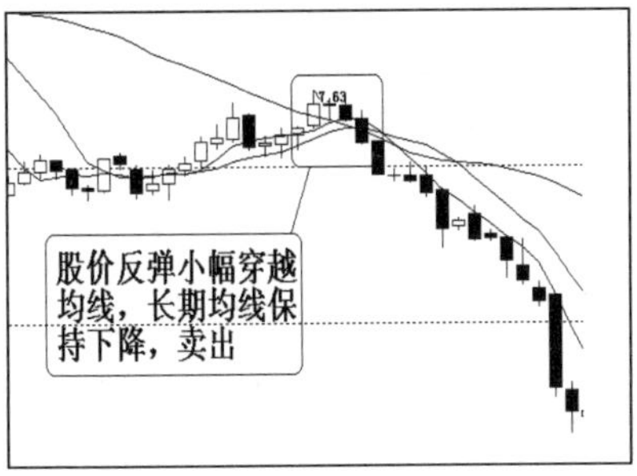

图 2–13

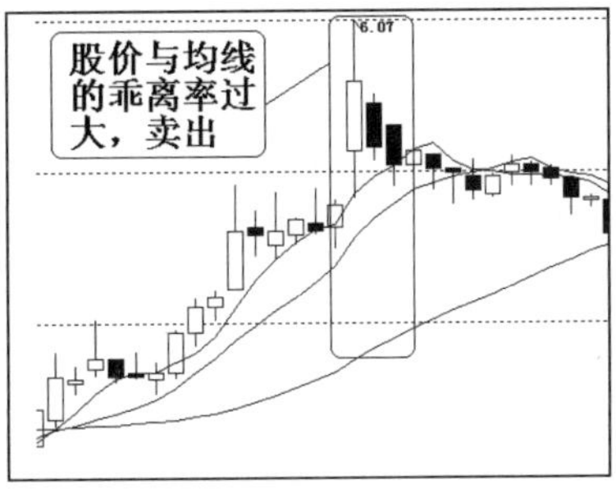

图 2–14

（8）股价大幅上涨且远离均线，为卖出信号。股价涨势过猛，突破后继续远离均线，乖离率（BIAS）偏大，有向均线回档的可能，此时应卖出股票。如图 2–6（卖点 4）和图 2–14 所示。

前四种法则（1、2、3、4）为买进时机。从技术理论分析：第一种法则为盘底现象，是买进信号；第二种法则为回档现象，均线有支撑作用，为加仓买进信号；第三种法则为探底现象，为加仓买进信号；第四种法则为反弹现象，应快进快出。

后四种法则（5、6、7、8）为卖出时机。从技术理论分析：第五种法则为盘头现象，为卖出信号；第六种法则为反弹现象，均线具有阻力作用；第七种法则为做头现象，为卖出信号；第八种法则为回档现象，为短线做空信号。

四、移动平均线实盘操作技巧

在实盘操作中，对移动平均线应重点把握以下几点。①了解和掌握均线系统的排列情况（多头或空头）；②注意均线系统的交叉及拒绝交叉信号；③关注均线系统的特殊状态（银三角、金三角和死亡角）；④把握均线系统曲线黏合后的分离情况。

1. 均线排列信号

（1）多头排列。多头排列一般指短期均线大于中期均线，中期均线大于长期均线，且呈现不断向上攀升的运行趋势。也就是说，短期均线在上方，中期均线在中间，长期均线在下方，不断向上发散。多头排列说明股价处于上升过程中，后市股价继续看涨，因此是一个逢低买入信号。

在进行行情分析时，一定要坚持“以大统小”的原则。也就是说，在看图时要先从能够反映 K 线行情趋势的均线来作详细的分析和判断，确定均线的排列情况。如果均线处于空头排列，就不能看多、做多，只有当均线系统处于多头排列时，才可以看多、做多。

如图 2–15 所示，康泰生物（300601）。2018 年 2 月初，该股主力成功构筑一个空头陷阱后，股价开始向上突破，均线系统呈现多头排列，股价稳步向上走高。从图中可以看出，该股位于上方的 5 日均线、居于中间的 10 日均线和处于下方的 30 日均线，这三条均线处于稳健的向上攀升走势，呈现出一种典型的多头排列状态。这说明这只股票已由多方牢牢控制局势，此时空方只能在一边看着，对上涨行情束手无策。

虽然在上涨过程中出现短暂的调整走势，但同期的均线系统仍保持向上前进的态势，股价也是按照多方的意愿一步一步地向上攀升。多头排列是看多、做多的标志，投资者积极做多有相当大的胜算。

当一只股票 5 日、10 日、30 日均线保持多头排列走势时，尽管在这个过程中股价上涨会遇到一些阻力，但整体局势由多方掌控，投资者没有必要担心股价会大幅下跌，应当坚定信念，牢牢捂住手中的股票，千万不要想当然地盲目看空、做空。只有这样做，才能获取更大的投资收益。

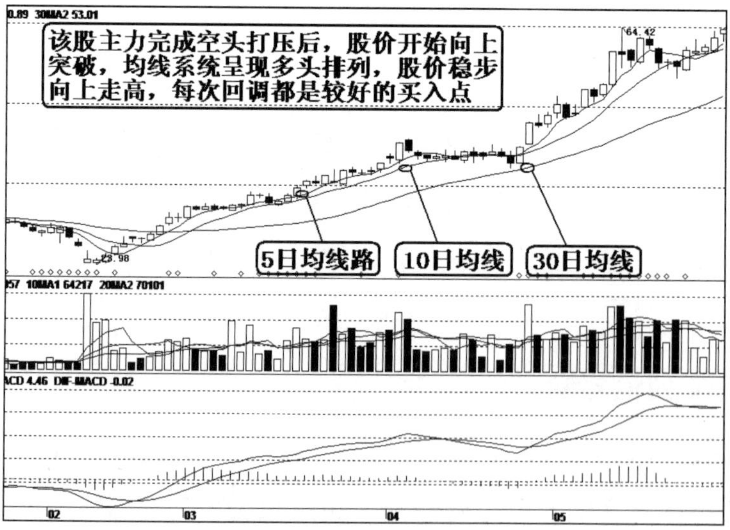

图 2–15

（2）空头排列。在股市中，人们把几条均线同时以圆弧状向下滑落，且长期均线在上方，中期均线在中间，短期均线在下方的这种排列方式，称为均线空头排列。一般来说，当均线出现空头排列时，意味着股价进入空头市场，盘面呈现弱势走势。尤其是股价有了一段较大涨幅之后，当均线出现空头排列时，表明股价将出现一轮较大的跌势，投资者应及时做空，离场观望。

如图 2–16 所示，苏州高新（600736）。股价见顶后回落，形成清晰的下降趋势，30 日均线在上方，10 日均线居于中间，5 日均线在最下方，均线系统呈现空头排列。日 K 线大多数在均线下方收盘，股价每次反弹到 30 日均线附近均受阻回落。遇到均线系统呈现空头排列时，应在 30 日均线附近清仓出局。

一般而言，用均线的多头排列与空头排列寻找股票的转折点是比较可靠的，但同时需要一定的实盘操作经验。需要注意的是，均线的参数设定必须固定，长期使用就会真正掌握均线的精髓。均线是一个单一技术指标，还需要其他技术指标来验证。均线是三大主要技术分析工具之一，在技术分析领域中，可以这样说，K 线最重要，均线其次，第三是成交量。将这三者结合起来分析，得出的分析结论非常可靠。

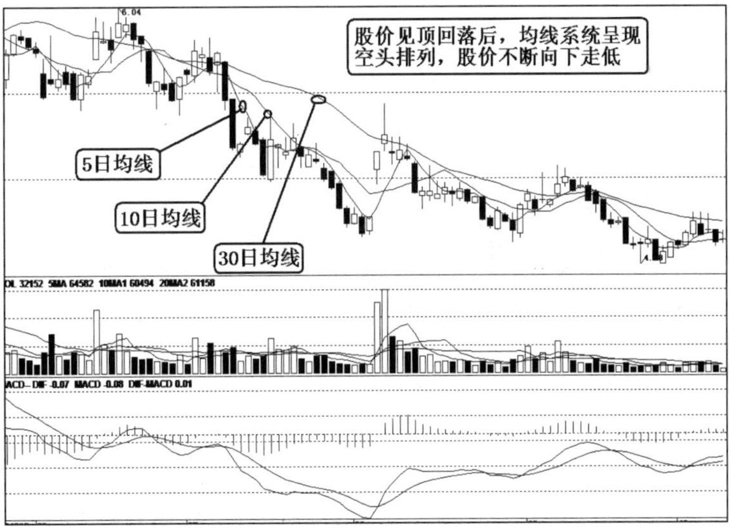

图 2–16

2. 均线交叉信号

（1）金叉买入信号。短期均线由下向上穿越中期或长期均线，而中期或长期均线向上移动，称为金叉信号。金叉信号可以积极做多。两线交叉的角度越陡峭，买入信号越强烈；角度越平坦，买入信号越微弱。

5日均线与10日均线金叉为短线买入点，此时买入虽然风险较大，但成本较低，一旦股价持续升势，获利较为丰厚。10日均线与30日均线金叉为中长线买入点，虽然买入风险小一些，但由于成本较高，获利相对较小。总之，对于这两个买点，投资者可以根据自己的操盘经验和风险承受能力进行选择。

如图2-17所示，佳发教育(300559)。该股主力在低位吸纳了大量的低价筹码，经过打压洗盘后，股价开始向上运行。2018年2月14日，5日均线向上金叉10日均线，然后再次向上金叉30日均线。2月26日，10日均线向上金叉30日均线，30日均线由原来的下行状态渐渐转为上行，均线系统呈现多头排列特征，显示盘面已经转为强势，此时可以大胆逢低做多。随后该股出现大幅上涨行情。

需要注意的是，金叉的买入信号是不一样的，有强弱之分，可靠性也有高低之别。通常来说，时间长的两条均线金叉，要比时间短的两条均线金叉来得强，反映的做多信号也相对比较可靠。比如，5日均线与10日均线金叉时买进，比10日均线与30日均线金叉时买进的安全性要差一些。

此外，金叉信号与长期均线运行的方向也有关。比如，两线金叉时，如果长期均线向上移动，其买入信号较可靠；如果长期均线平行移动，其买入信号一般；如果长期均线向下移动，其买入信号的可靠性较差。

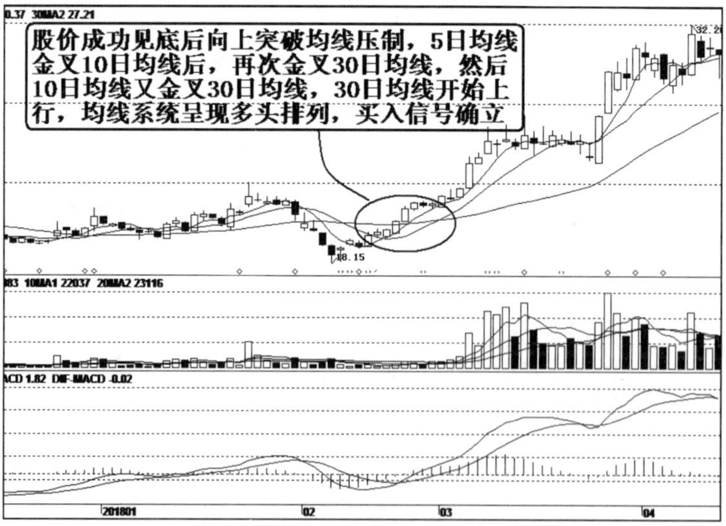

图2-17

（2）死叉卖出信号。短期均线由上向下穿越中期或长期均线，同时中期或长期均线向下移动，称为死叉信号。出现死叉信号，后市看跌。两线交叉的角度越陡峭，卖出信号越强烈；角度越平坦，卖出信号越微弱。中期均线下穿长期均线形成的死叉信号，强度要大于短期均线与长期均线形成的死叉信号，后者的信号强度又大于短期均线下穿中期均线形成的死叉。

如图 2–18 所示，绿庭投资（600695）。该股经过大幅炒作后，庄家获利非常丰厚，在高位不断派发获利筹码，导致股价渐渐走低。2018 年 3 月 14 日，5 日均线向下死叉 10 日均线，不久再次向下死叉 30 日均线。3 月 21 日，10 日均线向下死叉 30 日均线，说明上方股价遭到重大压力，这是多头获利了结的信号。从此股价进入弱势调整走势。

需要注意的是，死叉的卖出信号是不一样的，也有强弱之分，可靠性也有高低之别。通常来说，时间长的两条均线死叉，要比时间短的两条均线死叉来得强，发出的做空信号也相对比较可靠。比如，5 日均线与 10 日均线死叉时卖出，比 10 日均线与 30 日均线死叉时卖出的可靠性要差一些。

此外，死叉信号与长期均线运行的方向也有关。比如两线死叉时，如果长期均线向下移动，其卖出信号较可靠；如果长期均线平行移动，其卖出信号一般；如果长期均线向上移动，其卖出信号的可靠性较差。

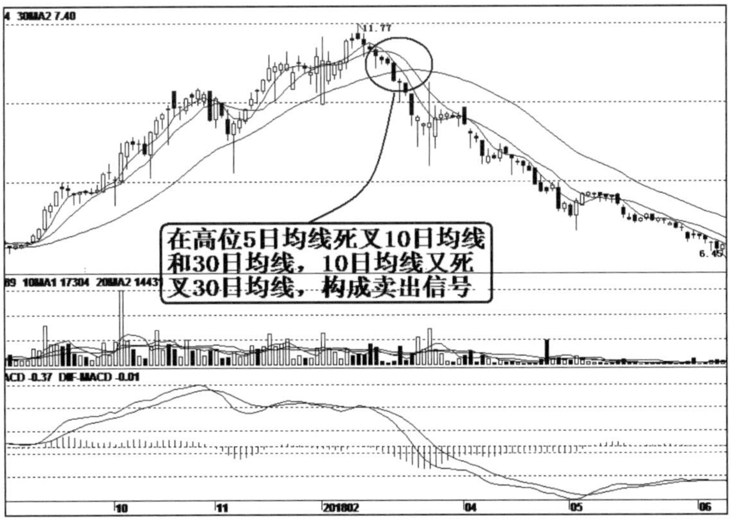

图 2–18

3. 拒绝交叉信号

（1）拒绝金叉信号。股价见顶后出现小幅下跌，由于庄家没有完全出货，再度将股价拉起。当5日均线即将与10日均线形成金叉时，却擦肩而过，两线拒绝金叉。5日均线反转掉头下行，10日、30日均线继续走弱。此时无论成交量放大与否，也不论日K线是阴是阳，都表明反弹或自救行情即告结束，后市将再陷跌势，是卖出机会。

或者，由于反弹行情力度比较大，5日均线掉头向上与10日均线构成金叉，当即将与30日均线形成金叉时，5日均线很快（大约3～5个交易日）反转与10日均线发生死叉，10日均线和30日均线继续保持向下走势，此时不论成交量放大与否，都是较强的卖出信号。

再或者，由于庄家发动强大的反弹行情，5日均线和10日均线金叉后，继续向上与30日均线形成金叉，但股价涨幅不大。5日均线和10日均线在30日均线上方维持一段时间的震荡后，不久5日均线反转向下与10日均线发生死叉，而后继续向下，有效击穿30日均线，30日均线维持向下走势，使前面的金叉信号成为一个多头陷阱。这种情况与拒绝金叉信号具有同样的效果，此时不论成交量放大与否，都是理想的买入信号。

以上三种现象都表明庄家出货态度坚决，反弹行情结束，即将出现新一轮调整走势。

如图2-19所示，海德股份（000567）。该股反弹结束后继续下跌，2018年5月下旬出现几天的小幅反弹走势，当5日均线和10日均线即将与30日均线形成金叉时，5日均线却反转向下，均线系统拒绝死叉，30日均线持续下行。这种盘面现象说明市场没有真正企稳，股价只是弱势反弹或技术修复而已，投资者应在30日均线附近进行离场操作。

（2）拒绝死叉信号。股价经过一轮上涨后，庄家为了日后更好地进行拉升和派发，主动进行回调洗盘调整，股价出现回落走势。当5日均线即将与10日均线形成死叉时，却擦肩而过，反转掉头扬升，如同“蜻蜓点水”。此时成交量再度放大，日K线收阳线，30日均线走势坚挺，表明洗盘即告结束，将要展开一轮主升浪行情，是买入机会。

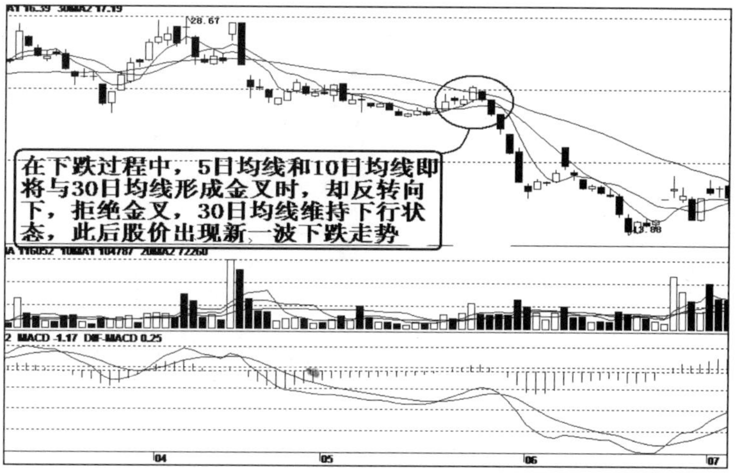

图 2-19

或者，由于庄家洗盘比较彻底，5 日均线掉头向下与 10 日均线构成死叉，但 5 日均线拒绝与 30 日均线死叉。大约 3 ~ 5 个交易日后（一般不超过 7 个交易日，否则不宜用此法判定），再次与 10 日均线发生金叉，10 日均线和 30 日均线保持向上走势，成交量同步放大，也是理想的买入信号。

再或者，由于庄家加大洗盘力度，5 日均线和 10 日均线构成死叉后，继续向下与 30 日均线形成死叉，但股价跌幅不大。5 日均线和 10 日均线在 30 日均线下方维持一段时间的整理后，不久 5 日均线再次与 10 日均线发生金叉，之后继续向上，成功穿过 30 日均线。30 日均线保持向上走势，使前面的死叉信号成为一个空头陷阱，与拒绝死叉信号具有同样的效果。此时如果成交量同步放大，也是理想的买入信号。

以上三种现象，都表明庄家洗盘结束，股价即将进入主升浪行情。

如图 2-20 所示，太平洋（601099）。股价向上突破均线系统后，庄家开始洗盘整理，股价出现回落走势，5 日均线和 10 日均线掉头向下。

当两线即将与 30 日均线构成死叉时，股价却有惊无险，多头将股价拉起，5 日、10 日均线与 30 日均线拒绝死叉。5 日、10 日均线重新掉头而上，均线系统继续呈多头排列，形似“蜻蜓点水”。

当日成交量开始放大，日 K 线收中阳线，30 日均线保持上升态势，MACD 中的 BAR 指标绿柱缩短，红柱出现并逐日增长，这是一个难得的买入机会。其后股价出现持续走高行情。

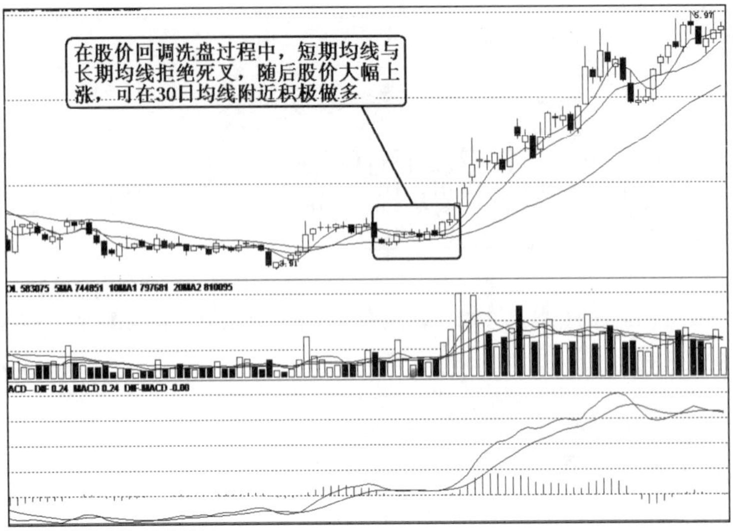

图 2-20

4. 三角形信号

（1）银三角买入信号。股价经过一轮下跌调整后，在底部企稳盘整，接盘力量增大，股价开始转势向上。短期均线金叉中期、长期均线，随后中期均线也金叉长期均线，此时长期均线呈上升趋势。在均线图表中形成一个尖头向上的不规则三角形，这个三角形称为银三角，是一个较好的买入信号。

如图 2-21 所示，佳发教育（300559）。该股在底部调整过程中，主力吸纳了大量的低价筹码，经过打压洗盘后，股价开始向上运行，表明资金介入明显。

2018 年 2 月 14 日，5 日均线向上金叉 10 日均线，然后再向上金叉 30 日均线。随后 10 日均线向上金叉 30 日均线，30 日均线由原来的下行状态渐渐转为上行走势，在均线图表上形成一个尖头向上的不规则三角形，符合银三角形态特征，是一个较好的买入点。其后该股强劲向上攀升，累计涨幅较大。

（2）金三角买入信号。在底部区域出现一个银三角形态之后，股价小幅向上攀升，经过庄家洗盘换手或回调后，股价再次发力向上拉升，预示行情即将进入主升浪阶段。

此时，短期均线金叉中期和长期均线，随后中期均线金叉长期均线，此时长期均线保持上升趋势，在均线图表上又形成一个尖头向上的不规则三角形。这个三角形称为金三角，为介入信号。如果回调确认成功，应大胆加仓买入，短期获利概率极大。

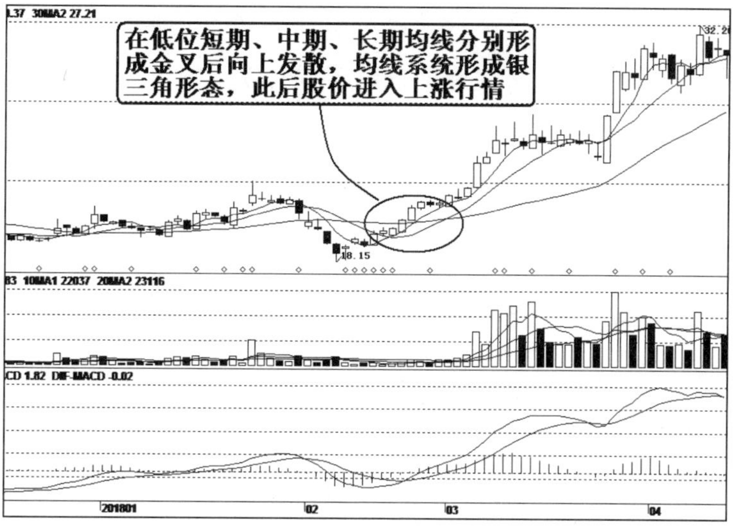

图 2-21

如图 2-22 所示，明家科技（300242）。该股见底后渐渐向上回升，不久在底部出现一个向上的银三角形态，股价出现小幅上涨。庄家为了今后更好地炒作和撤退，便进行洗盘回调，股价出现回落走势。当股价回落到前期低点附近时，获得了强大的技术支撑，股价再次上涨，均线系统再度形成金叉，从而形成一个尖头向上的不规则三角形，即 5 日均线金叉 10 日、30 日均线后，10 日均线又金叉 30 日均线，此时 30 日均线呈上升趋势，从而构成理想的买入点。其后，该股进入牛市上涨行情。

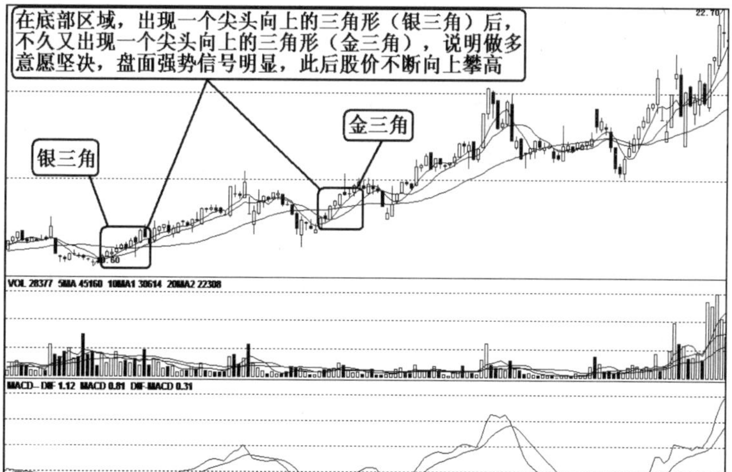

图 2-22

需要注意的是，从图形特征来说，银三角、金三角没有什么区别，不同之处在于出现的时间有先有后。习惯上把均线系统中先出现的尖头向上的不规则三角形称为银三角，把后出现的尖头向上的不规则三角形称为金三角。通常来说，金三角的位置要略高于银三角，但有时也可能平于或略低于银三角。从时间上来说，它们相隔时间越长，金三角的含金量就越高。

从技术上讲，金三角买进信号的可靠性要比银三角高，原因是金三角的出现既是对银三角做多信号的再一次确认，又说明多方有了前一次上攻经验后，这次准备得更加充分，成功的概率自然会更大一些。根据经验分析，在银三角处买入股票，日后成功与失败之比为 7:3，而在金三角处买入股票，日后成功与失败之比为 8:2。

（3）死亡角卖出信号。股价经过一轮上涨后，出现滞涨走势，随后股价转升为跌，短期均线由上向下穿过中期、长期均线，随后中期均线下穿长期均线，长期均线随之下行，从而在顶部形成一个尖头向下的不规则三角形，此三角形称为死亡角。

出现死亡角，表明空方已积累了相当大的杀跌动能，是一个典型的卖出信号。根据经验分析，在股价前期涨幅较大的情况下，出现一个死亡角形态，日后股价下跌和上涨的比例为 8:2。

如图 2-23 所示，京东方 A（000725）。该股被大幅炒高后，由于获利盘涌出，股价开始出现向下回落走势。2018 年 1 月，5 日均线向下死叉 10 日均线，随后又死叉 30 日均线。几天后，10 日均线死叉 30 日均线，30 日均线从上行状态转为下行走势，从而形成一个尖头向下的不规则三角形，这个三角形就是一个死亡角。

这种走势表明空方已经积累了相当大的杀跌能量，后市将出现一波下跌行情，此时应尽快逢高离场。此后股价经过修复性反弹后，2018 年 3 月再次出现同样的死亡角形态，盘面弱势特征得到进一步验证，股价从此出现中期下跌调整走势。

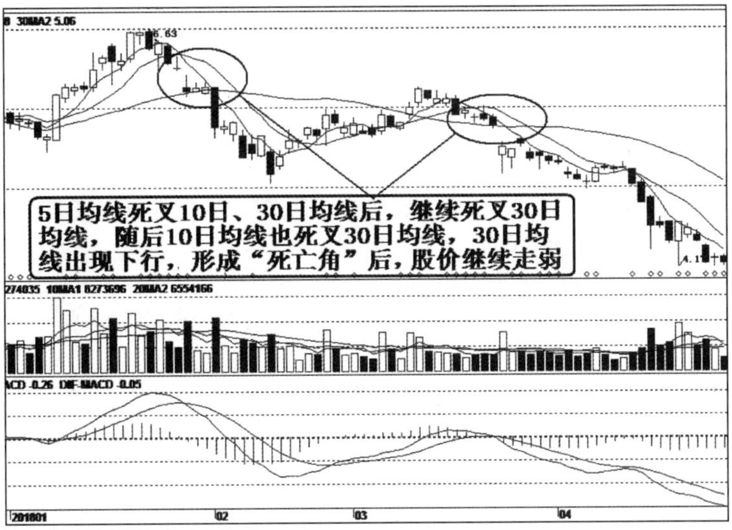

图 2-23

5. 均线黏合信号

（1）低位黏合信号。股价经过一轮下跌后，在低位出现盘整走势，庄家进场建仓或压箱顶吸收廉价筹码，使5日、10日、30日均线在底部黏合或平均值高度接近（黏合越紧，持续时间越长，后市股价爆发力越强）。某日股价向上突破，5日均线脱离黏合开始向上发散，10日和30日均线尾随其后也跟着向上运行，均线系统出现多头发散状态。此时如果成交量持续放大，表明一个中级大底基本形成，这时可以逢低及时跟进，做一波中级行情。

如图2-24所示，中国石油（601857）。该股在低位长时间出现横盘走势，5日、10日、30日均线在底部几乎黏合成一条线，时间长达1个多月。不久，股价放量向上突破盘整区域，5日均线脱离黏合状态，出现明显的向上走势。当日成交量放大，MACD指标向上发散。随后10日、30日均线向上发散，预示短期股价将继续上行，此时应择机介入。

（2）中途黏合信号。中途黏合现象主要出现在以下两种市场行情中。

第一，在上涨过程中出现黏合。行情经过一轮涨升后，庄家开始震仓洗盘，股价震荡回调或出现横盘走势。此时5日、10日、30日均线在中位黏合或平均值接近（黏合越紧，持续时间越长，后市股价爆发力越强），呈水平横盘或略向上趋势。

不久，5日均线脱离10日、30日均线向上运行，10日、30日均线也随之而上，均线系统出现多头排列，成交量持续放大，MACD 中的 BAR 绿柱缩小或红柱增长，表明第二轮拉升行情开始。没有抓住第一轮拉升行情的投资者，这时可以积极跟进，开心地做一轮短线上涨行情。

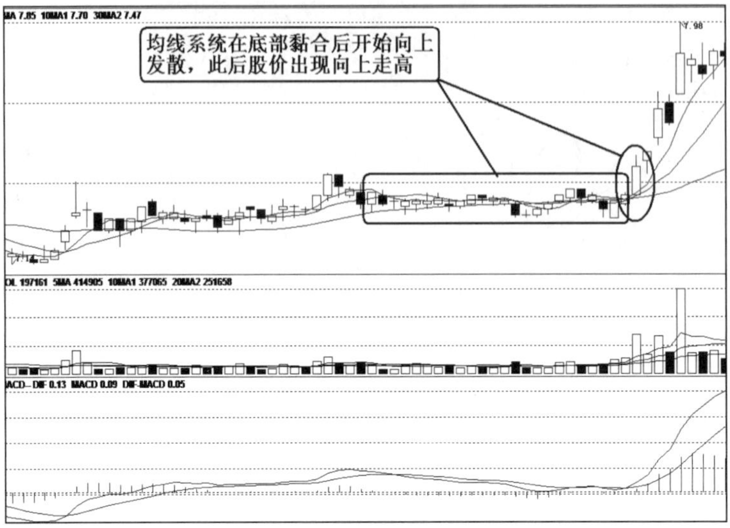

图 2-24

如图 2-25 所示，航天中汇（600677）。该股经过一波小幅上涨行情后，庄家在相对高位构筑整理平台，使意志不坚定的投资者误以为庄家出货而纷纷离场。期间 5 日、10 日、30 日均线出现黏合状态，持续时间长达 1 个多月。

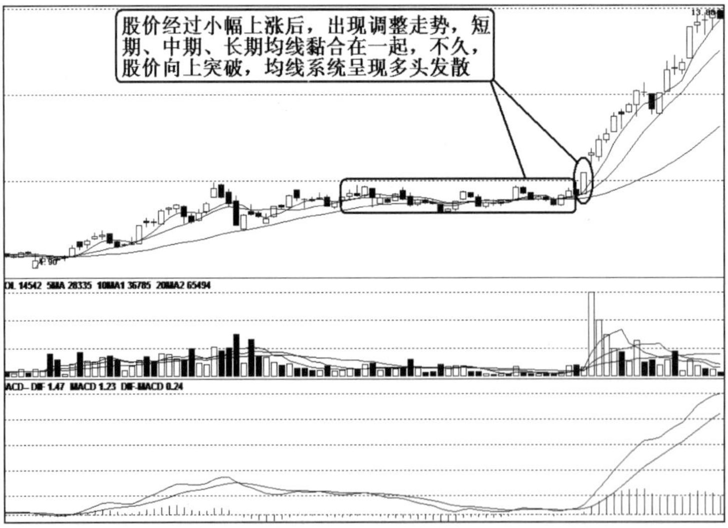

图 2-25

不久庄家洗盘结束，开始发力上攻，均线向多头发散。当日成交量大于 5 日均量，日 K 线收阳线，MACD 指标黏合后向上发散，BAR 指标红柱加长，此时形成理想的买入点。从此该股进入新一轮上涨行情，股价出现翻倍上涨，给投资者带来了丰厚的回报。

第二，在下跌过程中出现黏合。股价见顶后，出现一波小幅下跌行情。由于庄家没有顺利撤退，于是进行护盘式出货，就在反弹高位形成一个横向盘整区域。此时 5 日、10 日、30 日均线在中位黏合或平均值接近（黏合越紧，持续时间越长，后市爆发力越强）。如果某日 5 日均线脱离 10 日、30 日均线向下运行，10 日均线和 30 日均线也随之而下，均线系统出现空头排列，MACD 中的 BAR 红柱缩小或绿柱增长，表明新一轮跌势行情即将开始。此时无论成交量放大与否，都应加入空头行列，以免造成更大的损失。

如图 2–26 所示，精伦电子（600355）。股价见顶回落过程中，由于庄家未能顺利完成出货计划，于是反弹后形成横盘整理走势。此时 5 日、10 日、30 日均线几乎黏合在一起，持续时间长达一个多月。2018 年 2 月 1 日，股价向下破位，脱离平台整理区域，均线系统呈现向下空头发散状态。此后股价出现大幅跳水走势，跌幅超出预料之外。

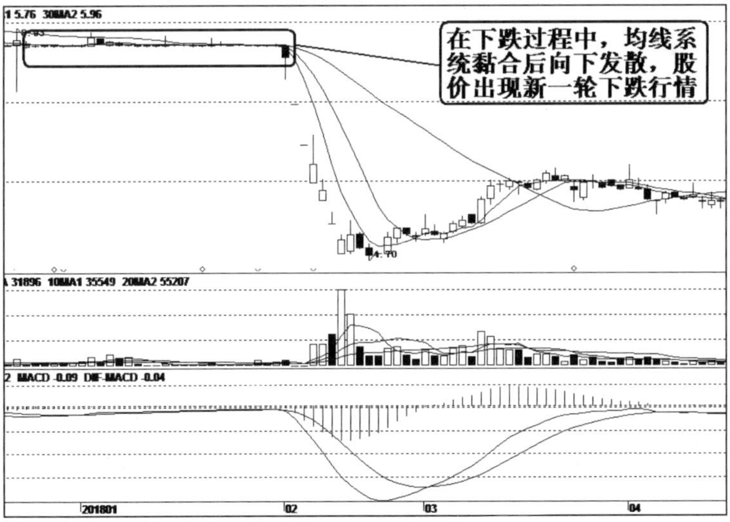

图 2–26

（3）高位黏合信号。股价经过大幅炒作后，在高位形成庄家出货区域，5 日、

10 日、30 日均线在高位黏合或平均值接近（黏合越紧，持续时间越长，下跌力度越强）。庄家基本完成出货任务后，股价向下运行，5 日均线脱离黏合开始向下，10 日均线和 30 日均线尾随其后跟着向下，均线系统出现空头排列，表明中短期下跌行情即将开始。此时不论成交量是否放大，这都是一个见顶信号，应及时获利了结。

如图 2–27 所示，中兴通讯（000063）。该股庄家大幅炒高股价后，维持高位震荡走势，目的是把手中的筹码卖个好价钱。均线系统在高位走平后形成黏合，此时庄家不断地向外派发筹码。

当庄家基本完成派发任务后，2018 年 1 月 29 日，一根接近跌停的大阴线向下破位，黏合在一起的均线系统开始向下发散，均线系统出现空头排列，股价出现明显的下跌走势。在实盘操作中，当均线系统在高位出现黏合时，一定要提高警惕，加强风险防范，一旦高位被套，可能一时难以脱身。

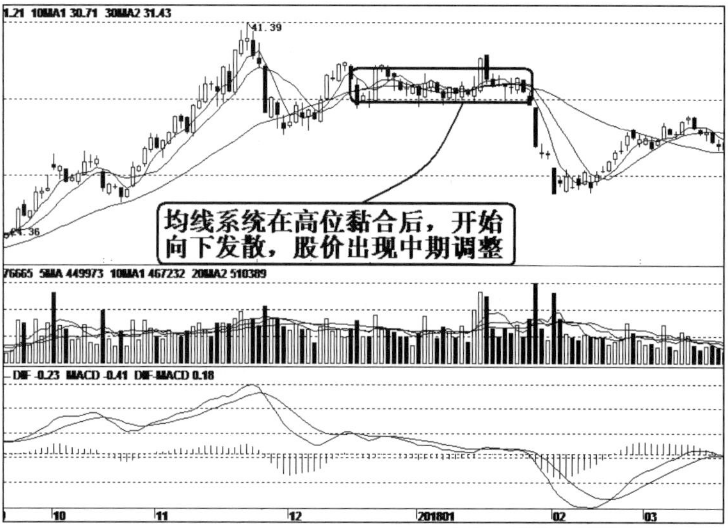

图 2–27

6. 均线发散信号

（1）交叉后向上发散。交叉后向上发散有两种情况。

第一，首次交叉后向上发散。短期、中期、长期均线从向下发散状态逐渐收敛后，转变为向上发散状态。这种情况若出现在下跌后期，则是买进信号，后市看涨。通常来说，向上发散的角度越大，后市上涨潜力就越大。均线向上发散时，若得到成交量的支持，则信号的可靠性越强。

如图 2-28 所示，中科曙光（603019）。该股经过长时间的调整后企稳回升，股价小幅反弹后，再次回落到前低附近获得支撑，此时均线系统渐渐收敛。2017 年 8 月中旬，短期均线向上交叉中期、长期均线后继续向上发散，形成多头排列，盘面由空头市场转为多头市场，此时可以逢低积极做多。

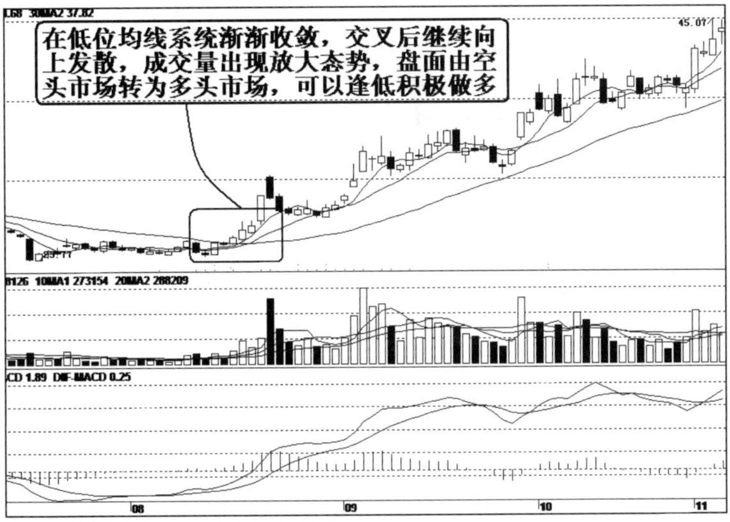

图 2-28

第二，再次交叉后向上发散。该情形出现在涨势中途，前期均线系统曾出现过一次向上发散（可以是黏合发散，也可以是交叉向上发散）。此后不久，向上发散的均线又逐渐开始收敛，短期、中期、长期均线收敛后再次向上发散，这是很好的买进信号，后市继续看涨。距离上一次向上发散的时间越长，继续上涨的潜力越大。

如图 2-29 所示，国元证券（000728）。股价见底后，庄家开始介入，并进行了长时间的筑底工作。均线系统从空头发散后慢慢收敛，首次交叉向上展开多头发散。经过一段时间的攀升行情后，股价回落，洗盘整理，多头发散的均线系统又开始渐渐收敛。当洗盘整理结束后，均线系统再次向上多头发散，从此展开主升浪行情。

这是庄家与散户进行的一场博弈游戏。当庄家开始拉升股价，促使均线向上发散时，散户跟风买入。此时庄家就会把股价打压下来，促使一些短线投资者退出。当大量的盘中浮动筹码得到交换后，敢跟庄家玩的投资者已经很少，这时庄家就会让均线再次向上发散，股价进入主升浪行情。可见，当均线再次向上发散时可以大胆跟着庄家做多，这是一个搭顺风车的极好机会。

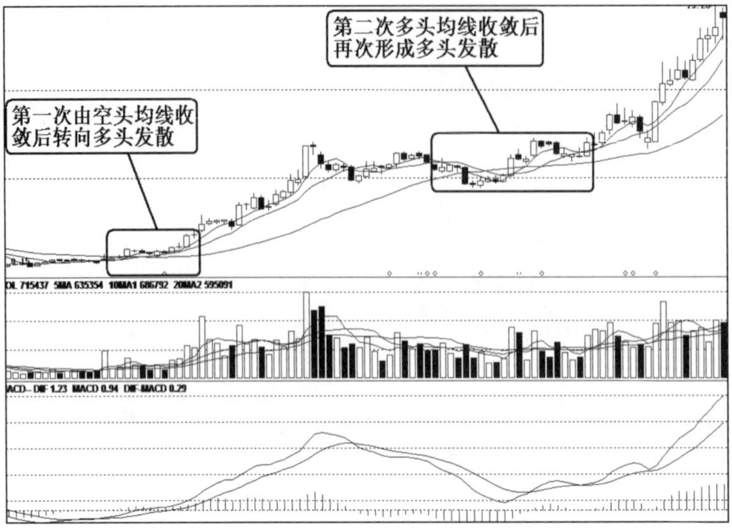

图 2-29

（2）交叉后向下发散。交叉后向下发散也有两种情况。

第一，首次交叉后向下发散。均线系统中的短期、中期、长期均线从向上发散状态逐渐收敛后，转为向下发散状态。这种情况若出现在涨势后期，是卖出信号，后市看跌。通常来说，向下发散的角度越大，后市下跌的力度就越大。投资者遇此信号应及时做空，一旦均线形成向下发散，常会出现较大跌幅。

如图 2-30 所示，鲁西化工（000830）。该股经过大幅炒作后，主力获利非常丰厚，高位兑现获利筹码是当务之急，因此股价在高位震荡盘整。2018 年 3 月，均线系统由原先的多头发散状态，渐渐收敛后转为空头向下发散状态，股价由多头市场转为空头市场，后市股价理应看跌。

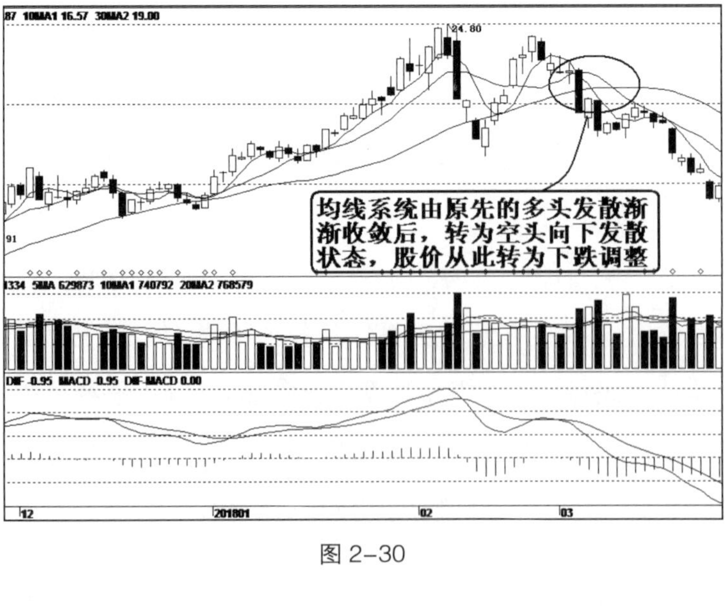

图 2-30

第二，再次交叉后向下发散。该情形出现在跌势中途，均线系统前期曾出现过一次向下发散（可以是黏合发散，也可以是交叉向下发散）。此后不久，向下发散的均线又逐渐收敛，短期、中期、长期均线收敛后再次向下发散，这是很好的卖出信号，后市继续看跌。一般来说，第一次向下发散时，卖出的成功率最高，越到后面，成功概率越小。

如图 2–31 所示，大亚圣象（000910）。庄家将股价拉高后，在高位出货，股价渐渐回落。2018 年 2 月，均线系统由多头发散转向空头发散，股价也出现一定幅度的下跌。

经过一段时间的下跌调整后，股价开始企稳，庄家对技术形态进行修复，空头发散的均线系统渐渐收敛。因长期均线的下压作用，2018 年 3 月下旬，均线系统再次出现空头发散，从而引发新一轮下跌行情。投资者见到均线再次向下发散信号时，及时退出观望为好。

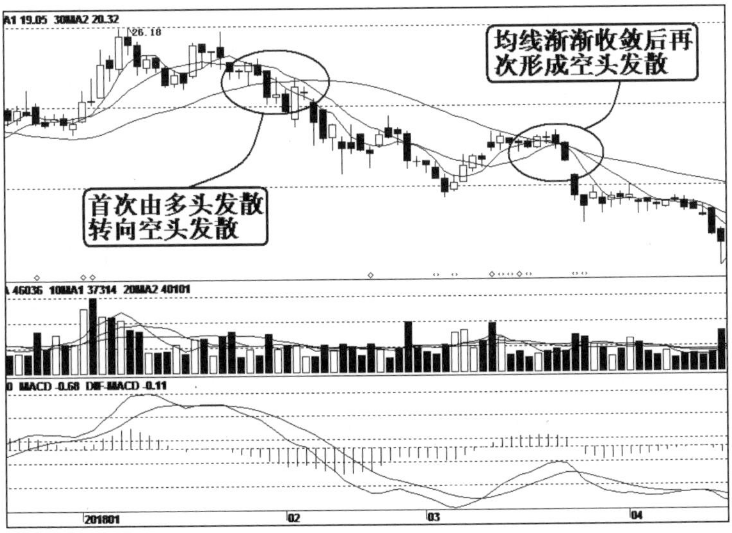

图 2–31

五、移动平均线的缺憾及克服方法

1. 均线的缺憾

均线的优点很多，但也有明显的不足之处。如对突发行情不能及时作出反应，存在滞后效应，而且均线也经常出现一些骗线等。

在方向不明朗的横盘整理阶段，或趋势形成后的中途休整阶段，或局部反弹和回档时期，均线极易发出错误的信号，这是使用均线时最应该注意的。

另外，均线只能作为支撑线和压力线用于行情走势分析。股价站在某条均线之上当然有利于上涨，但并不是说一定会上涨，支撑线有被下破的时候。同样，股价运行在某条均线之下虽然有助于下跌，但并不是说一定会下跌，压力线有被上破的时候。

2. 缺憾的克服方法

要克服均线的这些缺点，就要把均线分析方法与其他技术分析法，如 K 线分析法、趋势线分析法、波浪分析法等有机地结合起来，才会达到比较满意的效果。这一点必须引起投资者的高度重视。

运用均线系统分析时，应掌握以下要点。

（1）股市操作中，首先要注意均线的排列情况，分清什么是均线的多头排列和空头排列。当短期均线在上，中期均线居中，长期均线在下，几条均线同时向上缓缓发散，称为均线多头排列。均线系统出现多头排列，表明多方控制着局面，操作中可看高一线，这时投资者应以做多为主。需要注意的是，当股价上涨与均线过分偏离时，依据葛兰碧移动平均线八大买卖法则，股价会出现短期回落，可适度做空，之后再逢低买进，这样既可以回避短期风险，又能增加盈利机会。

反之，如长期均线在上，中期均线居中，短期均线在下，几条均线同时向下缓缓发散，就称为均线空头排列。均线系统出现空头排列，表明空方控制着局面，市道趋淡，这时投资者应以做空为主。需要注意的是，当股价下跌与均线过分偏离时，依据葛兰碧移动平均线八大买卖法则，股价会出现短期弹升机会，此时可趁低抢一些筹码，做一波反弹行情，以提高资金利用率。

（2）判断短期走势应以 5 日、10 日均线研判为主。在强势市场或强势股中，股价下跌一般不会跌破 5 日均线，更不会跌破 10 日均线。若跌破 5 日均线，尤其是跌破 10 日均线，应当心市道转弱。在弱势市场或弱势股中，股价反弹一般不会冲破 5 日均线，更不会冲破 10 日均线。若冲破 5 日均线，尤其是 10 日均线，则有可能转强。需要注意的是，这里所谓的跌破，要以跌幅超过 3%，且连续 3 天站在均线之下为准。

（3）判断中期走势应以 30 日、60 日均线研判为主。根据实盘经验，30 日均线一直是衡量市场中期强弱的重要标志。在股价下跌时，30 日均线被有效跌穿，中期趋势看淡；在股价上升时，30 日均线被有效突破，中期趋势看好。

就中期买卖信号的可靠性来看，60 日均线比 30 日均线更胜一筹，因为 60 日均线比 30 日均线骗线要少。60 日均线对中短期股价走势有明显的助涨和助跌作用，当 60 日均线走强或股价站在 60 日均线之上时，上升趋势一目了然。相反，弱势反弹几乎没有超过 60 日均线的。中线投资者在决定何时买进，何时卖出时，切勿忘了 30 日均线、60 日均线的指导作用。

（4）判断中长期走势应以 120 日均线研判为主。从长期走势情况看，属于中长期均线的 120 日均线在股价变动中具有特殊的意义，股价走势明显受到 120 日均线的支撑或阻力作用。120 日均线在我国股市属于半年线，因而在研究中长期走势方面有着重要的作用。当 120 日均线被有效跌穿，中长期趋势看淡，投资者应清仓离场。当 120 日均线有效向上突破，中长期趋势看好，投资者应追加买进。

（5）判断长期走势应以 250 日均线研判为主。250 日均线即年线，250 日均线失守，意味着一年内参与股市的投资者悉数被套（这是从平均持股成本上说的，其中也有少数盈利的，并非个个都是输家）。250 日均线被向上有效突破，意味着人气恢复，多头终于在年线上占据上风。因此，很多人将 250 日均线视为牛熊分界线。

从实际情况来看，决定股市长期趋势的是基本面而不是技术面。如果基本面向好，250 日均线失守很可能是庄家有意打压制造的一个空头陷阱；反之，如果基本面向淡，250 日均线向上突破，也很可能是庄家拉高出货制造的一个多头陷阱。投资者在分析股市的长期趋势时，250 日均线只能作为一个参考，究竟走势如何，只有对基本面进行全面的分析研判后，才能作出正确的判断。

（6）要根据市场需要和个股特性，适时修正、设置均线周期参数。例如，针对一些庄家做多时经常利用击穿 30 日均线骗取筹码这一特点，投资者在依据均线操作时，可将 30 日均线改成 40 日、45 日、50 日均线等。又如，对一些股性特别活跃的个股，如果觉得用 5 日、10 日、20 日，或 5 日、10 日、30 日这两种短期均线组合仍较难把握其走势时，也可自行设计一种更为合适的短期或者中长期均线组合。

第三章 /
乖离率（BIAS）

一、BIAS 指标简介

1. BIAS 指标概要

中文全名	乖离率指标
英文全名	BIAS
指标热键	BIAS
指标属性	超买超卖型技术指标
指标应用	短线技术指标
原始参数	6、12、24
波动范围	无固定波动区间

2. BIAS 指标基本原理

乖离率（BIAS）指标，简称Y值，是从移动平均线原理派生出来的一个技术指标，主要功能是通过测算股价在波动过程中与均线出现的偏离程度，从而得出股价在剧烈波动时因偏离均线趋势造成可能的回档或反弹，以及股价在正常波动范围内而形成的继续原有趋势的可信度。

在葛兰碧著名的移动平均线八大买卖法则中有两处提示：当股价距离均线太远时，不论股价在均线的上方或下方，都有可能随时向均线靠拢，因而是一个买进或卖出的时机。但是葛兰碧的这两条买卖法则中，没有提出股价距离均线多远时才是最佳买卖时机，造成均线信徒拿不定注意，经常错失良机。

BIAS 指标反映的是当日收盘价与N天移动平均线的差值与N天移动平均线的比值，这个比值表示股价偏离趋向指标的大小。由于均线是股价的趋向指标，当股价短期波动偏离这个趋向指标达到一定程度时，均线将会产生一定的拉力，使股价重新返回到原有趋势路径上。

BIAS 指标与行情强弱有关，在强势多头市场中，市场买气旺盛，涨势与涨幅往往出人意料，因此股价远高于均线；同样，在非常弱势的空头市场中，市场买气缺乏，跌势与跌幅也往往出人意料，股价远低于均线。

BIAS 指标正是针对这个问题提出来的，是定量分析当日指数或股价与均线之间差距的技术指标。大家知道，均线为一段时间中多头与空头力量的均衡点，乖离率表示现阶段和均衡点之间的差异和偏离程度。一般来说，距离越远，表示多空反转的可能性越大。

BIAS 指标可以分为正乖离率、负乖离率和 0 乖离率。若股价在均线之上，则为上乖离，也叫正乖离率；若股价在均线之下，则为下乖离，也叫负乖离率；当股价与均线重合时，则乖离率为 0，叫 0 乖离率。

正乖离率越大，表明短期内多头获利越多，那么获利回吐的可能性越大；负乖离率越大，表明空方力量越强大，那么空头回补的可能性也就越大。

二、BIAS 指标的特征

（1）在通用股票交易系统中，BIAS 指标可以设立 4 条不同参数的曲线，其中一条为乖离率的 N 天平均数，其他三条可以根据需要设立不同周期的乖离率曲线。主要是以它所处的位置或形态研判行情走势，其交叉信号在此指标中无多大意义。离 0 值线越远的线，为长线乖离率；离 0 值线越近的线，为短线乖离率；居中的线，为中期乖离率。长线乖离率的值比短线乖离率的值变化要大。这与其他技术指标短期、中期、长期曲线位置排列有所不同。

（2）BIAS 指标是一个辅助技术指标，就其本身而言，主要功能是对葛兰碧移动平均线八大应用法则的补充和修正，在理论上解决了均线理论的某些不足。同时，BIAS 指标是一个短线技术指标，由于 BIAS 指标的原理有“回归平均线”的要求，所以它周而复始地围绕 0 值线上下运动。无论在大级别的牛市行情，还是大级别的熊市行情，BIAS 指标离开均线远了，必须“回归平均线”（积蓄力量后，重新离开均线）。因此在短线应用时，它具有一定的效果。

（3）BIAS 指标是一个超买超卖指标，可以作为出入市的参考。如正乖离率超过某个数值时，为超买状态，应该出货；当负乖离率达到某个数值时，为超卖状态，应该买进。至于这个“值”是多少，绝不能死板地执行同一个标准，必须根据不同的大市，不同的市道，不同的个股，进行跟踪研究，才能得出比较准确的数据。

（4）BIAS 指标的 0 值线具有支撑和阻力的作用。0 值是因股价与平均线重合时得来的。理论上来讲，均线对股价有支撑和阻力作用。在多头市场中，股价出现回档，当 BIAS 指标到达 0 值时，大多获得支撑，股价重新向上；在空头市场中，股价产生反弹，当 BIAS 指标到达 0 值时，一般会遇到阻力，股价重新向下。

（5）多头市场的暴涨与空头市场的暴跌，会使 BIAS 指标产生出乎意料的百分比值，但出现次数极少，而且持续时间也很短，可视为一种例外情形。

（6）在大势上涨的行情中，如遇负乖离率，可以待回跌时低价买进，此时进场风险较小。在大势下跌的行情中，如遇正乖离率，可以待回升时高价售出。

（7）BIAS 指标的正负转换关系。由负值变为正值时的现象是：BIAS 指标曲线向上穿过 0 值线，意味着多方攻破了空方用均线构筑的一道防线，是转强信号。根据均线所处的状态不同，BIAS 指标转强信号的可靠程度也不相同。①当均线向上移动时，出现 BIAS 指标由负值变为正值时，表明多方已控制局势，投资者可以跟进做多。②当均线向下移动时，出现 BIAS 指标由负值变为正值，表明多方经过努力，虽然暂时将股价控制到了均线上方，但是因为均线仍处于向下移动过程中，所以多方并没有从根本上把局势扭转过来。此时行情仍有继续向淡的可能，投资者还不宜看多做多。③当均线处于横向波动时，BIAS 指标即进入了盲区。即使出现由负值变为正值，实际上已经没有参考价值，此时投资者应参考其他技术分析方法作出买卖决策。

BIAS 指标由正值变为负值时，出现的盘面现象与 BIAS 指标由负值变为正值时的盘面现象正好相反，不再赘述。

（8）BIAS 指标接近历史最大值与最小值的识别。BIAS 指标曲线接近或高于历史最大值时，从技术上来说，表明多方做多能量已到极限，行情随时会掉头向下。投资者见到这种情形时，应做好出局的准备，持股者可以分批派发，持币者不可盲目追高，以免承接最后一棒。

相反，BIAS 指标曲线接近或低于历史最低点，从技术上来说，表明空方做空力量已到极限，行情随时会掉头向上。投资者见到这种情形时，不应对行情继续看空做空，应做好做多准备。此时持股者不要再盲目割肉出逃，轻仓或空仓者可逢低分批吸纳。

三、BIAS 指标实盘应用技巧

在实盘操作中，应用 BIAS 指标应重点掌握以下三个方面。①注意把握 BIAS 指标取值大小（不同市况、不同个股而异），并形成自己的习惯或操作经验；②关注 BIAS 指标特种图形的形成和变化；③掌握 BIAS 指标的形态和趋势变化。

1. 数值信号

股价经过一轮下跌后，5 日 BIAS 达到 –8 以上，5 日与 10 日 BIAS 差值达到 5 点（5 日 BIAS 值减去 10 日 BIAS 值所得的差的绝对值）以上，10 日与 30 日的 BIAS 差值达到 8 点（绝对值）以上，5 日与 30 日的 BIAS 差值达到 13 点（绝对值）以上，表明短线股价下跌过快，跌幅过大。BIAS 指标值偏大，表示股价有回归 0 值的要求，这时可以短线买进。

同样，股价经过一轮上涨后，5 日 BIAS 达到 + 8 以上，5 日与 10 日的 BIAS 差值达到 5 点，10 日与 30 日的 BIAS 差值达到 8 点（绝对值）以上，5 日与 30 日的 BIAS 差值达到 13 点（绝对值）以上，表明短线股价上涨过快，涨幅过大，BIAS 值偏大，股价有回归 0 值的要求，这时可以短线卖出。

如图 3–1 所示，东方通信（600776）。该股在 2018 年 11 月到 2019 年 1 月期间出现一轮大涨行情，股价远离 30 日均线，BIAS 指标偏大，30 日均线与 5 日、10 日均线的 BIAS 指标明显偏大，表明短线股价严重超买，BIAS 指标有回归 0 值的要求。这时一旦 K 线出现见顶信号，就是一个卖出信号。2 月初，当股价调整到 30 日均线附近时，又展开新一轮拉升行情。

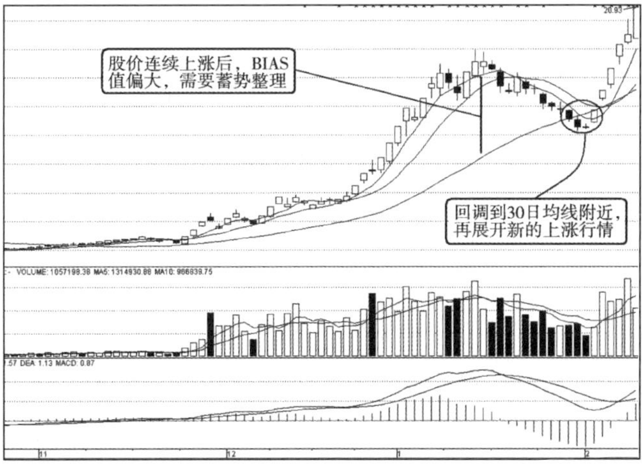

图 3–1

2. 形态信号

BIAS 指标在高位出现 M 头或头肩顶形态，或者在低位出现 W 底或头肩底形态，是一种转势信号。

股价经过长期下跌，长期 BIAS 线在底部形成 W 底（右侧的高点必须高于中间的高点方为有效，否则属于多头陷阱）。或者股价经过小幅上涨后出现回档调整，在相对底部形成 W 底时，构成买入信号。

股价经过长期上涨，长期 BIAS 线在顶部形成 M 头，或者股价经过小幅下跌后再度回升，在相对顶部形成 M 顶时，构成卖出信号。

如图 3–2 所示，安彩高科（600207）。股价快速下跌后，BIAS 指标不断加大，有回归 0 值的要求。不久股价渐渐企稳，BIAS 指标在底部形成“W”形态，产生短线买入机会，随后股价出现快速上涨。

图 3–2

3. 历史数值

当 BIAS 曲线接近或高于历史最高点时，从技术上来说，表明多方能量已到了极限，行情随时会掉头向下。投资者见到 BIAS 指标出现这种情形时，应做好出局的准备，持币者不应盲目追高买进。

同样，当 BIAS 曲线接近或低于历史最低点时，从技术上来说，表明空方能量已到了极限，行情随时会掉头向上。投资者见到 BIAS 指标出现这种情形时，不应对行情继续看空做空，应做好积极做多的准备。此时持股者不可以盲目割肉出逃，激进者可以轻仓抢反弹，稳健者可以等待上升趋势形成后介入。一般持币者不应盲目追高买进，应等待 BIAS 指标由下向上穿越 0 线，同时股价也向上穿越移动平均线，此为买入信号。

如图 3–3 所示，丽鹏股份（002347）。该股在底部经过调整后，出现快速反弹行情，BIAS 指标脱离 0 线并迅速向上发散，出现一个峰值。然后庄家开始洗盘调整，股价出现回落走势。当洗盘结束后，庄家再次发力拉升，BIAS 指标也再次急剧向上发散，指标值接近前期最大值，此时应密切留意。一旦 BIAS 指标出现掉头迹象，就应坚决出局。

图 3–3

4. 背离信号

BIAS 指标也经常出现与股价走势背离的现象。当股价高点比前一次的高点高，而指标的高点却比前一次的高点低，也就是当指标处于高位并形成一峰比一峰低的两个或两个以上的峰点，而此时股价对应的却是一峰比一峰高，就形成顶背离走势，表示 BIAS 指标怀疑股价的上涨是外强中干，暗示股价很快就会反转下跌。

顶背离信号是股价在高位即将反转下跌的信号，表明股价短期内即将下跌，是比较强烈的卖出信号。顶背离所处的位置越高，形成的时间越久，其信号可靠性越高。如果出现在股价大幅上涨后的高位区域，其准确性较高。

在实盘操作中，顶背离信号比底背离信号的可靠性要高。通常在高位出现一次顶背离信号，即可以成为趋势反转确认信号。低位出现底背离信号，往往需要几次反复确认才会出现趋势反转，因此投资者需区别对待。

底背离信号一般出现在股价的低档位置。当股价低点比前一次的低点低，而指标低点比前一次低点高，也就是说乖离率指标认为股价下跌有非理性成分，不会再持续地大幅下跌，就形成底背离走势，暗示股价即将反转上涨，这是可以建仓的买入信号。

底背离信号所处的位置越低，形成的时间越久，其信号可靠性越高。如果出现在股价大幅下跌后的低位区域，其信号的准确性较高。

如图 3–4 所示，同德股份（002360）。2016 年 1 月，在股价回落过程中，后一个低点比前一个低点更低，而同期的 BIAS 指标不但没有出现相应的走势，反而后一个低点比前一个低点高，从而形成底背离走势，表明股价下跌已经到了末期，股价有反弹的要求，可以逢低介入。

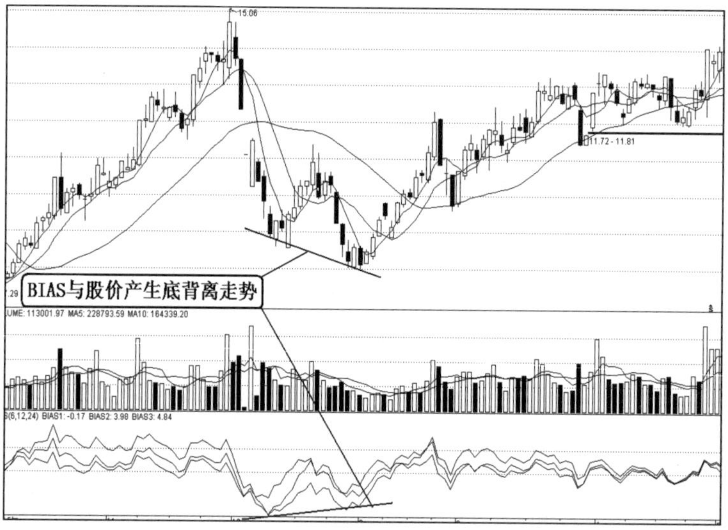

图 3–4

5. 归 0 信号

三条分离的 BIAS 线从下降或横向走势转为上升走势，且上升角度陡峭，BIAS 指标骤然放大，但相互间的 BIAS 差值却骤然缩小，几乎向 0 值逼近时，是行情短线见顶的潜在信号。此时如果 BIAS 线出现拐头现象，应立即出逃。

相反，三条分离的 BIAS 线从上升或横向走势转为下降走势，且下降角度陡峭，BIAS 指标骤然放大（绝对值），但相互间的 BIAS 差值却骤然缩小，几乎向 0 值逼近时，这是行情短线见底的潜在信号。此时如果 BIAS 线出现拐头现象，是短线买入时机。

如图 3–5 所示，利君股份（002651）。2017 年 1 月 13 日，在股价调整末期出现下杀动作，三条分离的乖离率线接近于 0 值，BIAS 的差值（三条指标线的相互差值）一天比一天缩小。第二天股价反转向上，BIAS 指标出现拐头向上走势，形成短期底部。注意，该信号持续时间不长，一般维持 3 ~ 5 天，但准确率相当高。

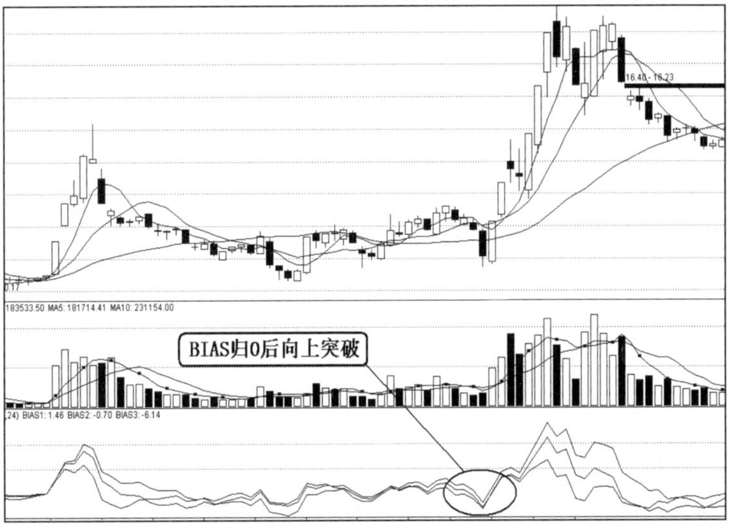

图 3–5

6. 黏合信号

股价经过一段时间的盘整后，短期、中期、长期 BIAS 曲线逐渐缩小，且短期 BIAS 线与中期 BIAS 线，以及中期 BIAS 线与长期 BIAS 线的指标值十分接近（其值越近，后市上涨幅度越大），或三条 BIAS 线黏合在一起。若某日短期 BIAS 线突然向上抬头，应立即买进（可以持股到 BIAS 指标出现分离迹象时卖出）。这个信号一旦形成，对判断大盘或个股走势的准确率较高。

相反，三条黏合在一起的 BIAS 线在高位一旦出现向下发散时，应立即卖出（可以等待到它们有分离迹象时买入），这个信号的判断准确率也较高。

如图 3–6 所示，森源电气（002358）。2016 年 11 月初，该股短期、中期、长期三条 BIAS 线接近于 0 值，其差值很小，几乎形成黏合状态。11 月 7 日，三条 BIAS 线同时向上发散，说明股价出现向上突破，构成买入信号。注意，该信号持续时间不会太长，一般维持 3 ~ 5 天，但准确率相当高。

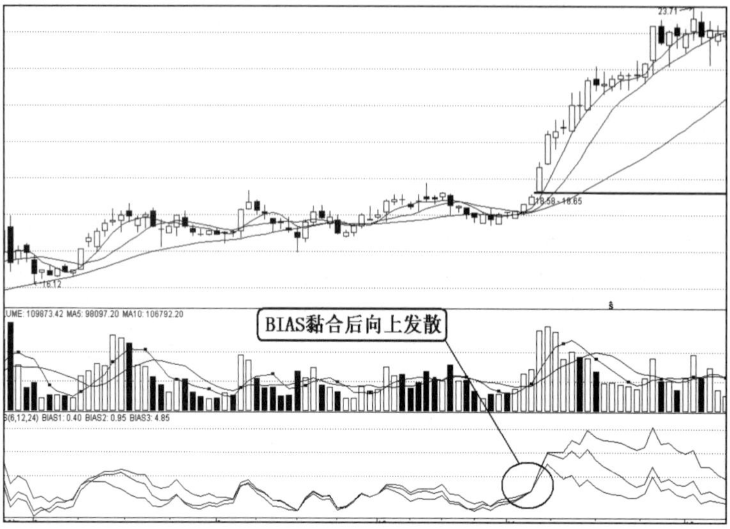

图 3-6

需要注意的是，BIAS 指标形成的上升或下降趋势线，具有支撑和阻力作用，一旦向上或向下突破该股趋势线时，也是买入或卖出的最佳时机。根据支撑和阻力作用的特性，BIAS 指标也有助涨助跌性，股价在 BIAS 线之上运行时有助涨性，股价在 BIAS 线之下运行时有助跌性。

四、BIAS 指标的缺憾及克服方法

在分析和预测股价走势时，仅用单一 BIAS 指标作为研判依据，有时会出现偏差。尤其遇到大涨或大跌行情时，BIAS 指标给出的逆势操作信号，可能会让投资者丢失机会或作出错误的决策。特别是在“强者恒强、弱者恒弱”的市场里，有时股价会连拉数个涨停板或连跌数个跌停板，造成正负 BIAS 远大于临界值，经常出现技术陷阱或失败形态。

在实盘中应注意以下几个问题。

1. BIAS 指标数值参考

BIAS 指标远离 0 值多远才算远呢？由于 BIAS 是一个超买超卖指标，至于这

个“值”是多少，不能死板地执行同一标准，必须根据不同的大势，不同的势道，不同的个股进行跟踪研究，才能得出比较准确的数据。

在股市中，一些获得成功的人士依据 BIAS 指标操盘时，都积累了很多的宝贵经验。为了帮助投资者更好地理解和正确运用 BIAS 指标，现将股市高手总结的实盘经验汇集如下，供大家买卖股票时参考（其中提到的 BIAS 值仅是参考值，由于观察对象和观察时间不同，BIAS 值存在较大的差异。投资者在参考、运用这些经验时，不能机械地照搬，要结合实际情况灵活选用，这样才会减少失误，提高成功率）。

（1）一些投资人士经过长期的统计研究发现，使用 BIAS 指标确定买卖时机的原则为：6 日 BIAS 低于 –3 时，是买进时机；高于 3.5 时，是卖出时机。12 日 BIAS 低于 –4.5 时，是买进时机；高于 5 时，是卖出时机。24 日 BIAS 低于 –7 时，是买进时机；高于 8 时，是卖出时机。72 日 BIAS 低于 –10 时，是买进时机；高于 14 时，是卖出时机。

（2）对大盘而言，10 日 BIAS 低于 –10 时，是买进时机；30 日 BIAS 高于 30 时，是卖出时机。对个股而言，10 日 BIAS 低于 –15 时，是买进时机；30 日 BIAS 高于 35 时，是卖出时机。

（3）在弱势市场，6 日 BIAS 达到 6 以上时，是卖出时机；达到 –6 以下时，是买入时机。12 日 BIAS 达到 5 以上时，是卖出时机；达到 –5 以下时，是买入时机。在强势市场，6 日 BIAS 达到 8 以上时，是卖出时机，达到 –3 以下时，是买入时机。12 日 BIAS 达到 6 以上时，是卖出时机；达到 –4 以下时，是买入时机。

（4）在大多头市场的狂涨时期，72 日 BIAS 达到 70 以上时就可卖出。一般多头市场的主升浪及空头市场重挫后的强劲反弹，72 日乖离率达到 40 时，为卖出时机。在多头市场的初升段、末升段，72 日 BIAS 达到 20 以上时，即为卖出时机。

在大空头市场的初跌阶段，72 日 BIAS 达到 –20 时为买进时机。在主跌段 72 日 BIAS 达到 –40 时，为买进时机。在空头市场的反弹行情中，72 日 BIAS 达到 –25 时即可买进。

（5）在实盘操作中，如 BIAS 指标参数设定过大，投资者会发现机会变少；如参数设定过小，将会发生卖出后即上涨、买入后即下跌的现象。因此投资者在使用 BIAS 指标时，要注意有一定的使用范围，并根据当时的实际情况来决定，过分强调一个参数，容易引起失误。

（6）6 日 BIAS 为 –3 ~ –5 时，为买进信号；3 ~ 5 时，是卖出信号。10 日 BIAS 为 –5 ~ –15 时，为买进信号；5 ~ 15 时，为卖出信号。30 日 BIAS 为 –15 ~ –30 时，为买进信号；1 ~ 30 时，为卖出信号。

（7）除特大消息影响外，若 10 日 BIAS 在 10 以上，应坚决派发；若 10 日 BIAS 在 –10 以下，一般会有强劲的反弹。

（8）10 日 BIAS 低于 –5 时，是买进时机，大于 5 以上时，是卖出时机；30 日 BIAS 低于 –7 时，是买进时机，高于 8 时，是卖出时机；72 日 BIAS 低于 –10 时，是买进时机，高于 14 时，是卖出时机。

（9）大盘 30 日 BIAS 达到 ±12 ~ ±15 时，会有大回档或大反弹出现。但也要注意，当大盘过于强盛或过于疲软，30 日 BIAS 达到 ±18 ~ ±25 的时候，才会出现大回档或大反弹。

（10）BIAS 的数值选择要考虑常态和非常态两种情况。

在常态下，BIAS 达到以下数值时，即可买进或卖出。卖出时，5 日 BIAS 大于 3.5 时，10 日 BIAS 大于 5 时，20 日 BIAS 大于 8 时，60 日 BIAS 大于 10 时。买进时，5 日 BIAS 小于 –3 时，10 日 BIAS 小于 –4.5 时，20 日 BIAS 小于 –7 时，60 日 BIAS 小于 –10 时。

非常态下，如遇到突发的利多或利空消息产生暴涨暴跌时，BIAS 值应作如下修正：一是指数的 10 日 BIAS 大于 30 时，为卖出时机，小于 –10 时，为买进时机；二是个股的 10 日 BIAS 大于 35 时，为卖出时机，小于 –15 时，为买入时机。

2. BIAS 指标支撑和压力判断

BIAS 指标 0 值的支撑和阻力作用，在通常情况下具有一定的效果。但是，股市中的错误往往发生在特殊情况下，而且支撑和阻力是相对而言的，有被突破的可能。庄家总是处处设置陷阱，以欺骗更多的散户。

那么，如何判断支撑和压力呢？

（1）当均线向上移动时，出现 BIAS 由负值变为正值或者 BIAS 从 0 值向上递增，表明多方已控制局势，可以在 0 值附近跟进做多。当均线向下移动时，

BIAS 由负值变为正值，表明虽然多方经过努力，暂时将股价控制到了均线上方，但是因为均线仍处于向下移动过程中，所以多方并没有从根本上把局势扭转过来，此时行情仍有继续向淡的可能，不宜看多、做多。当均线由向上转为走平或微向下时，BIAS 在 0 值附近，表明一轮涨升行情即将终结，可在 30 日均线附近先行出局观望，待方向明朗后再行决定。

（2）当均线向下移动时，出现 BIAS 由正值变为负值或者 BIAS 从 0 值向下递减，表明空方占据盘面优势，可以在 0 值附近出局观望。当均线向上移动时，出现 BIAS 由正值变为负值，表明虽然多方放弃进攻，暂时将股价撤回到了均线下方，但是因为均线仍处于向上移动过程中，所以空方并没有从根本上控制全局，此时行情仍有继续向多的可能，不宜盲目看空、做空。当均线由向下转为走平或微向上时，BIAS 在 0 值附近，表明一轮跌势行情即将终结，此时如果股价放量突破 30 日均线，可以适量跟进做多。

（3）当均线处于横向波动时，BIAS 指标即进入了盲区，这时即使 BIAS 由负值变为正值或由正值变为负值，实际上已经没有参考价值。此时股民究竟是做多、做空还是观望，只能参考其他技术分析方法再作选择。如短线可以观察 KDJ、RSI、W%R、VOL 等技术指标，中长线可以观察 MACD、BOLL、DMI、ROC、OBV 等技术指标，进行综合分析研判。

（4）在一轮上升行情后，30 日均线上升斜率渐渐趋缓，股价运行于均线下方，表明行情的上升动力逐渐衰竭。此时应在 30 日均线、BIAS 指标 0 值附近先行出局，观察均线有无支撑或支撑作用大小。若向下突破，可以放弃跟踪；若重新向上突破，可以再度介入。

经过一轮下跌行情后，30 日均线下降斜率渐渐趋缓，股价运行于均线上方，表明行情的下跌动力逐渐衰竭。此时股民不应立即介入抢反弹，应观察均线有无压力或压力作用大小。若向下突破，可以放弃跟踪；若向上突破，应立即介入。

3. BIAS 指标技术分析

BIAS 指标的“形态”功能在实际操盘时具有一定的效果，但也应防止虚假信号，以免造成损失，应重点把握以下几个方面。

（1）在长期 BIAS 形成某一个技术形态时，可以看移动平均线的发展趋势。

如果均线呈上升走势，W 底形态为真形态的可能性大，M 头形态为假形态的可能性大（多为回调洗盘）；如果均线呈下降走势，M 头形态为真形态的可能性大，W 底形态为假形态的可能性大（多为反弹行情）。

（2）看成交量变化情况。在长期 BIAS 指标形成 W 底时，要有成交量的配合，价升量增，量价齐升，否则可信度差，为疑似信号。在出现 M 头形态时，如果成交量较大，庄家有出货嫌疑，真实性较高；如果成交量大幅萎缩，庄家一般没有大批派发，筹码锁定性较好，M 头形态的可信度较差，还要结合大势进行分析，因为庄家出货有时不需要大的成交量也能完成。

（3）在形态突破的关键时机，无论向上还是向下，都要有气势，有力度，一气呵成，迅速夺关，而且突破后股价能坚守在被突破的一方，并迅速脱离该形态。如果在突破时冲关无力，底气不足，突破后该形态对股价有牵制作用，不能迅速脱离，或突破后迅速返回，则假突破的可能性大，为疑似形态。

（4）分析股价所处位置高低。如果股价在低位，W 底形态可靠性高，M 头为疑似形态；如果股价在高位，M 头形态可靠性高，W 底为疑似形态；如果股价在上升途中或下跌途中，出现 W 底形态和 M 头形态时，均为疑似形态，此时应结合其他因素综合分析。

（5）产生形态信号时，应结合 MACD、BOLL、TRIX 等中长线技术指标进行综合分析，相互验证，这样得出的结果更准确。

（6）在构筑 W 或 M 形态时，如果股价成功跨越或脱离某一个有意义的位置，比如整数点位、整理形态、趋势线、成交密集区域或时间之窗等，那么其判断意义更大。

4. BIAS 指标背离现象认识

（1）BIAS 指标反映的是当日股价与 N 天移动平均线的差值。差值越大，股价与均线的距离越远，有回归均线的可能；差值越小，股价与均线的距离越近，均线对股价的支撑和压力作用越明显。

股价与 BIAS 指标呈底背离时，股价往往遇到均线的压制，在没有有效突破之前，不可盲目介入；股价与 BIAS 指标呈顶背离时，股价往往遇到均线的支撑，在没有打破支撑之前，可以一路持股不动。

（2）在分析股价与乖离率背离时，仅用单一 BIAS 指标作为研判依据，有时会出现偏差，这时参考 MACD、RSI 等技术指标的位置、形态和交叉等情况，才能准确判定行情是强是弱，根据这些指标的基本特征决定买卖行为。

（3）结合大盘趋势进行分析判断。大势向上运行，投资气氛火热，则底背离信号可靠性高，顶背离为疑似信号；大势向下运行，投资气氛清淡，则顶背离信号可靠性高，底背离为疑似信号。

（4）结合股价所处位置高低进行分析判断。如果股价在低位，则底背离信号可靠性高，顶背离为疑似信号；如果股价在高位，则顶背离信号可靠性高，底背离为疑似信号；如果股价在上升途中或下跌途中，出现底背离和顶背离时，均为疑似信号，此时应结合其他因素综合分析。

（5）结合庄家坐庄意图进行分析判断。庄家所处的炒作阶段、持仓成本、操作手法、庄家脾性以及目前价位庄家有无获利或获利多少，股价有没有被充分炒作过，研究股价的长期运行规律，直击庄家“穴位”和要害，才能提高判断的准确性。

（6）结合波浪形态分析。顶背离形态出现在升势的 1 浪、3 浪里可靠性差，出现在升势 5 浪、B 浪、延长浪里可靠性较高；底背离形态出现在调整 2 浪、4 浪或 C 浪后期，可靠性较高，出现在 A 浪、C 浪初期，可靠性较差。

第四章 /
均量线（VOL）

一、VOL 指标简介

1. VOL 指标概要

中文全名	成交量移动平均线
英文全名	Moving Average of Vohume
指标热键	VOL
指标属性	趋势型技术指标
指标应用	短线、中线、长线技术指标
原始参数	5、10、30
波动范围	无固定波动区间

量、价是技术分析的基本要素，一切技术分析方法都是以量价关系为研究对象的，其重要性可见一斑。在技术分析中，成交量（或成交额）是一个相当重要的技术指标，它能够反映市场的供需状况、买卖气势强弱，以及投资者对未来股价变动的看法是否具有一致性。

在实际使用时，由于成交量的变化忽大忽小，不一定能反映多空力量的真实情况，有时使投资者不容易把握其规律。单日交投情况往往取决于一些复杂多变的因素，从而在成交量图表上经常出现跳跃式变动的图形，使分析人士无法作出正确的判断。

若在成交量图上引进移动平均线这一概念，将一定时期内的成交量相加后再平均，在成交量的柱条图中作出较为平滑的曲线，就产生了均量线（VOL）指标。均量线是反映一定时期内市场平均成交情况的技术指标。

均量线是将若干个交易日的成交量之和除以交易日数得到的算术平均值，是一种反映一定时期市场平均成交情况亦即交投趋向的技术指标。由此可以看出，均量线反映了一定时期内市场的成交情况，从而更加清晰地反映出市场交投的活跃程度，同时也在一定程度上反映了庄家的控筹程度和持仓成本。均量线反映市场成交的主要趋势，能有效地对庄家活动进行监控。

2. VOL 指标基本图形

如图 4–1 所示。从图中可以看出，位于指标区域最上端的数值，分别是当日成交量值和 5 日、10 日、30 日平均成交量值。

指标图形与 K 线相似，以红绿柱状线表示当日成交量大小，黄色的曲线为 5 日均量线，紫色的曲线为 10 日均量线，绿色的曲线为 30 日均量线，均量线也可以依据自己的习惯设定指标参数。

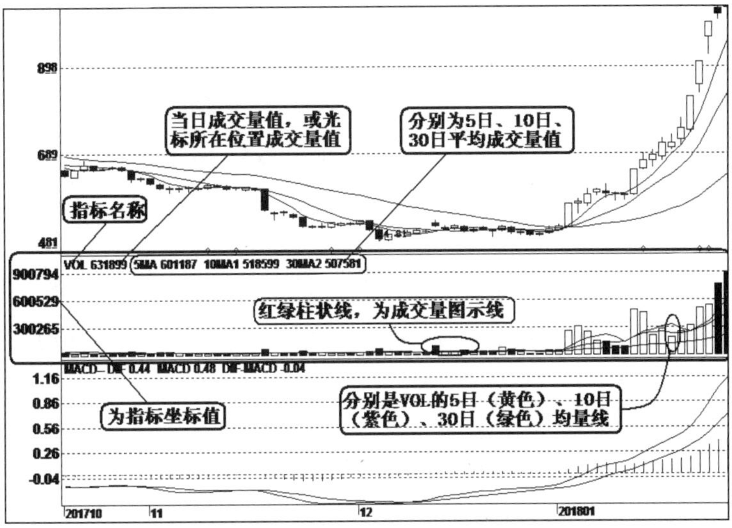

图 4–1

一般情况下，均量线以 5 日、10 日、30 日作为采样天数，在柱条图中绘制三条均量线。其中 5 日均量线代表短期交投趋势，10 日均量线代表中期交投趋势，30 日均量线代表长期交投趋势。5 日和 10 日均量线是成交量技术分析中的常用指标，其排列组合、交叉发散等变化，对准确判断股价涨跌、预测行情走势有重要的参考意义。

二、量和价的关系

股市离不开量和价。量和价是股市中两个最基本的组成部分。量是因，价是果，量和价的变化对研判股市行情很有帮助。

量价关系的基本特性如下。

（1）股价见底后，随着成交量的递增而上涨，此为典型的多头上攻行情。这种价升量增的关系，表示股价仍将继续上升。实盘中遇到这种盘面现象时，可以逢低积极做多。如图 4–2 所示。

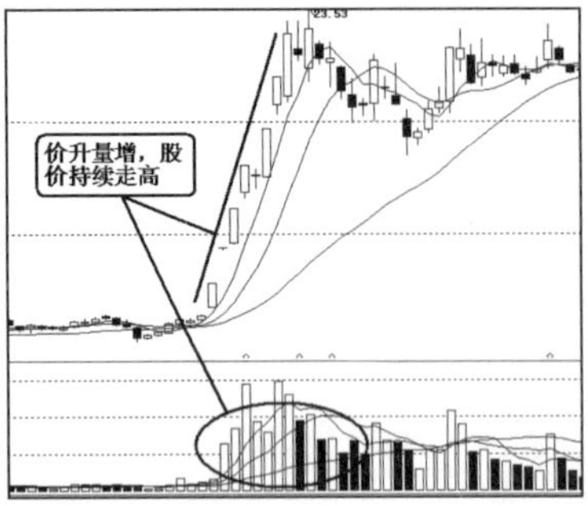

图 4–2

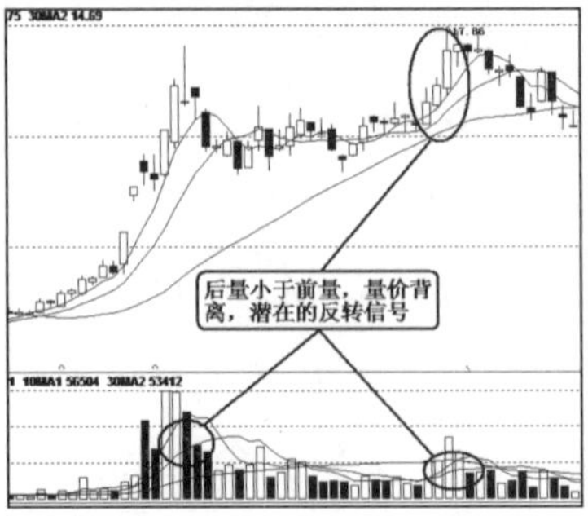

图 4–3

（2）在一个波段的涨势中，股价随着成交量的递增出现上涨，突破前一波的高峰，创下新高，股价继续上涨。如果后一个波段上涨时，成交量水平低于前一个波段上涨时的成交量水平，此时股价创新高，量却没有突破，量价出现背离，表明此波段股价的上涨得不到市场的认同，是股价趋势潜在的反转信号。如图 4–3 所示。

（3）股价随着成交量的递减而回升，股价出现持续上涨，而成交量却逐渐萎缩，呈现价升量减的走势。由于成交量是股价上涨的原动力，动力不足则股价续涨乏力，是趋势潜在的反转征兆。这种盘面现象为逢高卖出信号。如图 4–4 所示。

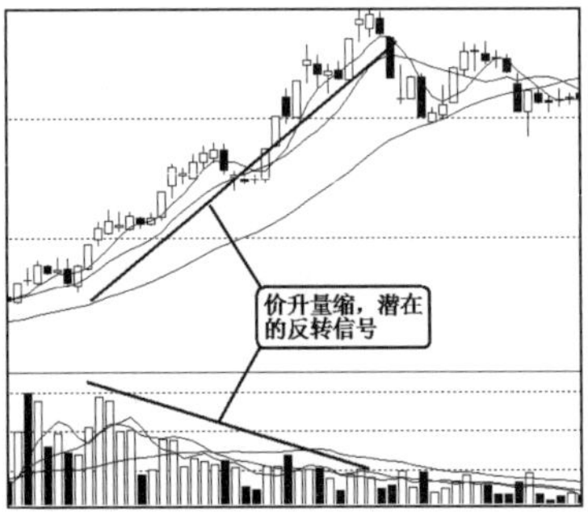

图 4–4

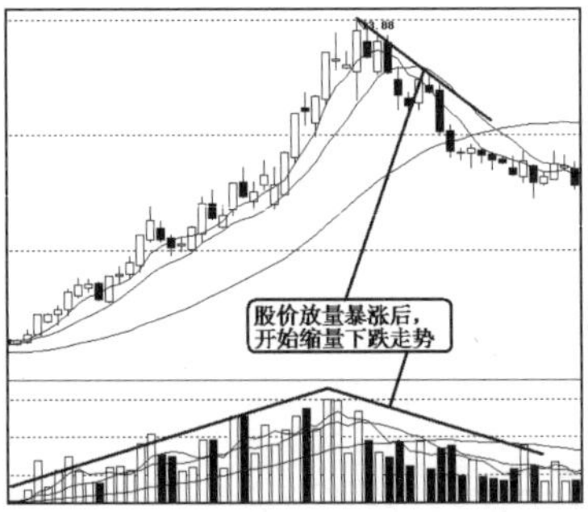

图 4–5

（4）股价随着成交量的缓慢放大而逐渐上涨，渐渐出现爆发式井喷行情，成交量显著增加。在股价连续爆涨之后，成交量大幅萎缩，同时股价快速回落，表明涨势已接近尾声，股价上涨乏力。由于多头能量过度释放，庄家有出货迹象，趋势将出现明显的逆转，股价将大幅下跌。这种盘面现象为离场观望信号。如图 4–5

所示。

（5）股价经过长期下跌之后形成谷底，在初次反弹时，成交量并未出现放大配合，表明市场人气仍未恢复。当股价反弹遇阻回落，再次跌至前期底部或略高于谷底，而成交量却明显萎缩，出现价跌量减走势时，暗示市场极度惜售，股价将出现上涨。这种盘面现象为逢低吸纳信号。如图 4–6 所示。

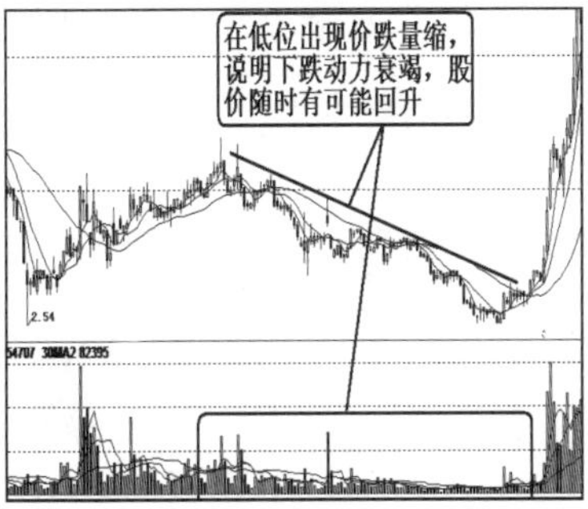

图 4–6

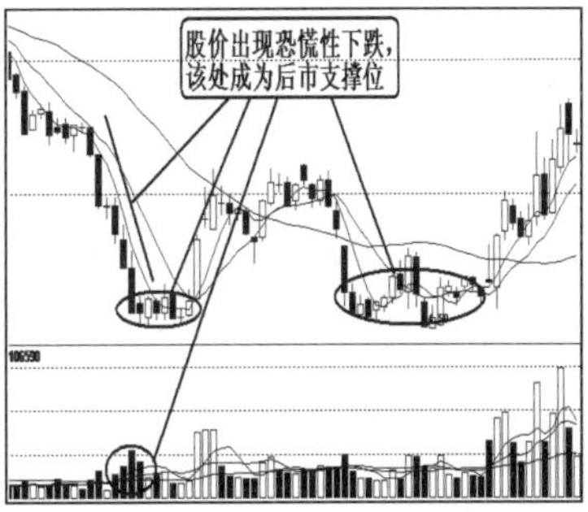

图 4–7

（6）股价经过长期下跌之后出现恐慌性抛盘，股价在成交量放大的情况下急速探底，呈现明显的价跌量增走势，表明空头能量过分释放，同时也反映买盘承接踊跃，暗示股价跌势已近尾声，有较强的反弹欲望。另外，恐慌性抛盘创出的新低，对后市具有较强的支撑作用，后市在很长一段时间内将很难跌破，股价经过反复筑底后，将展开一轮较大的升势。这种盘面现象为逢低吸纳信号。如图 4–7 所示。

（7）股价持续下跌，在跌穿某些重要阻力位或形态、趋势、移动平均线的同时，成交量显著放大，表明市场在股价底部承接踊跃，是股价强烈要求反弹的征兆，股价趋势将发生明显反转。这种盘面现象为逢低吸纳信号。如图 4–8 所示。

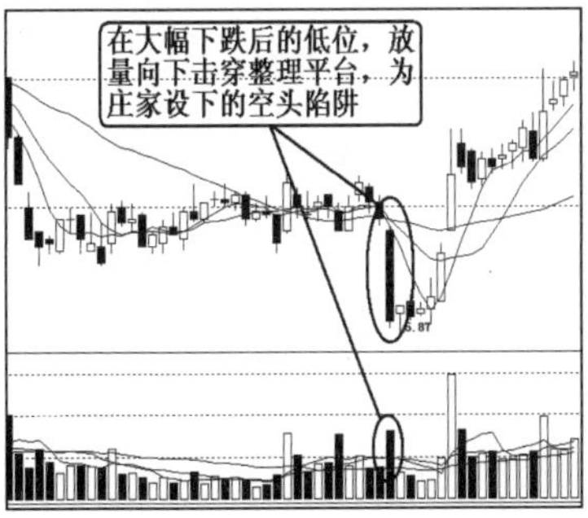

图 4–8

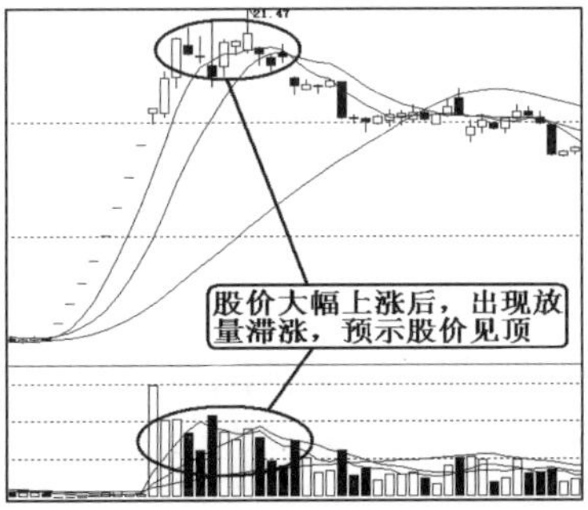

图 4–9

（8）当股价连续大幅上涨之后，成交量出现急剧放大，而此时股价的上涨幅度已经明显缩小，无法再度向上大幅拉升时，表明股价在高位出现放量滞涨，量价背离，卖压沉重，这是股价趋势潜在的反转征兆。这种盘面现象为逢高卖出信号。如图 4–9 所示。

（9）股价经过连续下跌之后，在低档出现密集的大成交区域，此时股价却没有进一步下跌，而是反复构筑底部，显示有庄家在积极逢低吸纳，盘面经过整固后，股价将反转上升。这种盘面现象为逢低吸纳信号。如图 4–10 所示。

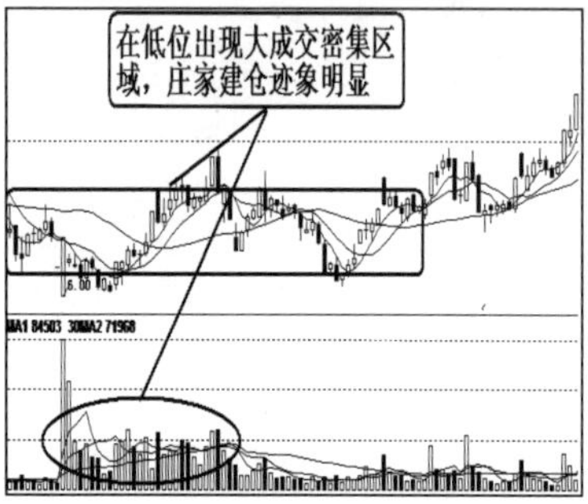

图 4–10

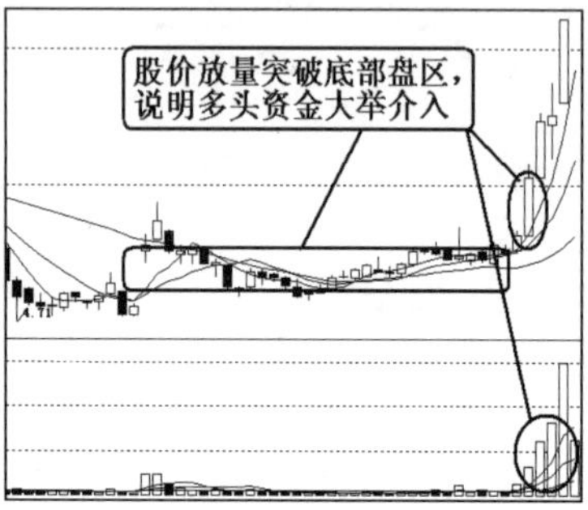

图 4–11

（10）在上涨过程中，股价运行到某一个重要阻力区附近时，出现放量突破走势，形成价升量增之势，说明后市股价仍有新高可期，应及时跟进做多。这种盘面现象为积极买进信号。如图 4–11 所示。

三、VOL 指标实盘应用技巧

在实盘操作过程中，对于 VOL 指标，应重点掌握五个方面的问题。①注意底部放大量和顶部放大量的市场现象；②关注温和放量和温和缩量的市场现象；③把握量与价的配合和量与价的背离关系；④观察成交量的异常变化情况；⑤关注地量后的放量现象。

此外，要注意五种量能形态：分歧量、缩量、放量、堆量、无规则量能（有大有小）。

1. 温和放量

股价在底部区域出现长时间的盘整走势，成交量十分低迷，产生了一段时间的地量成交，表明庄家在此位置悄悄吸纳低价筹码。随着庄家建仓计划结束，股价开始慢慢向上抬升，这时成交量从小到大温和放量，均量线渐渐上行。5 日均量线上行交叉 10 日均量线，表明市场交投趋于活跃，是行情转强的迹象。此时持币者应买进做多，一般套牢的可能性很小。如能波段操作，收益将非常可观。

在股价上涨过程中，成交量始终保持在均量线之上运行，5 日均量线与 10 日均量线呈现明显的多头排列，说明股价上涨有成交量积极放大的配合，呈现典型的价升量增的多头攻势，上涨行情还会持续一段时间，或者可能会产生一波中级以上的上涨行情。此时应持股待涨，或利用股价短暂回档之机加码买进，会有短线获利机会。

如图 4–12 所示，建新股份（300107）。在长时间的底部震荡中，庄家成功完成了建仓计划，并构筑了扎实的底部。2017 年 4 月开始，股价渐渐步入上升行情。在上涨过程中，盘面走势稳健，成交量持续温和放大，量价配合默契，颇具韵律，均线系统呈现多头发散。每一次股价回档，都是较好的介入机会。

在实盘操作中，当发现一只股票放量时，要密切予以关注。量能指标是最有价值的指标，真实性比较强，可以通过量能捕捉到庄家的操盘痕迹。在该股中，出现温和放量时可以大胆买进，这样操作能够捕捉到该股后面的主升浪行情。

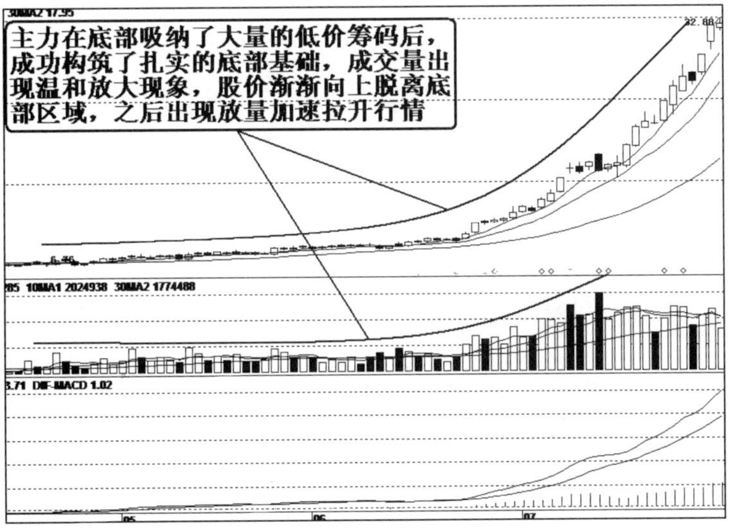

图 4–12

实盘操作中，对此类个股应重点关注以下几个技术要点。

（1）在涨势初期出现温和放量，说明市场做多信心开始恢复，多方和庄家在大量建仓。此时投资者应逢低吸纳，积极做多。

（2）上涨途中出现温和放量，说明市场人气转旺，筹码出现了供不应求的情况。此时投资者应持股待涨，不见巨量不离场。当然，成交量不大，但股价跌破上升趋势线时，也应该止损出局。

（3）涨势后期出现温和放量，说明行情连续上涨，很多人失去风险意识。一方面是一些不知底细的投资者在高位盲目追涨，另一方面是庄家趁机大量派发筹码，获利出局。此时投资者应做减磅操作，分批退出。

（4）跌势初期出现温和放量，说明庄家在高位出逃后，行情开始转弱，一些对市场敏感的投资者发现情况不妙，也开始纷纷斩仓离场。此时投资者应全线抛空，止损出局。

（5）下跌途中出现温和放量，说明越来越多的投资者开始看淡后市，并加入了空方行列。此时投资者应继续看空，退出观望。

（6）跌势后期出现温和放量，说明一些被深套的投资者因忍受不了长期套牢的折磨，开始割肉出逃。此时庄家为了捡到廉价筹码，一边利用手中的股票往下砸盘，引发套牢盘恐慌杀跌，一边又在低位承接大量抛盘。这时投资者应停止做空，分批逢低建仓。

2. 温和缩量

股价经过持续上涨后，成交量不能继续创新高，反而在均量线之下。5 日均量线与 10 日均量线的张口逐渐缩小，并进一步形成死叉时，是明显的缩量出货信号，建议逢高减磅或离场观望。

如图 4–13 所示，用友网络（600588）。该股庄家大幅炒高股价后，悄悄地在高位兑现获利筹码。从 2018 年 8 月开始，成交量逐步萎缩，说明新增资金渐渐减少，这种现象难以继续推动股价上涨。

从均量线观察，5 日均量线掉头向下与 10 日均量线形成死叉并逐渐下移，量能日趋萎缩。同时，K 线图中的 5 日均线向下死叉 10 日均线，MACD 指标中的 DIF 线死叉 MACD 线，BAR 指标红柱消失，绿柱出现，说明股价已经到了头部区域，这些都是较好的离场信号。

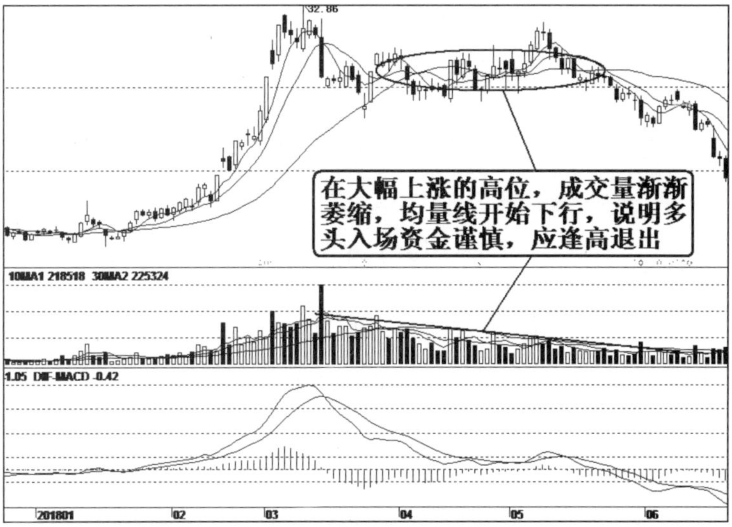

图 4–13

实盘操作中，对此类个股应重点关注以下几个技术要点。

（1）在跌势初期出现温和缩量，说明虽然刚下跌时抛盘不大，但市场信号已转弱，主动性买盘减少，从而造成了缩量下跌的现象。缩量下跌很可能造成持续阴跌走势，此时投资者应止损离场，果断了结。

（2）在下跌途中出现温和缩量，说明趋势转弱为市场大众认同，买盘不济造成股价不断缩量下沉，使人无法看到下跌尽头。此时投资者应及早认赔出局。

（3）在跌势后期出现温和缩量，说明在长期大幅下挫后，做空能量已得到充分释放，因而造成缓缓下跌，成交稀少。此时投资者应谨慎看多，适量买进。

（4）在涨势初期出现温和缩量，说明虽然行情出现了止跌回升，但市场心态不稳，股价上涨时敢于追高的人不多，也说明在升势没有真正形成之前，行情将会出现较大反复。此时投资者应看多不做多。

（5）在上涨途中出现温和缩量，说明经过一段时期的上涨后，跟风盘减少，或庄家绝对控盘后，不用放量就能拉升股价，从而出现了逐渐缩量的现象。此时投资者应谨慎做多，适量参与。

（6）在涨势后期出现温和缩量，说明股价大幅上扬后，终因曲高和寡，买盘不济，出现缩量现象。成交量出现这种变化，预示行情随时会掉头向下。此时投资者应停止做多，分批退出。

3. 快速放量

当股价经过长期下跌或在底部横盘构筑底部时，可能由于成交量长期萎缩，使5日、10日均量线形成黏合状态，日成交在均量线之下。如果此时成交量快速放大，上穿均量线，是行情开始转强的信号。尤其是成交量持续放大，5日均量线向上穿越10日均量线形成交叉，其分析意义与移动平均线一样，此时发出的是积极买入信号。如果这种现象出现在下跌途中，可能只是一波报复性反弹行情，这一点投资者应注意。如果出现在一段上涨行情后的高位，则是见顶信号，应及时退出。

如图4-14所示，永吉股份（603058）。该股经过长时间的大幅调整后，股价在底部企稳，形成横盘整理走势，主力悄悄吸纳低价筹码。在整理期间，成交量保持低迷，均线系统呈黏合状态，显示市场暂时没有明确的方向。

2018年1月17日，出现快速放量突破走势，一根涨停大阳线向上脱离底部盘区，5日均量线上穿10日均量线，随后均线系统形成金叉。这是股价强势启动的信号，回调确认突破后，可以积极买入做多。

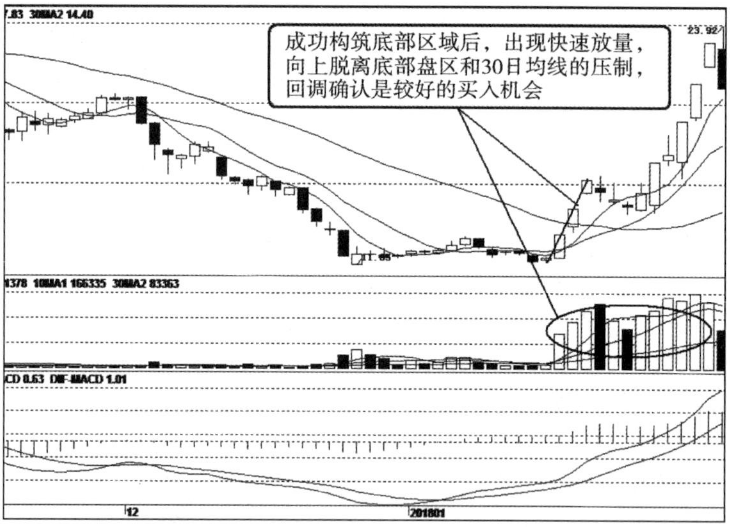

图4-14

如图4-15所示，富煌钢构（002743）。该股在前期下跌过程中，成交量十分低迷，交投极度清淡，股价严重超卖。2017年8月10日，庄家发动一波自救行情，成交量急剧放大，形成强势上攻势头。

股价连拉3个涨停后，由于庄家出货态度坚决，股价并没有出现持续上涨行情，而是在反弹高位放量震荡。庄家通过大幅放量来吸引市场注意，引诱散户跟风买入，以此实现自己减仓的目的。反弹行情很快结束，股价再度形成回落走势。此时出现的快速放量是典型的反弹自救行情，投资者应逢高离场。

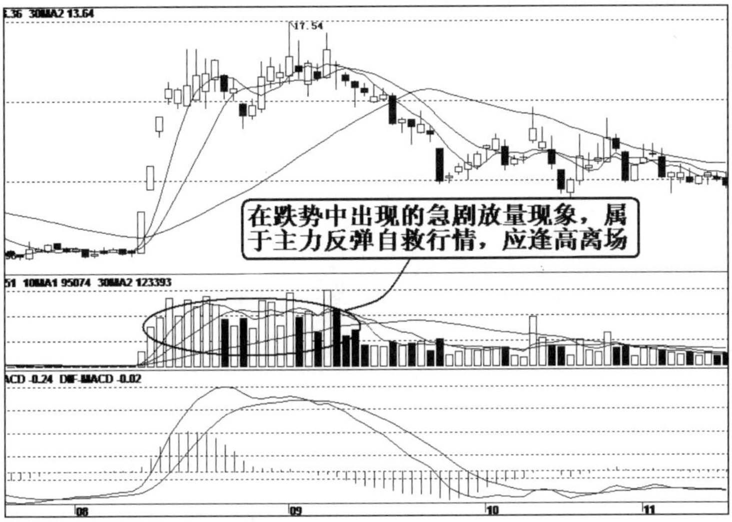

图 4-15

如图 4-16 所示，福建金森（002679）。该股受利好消息影响，股价出现一波快速拉高行情。之后在高位出现快速放量，连续 4 天平均换手率达到 42.1%。这种现象说明盘中筹码出现松动，获利筹码兑现出逃，因此应逢高清仓。此后股价见顶回落，进入中期调整走势。

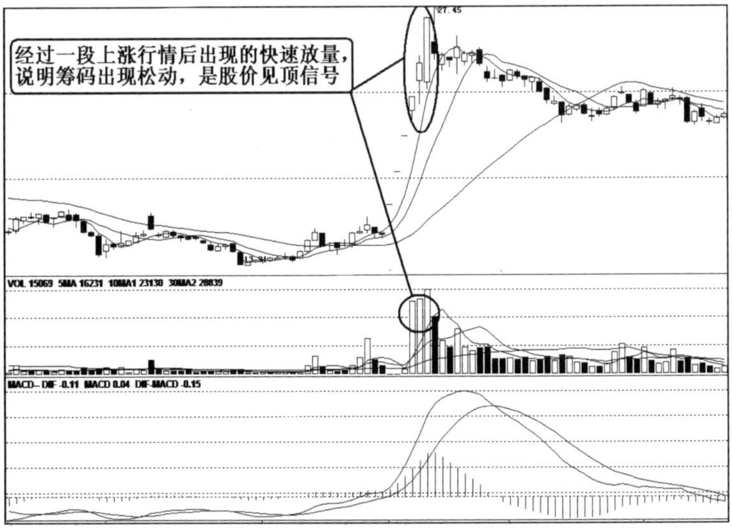

图 4-16

通过上述几个实例的分析，投资者在分析成交量变化时，应把握以下技术要点。

（1）在涨势初期出现快速放量，说明受突发性利好消息影响，或庄家在低位吸足筹码后，为使股价迅速脱离建仓成本区，采取了快速放量拉升的动作。此时投资者应顺势做多，果断建仓。

（2）在上涨途中出现快速放量，说明股价向上攻击到某一关键阻力位时，多空分歧加剧，看淡的人纷纷退出，看好的人蜂拥而入，因而出现了成交量快速放大的现象。此时投资者应关注盘面变化，如果日后几天股价重心向上，就继续做多；反之，则离场观望。

（3）在上涨后期出现快速放量，说明股价连续上涨后，庄家采取你进我退的方式，趁机大量派发筹码。有经验的市场人士一再指出，高位快速放大量，无论是拉阳线还是拉阴线，对多方来说都是一个危险的信号。此时投资者应停止做多，分批退出。

（4）在跌势初期出现快速放量，说明庄家出货态度坚决，市场上已经形成了一股较大的做空力量。此时投资者应全线抛空，斩仓了结。

（5）在下跌途中出现快速放量，说明庄家再次集中出货，中长线买家此时已看空后市，正在大量抛售手中筹码，市场做空能量还很大。此时投资者应继续做空，退出观望。

（6）在下跌后期出现快速放量，说明股价经过连续大幅下跌后，已跌得面目全非，市场主力感到做多时机已到，就会趁机把投资者低位割肉抛出的筹码照单全收，造成了成交量快速放大的现象。此时投资者应逢低吸纳，分批建仓。

4. 快速缩量

成交量经过一段时间的放大后，会出现快速萎缩，均量线向下发散，使行情出现调整或转势。注意，快速缩量大多出现在洗盘行情中。

如图 4–17 所示，鲁西化工（000830）。该股庄家在底部进场后，吸纳了大量的低价筹码，然后股价渐渐脱离底部区域。2017 年 7 月下旬，股价发力向上突破盘区，形成加速上涨态势。在拉升过程中，庄家发现跟风盘很大，于是展开洗盘整理。很快，股价出现放量滞涨回落，成交量快速大幅萎缩。经过一段时间的蓄势整理后，盘中浮动筹码得到了充分换手，庄家达到高度控盘。随后，股价在不知不觉中形成了强劲的盘升行情。此时成交量温和放大，不像先前那样着急了。

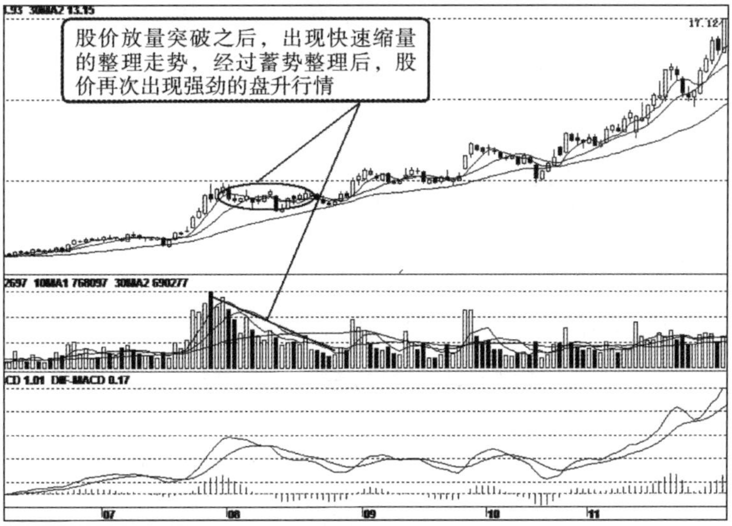

图 4-17

实盘操作中，投资者分析成交量变化时，应重点关注以下技术要点。

（1）在涨势初期出现快速缩量，说明股价见底后，庄家进行吸货、试拉升、洗盘，蓄势后再继续上攻，或庄家暂时放弃做多。此时投资者应看多暂不做多。

（2）在上涨途中出现快速缩量，说明股价有了一段升幅后，获利筹码逐渐多了起来，多空出现分歧。但这种情况大多属于强势回档，持股者一般不愿意在此价位抛售筹码，就形成了成交稀少的局面。此时投资者应谨慎看多。

（3）在涨势后期出现快速缩量，说明在股价连续上升过程中，庄家通过边拉边撤的方法抛出了大量筹码。当庄家实现了胜利大逃亡的目的后，自然不会再拉抬股价，所以盘面上有时会出现成交量大幅萎缩而股价继续上涨的现象。此时投资者应做减磅操作。

（4）在跌势初期出现快速缩量，说明庄家在行情上涨时，通过边拉边撤的方式完成了派发任务，直到股价转跌时已无货可出，致使行情初跌时，只有一些非主力机构、大户在抛售。开始下跌时还会出现较大的量，但紧接着成交量急剧减少，日后大多会走上慢慢阴跌之路。此时投资者应快刀斩乱麻，及早撤退。

（5）在下跌途中出现快速缩量，说明股价经过一段时期的下跌后，空头能量得到较好的释放，盘面跌势开始趋缓。此时市场中会有一部分投资者认为行情已经触底，逐步开始进货。当股价涨不上去时，就无法再吸引新的短线资金入场，因而会使原本放大的成交量一下子又急剧萎缩下来。此时投资者应继续持币做空，不抄底，不抢反弹。

（6）在跌势后期出现快速缩量，说明市场做空能量已大大释放，继续抛售的人已经屈指可数。此后股价虽不见得马上就见底回升，但再继续下跌的可能性已经很小。此时投资者应转变空头思维，改看空为看多。

5. 平量信号

根据某一时段成交量的大小，量平可以分为量小平、量中平、量大平。股价的涨跌幅度很小，成交量与平时差不多，反映多空双方受不明朗因素困扰，对后市走势都看不懂，市况陷入闷局，故作观望休息为宜。但是有很多时候，庄家达到高度控盘后，会出现平量上涨现象，盘面走势十分稳健，说明庄家志在高远，这种现象大多出现在强庄、长庄类个股当中。

如图 4–18 所示，中国国旅（601888）。该股在 2017 年 2 月到 2018 年 7 月的走势中，出现明显的平量上涨行情。股价成功构筑底部后，庄家稳步将股价推高，成交量方面没有出现异常现象，基本保持平量状态，5 日均量线与 10 日均量线相互缠绕在一起，均线系统呈现多头发散状态。

这种走势表明多空双方分岐不大，多方力量占据优势，也反映庄家实力强大，推升股价时稳扎稳打，对个股已经高度控盘。股价也表现出一路攀高的走势，呈现飘带式上行状态。面对这种盘面走势，投资者应坚定持股，与庄家共舞到底。

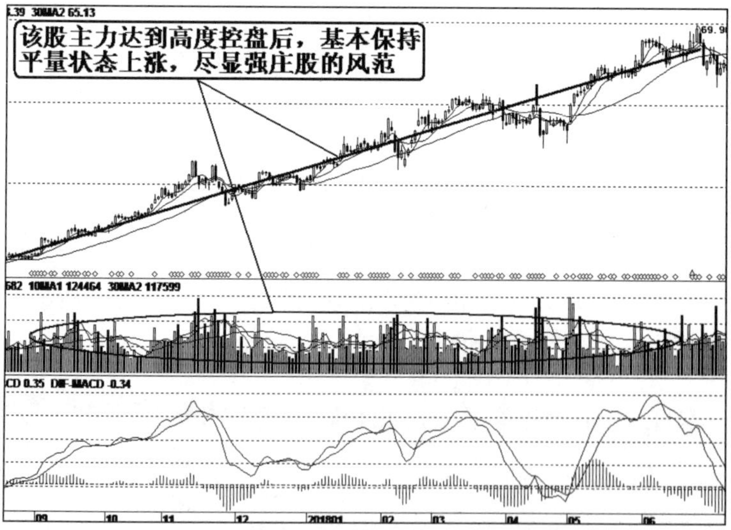

图 4–18

实盘操作中，遇到这种盘面现象时，投资者应重点关注以下技术要点。

（1）在上涨初期出现量平，说明庄家步步为营，不断推高股价，这样就会出现量大平的现象，说明做多的庄家实力非同一般。此时投资者应重仓出击，跟着做多。

（2）在上涨途中出现量小平、量中平，说明股价经过一段时期的上升后，庄家感到上升阻力越来越大，于是慢慢消化上档浮筹，以实现用时间换空间的目的，这时就会出现量小平、量中平的现象。此时投资者应持股做多，或谨慎看多。

（3）在涨势后期出现量中平、量大平，说明股价有了很大升幅后，庄家迫切需要将账面利润兑现为现实利润，这时很有可能趁众人看好时不断向外发货，于是就会出现量中平、量大平的现象。此时投资者应分批退出。

（4）在跌势初期出现量平，说明空方庄家已经完全掌握了市场主动权，无论是量小平、量中平还是量大平，性质都是一样的，都是出货信号。此时投资者应全线做空，止损离场。

（5）在下跌途中出现量小平、量中平，说明下跌趋势已经形成，每日总有一批持股者醒悟过来，觉得这样下去不行，尽管很不情愿，但也只得咬牙抛出一部分筹码。虽然大家抛售的时间先后不一，但每日的成交量大致差不多。此时投资者应及早离场为好。

（6）在跌势后期出现量平，说明股价经过长期下跌后，市场大多数人已经麻木。这种零星的抛盘和买盘，很容易造成量小平的现象，而且会持续一段较长的时间。此时投资者应作好随时逢低入场的准备。

6. 量价同步和背离

量价同步就是指成交量增减与股价涨跌相匹配。也就是说，成交量增减大小与股价涨跌力度一致。按趋势可分为上涨同步（价升量增）和下跌同步（价跌量增）；按区域可分为单日同步和区域同步。

一般而言，量价同步反映原来的发展趋势比较健康，没有出现异常的变化，股价仍然运行在原来的趋势之中。

量价背离是指成交量增减与股价涨跌不匹配。也就是说，成交量增减大小与股价涨跌力度不一致。按趋势可分为上涨背离（价涨量缩）和下跌背离（价跌量缩）；按量价关系可分为正背离（价增量缩）和负背离（价减量增）；按区域可分为单日背离和区域背离。

一般而言，量价背离反映原来的发展趋势出现某些不协调，多空意见分歧加大，是股价改变原来运行趋势的潜在信号。

这里仅就量价背离现象进行分析，常见的量价背离有以下几种。

（1）价升量缩。成交量持续减少，而股价仍在继续上升，表明市场做多动能在逐步衰竭（对于高度控盘的个股，说明筹码锁定性较好），意味着行情可能反转或短线回档盘整，为卖出信号。

（2）价跌量增。当行情经过一段持续的上涨以后，如果出现成交量持续放大，而价格却不断下降的现象，说明庄家在减仓出货，为卖出信号。

股价经过长期大幅下跌之后，出现成交量持续放大的现象，即使价格仍在下跌，也要改变对下跌性质的认识。需注意，在低价区出现增量，说明有大资金在承接，后市有望形成底部或产生反弹，此时可以逢低买进。

（3）价平量增。如果是在底部阶段出现价平量增，说明底部在积聚上涨动力，有庄家在暗中进货，可以适量参与，持股待涨。在涨势或跌势中途，如果出现成交量放大而股价基本持平，则说明股价暂时进行休整，只要没有成功改变原来的趋势，整理结束之后，行情仍会沿原来的趋势发展一段时间。股价处于涨势的高位区域，如果出现价平量增现象时，为滞涨信号，说明庄家正在寻求出货机会。

（4）价涨量平。股价上涨，但成交量却与平时差不多，说明大资金并没有大举进场，因此涨势难以持久（庄家高度控盘除外），行情可能是昙花一现的反弹而已，后市方向不明朗，观望为宜。

价涨量平有以下几种启示：①若股价原先处于下跌趋势，出现价涨量平，则明显反映出股价虽升但成交量不足，属于弱势反弹。②若股价原先已上涨很多，出现价涨量平，则反映多空双方力量均衡，后市有可能出现滞涨或回调，有转向意味。③若是因为涨停板而出现价涨量平现象，那么投资者没有机会实施买卖，翌日应该仍有高位可见，持股者不应急于出货。

（5）价平量缩。成交量放大而股价基本持平，说明上涨或下跌有停顿迹象，后市走向还不明朗，应注意出现变盘的情况。若在大涨后的高位进行横向整理，股价不再上升，则多为出货警戒信号。反之，股价经过长期下跌后进行横向整理，不再继续下跌，则为止跌信号，可以伺机介入。

（6）价跌量平。股价下跌，而成交量与平时差不多，反映当时的升势或跌势并未出现重大变化，预计仍将沿原有的趋势运行。也就是说，在上升趋势中，价跌量平只反映部分投资者出货套利，大资金仍没有大幅抛售。只要跌幅不深，升势仍然可预期。

如图 4–19 所示，西部建设（002302）。该股主力完成洗盘整理后，股价再次向上突破，成功脱离盘整区域，股价不断创出上涨新高。但是，从 2017 年 4 月开始，不但没有出现价升量增的发展势头，反而出现成交量持续减少的现象，形成“价升量缩”的背离走势。这表明市场开始萧条，跟风盘渐渐稀少，做多动能正在趋向衰竭，股价随后的上涨令人怀疑，往往是庄家刻意拉抬出货，是股价潜在的见顶信号。

在随后的行情发展中，股价产生小幅盘升走势后，难以维持升势而转为下跌。这是价升量缩见顶信号的典型实例，投资者在实盘中应多观察，多体验。

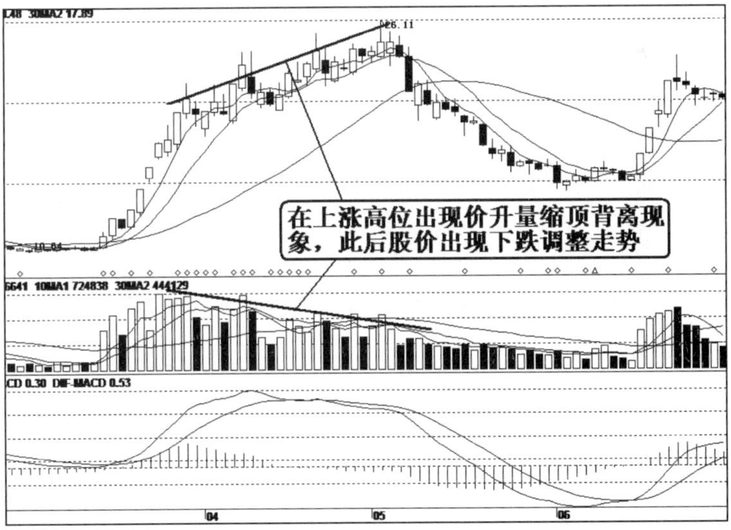

图 4–19

四、VOL 指标的缺憾及克服方法

在研判均量线时，需注意均量线的波动并不提供明确的买卖信号，亦不具备移动平均线那种对股价助涨或助跌的作用。均量线反映的仅是市场交投的主要趋向，对未来股价变动趋势起到辅助判断的作用。

均量线指标适用于盘子较大、业绩较好的投资级股票，而对于投机股、小盘股及庄家控盘程度高的股票来讲，作用不是十分明显。

克服 VOL 指标的缺憾，应把握以下几点。

（1）关注成交量出现变化的位置。当成交量突然发生不规则变化时，股价也会在短期内发生较大变化，尤其是在底部区域或顶部区域。成交量的这些变化，暗示股价见底或见顶，并提前发出买卖信号。配合 MA、MACD、DMI 等技术指标综合研判，分析成交量动向，可以判断多空双方力量的对比变化，预测短期内的股价变动趋势。

（2）用均量线指标进行技术分析时，必须结合价格的变动，重点在于量价的配合情况。通常以价格与均量变动趋向是否一致来判断价格的变动方向。一般情况下，当两种趋向一致时，表明价格走势得到成交量的支持，这种走势可望得到延续。

在上涨行情初期，均量线随股价不断创出新高，显示市场人气聚集，行情将进一步展开，是买入的时机。此后，只要均量线继续和股价都保持向上态势，可以继续持有或追加买入。当两种趋向发生背离时，说明成交量不支持价格走势，股价的运行方向有可能发生转变。如下跌行情快结束时，虽然股价仍在创出新低，但均量线已经开始走平，甚至可能有上升迹象，出现量价背离，则提示价格可能见底，上涨行情有望展开，这是逢低买入的良机。

（3）可以设置两条或多条均量线，根据其相互位置及交叉情况作为研判依据。当均量线形成多头排列时，股价将保持上涨趋势，提示投资者可以买入或继续持有。当均量线呈现空头排列时，股价将保持下跌趋势，提示投资者出局或持币观望。

当均量线出现拐头走势，即由上升转为回落或由下跌转为上升时，提示价格走势可能发生改变。一旦短期均量线上穿长期均量线形成金叉，则是对股价转势上涨进行确认；一旦短期均量线下破长期均量线形成死叉，则是对股价转势下跌进行确认。当然，10 日均量线与 30 日均量线的乖离率过大时，价格很可能随时回落，甚至出现反转。

（4）关注换手率变化。在挖掘领涨板块时，重点是挖掘热门板块。判断是否属于热门股的有效指标之一，就是换手率。换手率高，意味着近期有大量资金进入该股，个股流通性良好，股性趋于活跃。投资者在选股时，可对近期每日换手率连续成倍放大的个股予以重点关注，再根据基本面和技术面精选其中的最佳品种。

具体方法如下。

第一，观察高换手率能否维持较长时间。较长时间维持高换手率，说明资金进出量大，持续性较强，增量资金充足，这样的个股才具有可操作性。若仅仅是一两天换手率突然放大，其后便恢复平静，这样的个股操作难度相当大，并容易遭遇骗线。高换手伴随天量，并不意味着天量见天价，实为做量吸引眼球，为顺利出货吸引买盘，之后将是一浪接一浪的下跌。

第二，要注意产生高换手率的位置。高换手率既可能为资金流入，亦可能为资金流出。一般来说，股价在高位出现高换手率，要引起持股者的重视，很大可能是庄家出货（也可能是庄家拉高建仓）。在股价底部出现高换手率，资金大规模建仓的可能性较大，特别是在基本面转好或者有利好预期的情况下。

第三，投资者操作时，可关注近期一直保持较高换手率而股价涨幅有限（均线如能多头排列更佳）的个股。根据“量为价先”的规律，成交量先行放大，股价通常很快就会跟上量的步伐。也就是说，短期换手率高，表明短期上行能量充足。形态上选择圆弧底、双重底或者多重底的个股，这类个股横盘打底时间比较长，庄家有足够的建仓时间。如有各项技术指标作支撑，则更应该引起密切关注。

第五章 /

指数平滑异同移动平均线（MACD）

一、MACD 指标简介

1. MACD 指标概要

中文全名	指数平滑异同移动平均线
英文全名	Moving Average Convergence Divergence
指标热键	MACD（开机默认指标）
指标属性	趋势型技术指标
指标应用	中线、长线技术指标
原始参数	12、26、9
波动范围	以 0 轴为中心上下波动，无固定波动区间

2. MACD 指标基本原理

MACD 全称为指数平滑异同移动平均线，是从双移动平均线发展而来的，由快的移动平均线减去慢的移动平均线得出。MACD 是利用短期（常用为 12 日）移动平均线与长期（常用为 26 日）移动平均线之间的聚合与分离状况，对买进、卖出时机作出研判的一个技术指标。

MACD 的意义和双移动平均线基本相同，但使用起来更方便。当 MACD 从负数转为正数，是买进信号。当 MACD 从正数转向负数，是卖出信号。当 MACD 以大角度变化时，表示快的移动平均线和慢的移动平均线的差距非常迅速地拉开，代表了一个市场大趋势的转变。

MACD 指标由差离值 DIF 和平均差离值 DEA 组成。它是在移动平均线（MA）的基础上发展过来的，一则去掉了移动平均线频繁发出虚假信号的缺陷，二则确保移动平均线的最大效果。

MACD 的设计原理是利用两条不同速度（短期和长期）的平滑移动平均线的变化关系，用快速平滑移动平均线减去慢速平滑移动平均线，就得到一个差离值 DIF。若这个值是正数时，叫 +DIF；是负数时，叫 –DIF。然后再拿这个 DIF 与连续数日的 DIF 值比较，得出一个差离平均值 DEA。DEA 对 DIF 作移动平均，就像对收盘价作移动平均线一样，消除了诸多偶然因素产生的影响，从而使MACD 发出的信号更加准确。

二、认识 MACD 指标

MACD 指标在图表上有一条快线 DIF，一条慢线 DEA，即人们常说的 MACD 线（在钱龙或胜龙软件中，DEA 和 MACD 是一样的，即 MACD）。如图 5–1 所示。

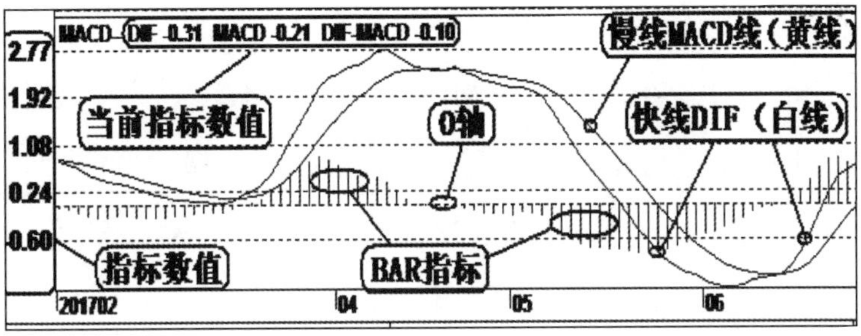

图 5–1

在技术分析软件中，还有一个红绿变换的辅助指标——柱状线（BAR 指标），它是用来表明 DIF 和 MACD 两者之间距离大小的，如图 5–2 所示。BAR 与 MACD 结合起来，能够很好地研究股价的走势变化，达到最佳买卖效果。

红色柱状线为做多信号。当红柱增多、拉长时，说明多方气势旺盛，多头行情仍将继续。反之，当红柱减少、缩短时，说明多方气势正在衰减，股价随时有可能下跌。

绿色柱状线为做空信号。当绿柱增多、拉长时，说明空方气势旺盛，空头行情仍将继续。反之，当绿柱减少、缩短时，说明空方气势在衰减，股价随时会止跌或见底回升。

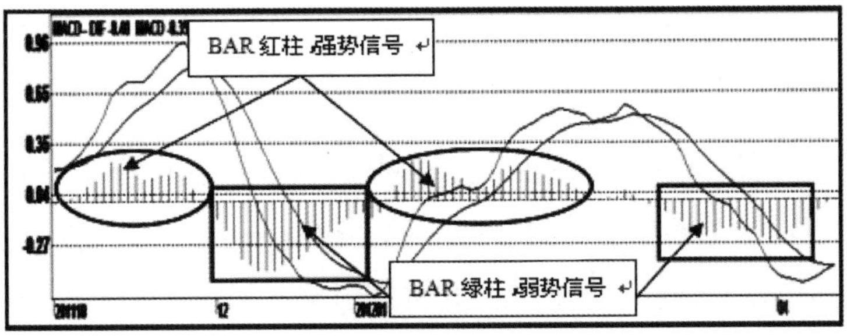

图 5–2

0 轴是 MACD 指标的中心，上方为正值区域，下方为负值区域。MACD 围绕 0 轴作无规则的波谱式运行。但在某个区域里，MACD 运行的时间长短不一。DIF 的运行速度相对较快，MACD 的运行速度相对较慢。

两条曲线在 0 轴上方正值区域运行，说明现在的市场为多头市场；两条曲线在 0 轴下方负值区域运行，说明现在的市场是空头市场。无论是在 0 轴上方或下方运行，当 MACD 远离 0 轴时，都有向 0 轴回归的要求，正区和负区的 MACD 值的大小没有限制。如图 5-3 所示。

在一段真正持续的涨势或跌势行情中，DIF 和 MACD 之间的距离必将越拉越大，随后渐渐趋于缓慢，两者之间的距离也必然缩小，最后形成相互交叉并趋向 0 轴。DIF 由下往上穿过 MACD，称为 MACD 金叉，为买进信号；DIF 由上往下穿过 MACD，称为 MACD 死叉，为卖出信号。如图 5-3 所示。

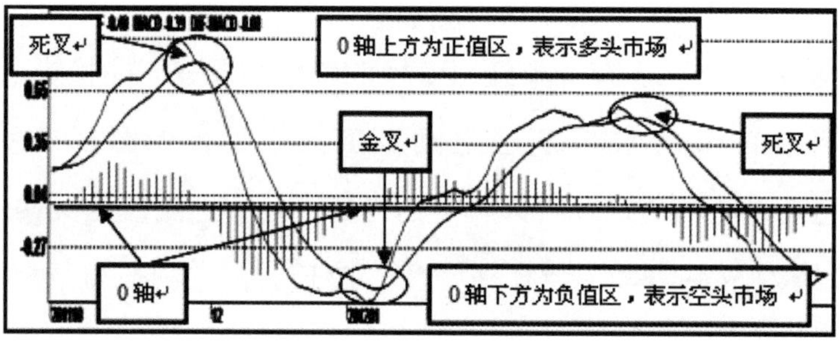

图 5-3

三、MACD 指标应用法则

MACD 指标的应用法则与葛兰碧移动平均线八大法则有许多共同之处，但也有其自身的特点。主要从三个方面进行行情分析，第一，从 DIF 和 MACD 的取值和这两者之间的相对取值对行情进行预测。第二，利用 DIF 曲线形态进行行情分析，主要是采用指标背离原则。如果 DIF 的走向与股价走向背离，此时是采取买卖行动的信号。第三，从 BAR 红绿柱状线看盘口变化。

实盘操作中，应把握以下几个方面的技术特性。

（1）差离值（DIF）向上突破 MACD 时，形成金叉，为买进信号；差离值（DIF）向下跌破 MACD 时，形成死叉，为卖出信号。

使用 MACD 指标时，必须判定市场的属性，即目前市场是多头市场还是空头市场。根据不同的市场属性，采取不同的操作策略，以回避风险，保障利润。

在具体操作中，MACD 金叉一般是重要的买入时机。当 DIF 和 MACD 两线在 0 轴之下且距离较远时，当其由下行转为走平，且快线 DIF 上穿慢线 MACD 形成金叉，是较佳的短线买入时机。

必须注意，判断 DIF 和 MACD 距离 0 轴远近，主要以前期盘面显示作为参考。发生在 0 轴之上的金叉不能离 0 轴太远，否则其可靠性将大大降低。在 0 轴上方，DIF 正向交叉 MACD 形成金叉，其中线操作可靠性较好，同时也符合强势市场的操作机会。反之亦然。

若 MACD 指标的 DIF 线在 0 轴以下与 MACD 线金叉，之后没有上升至 0 轴以上，而是很快又与 MACD 线死叉，此时投资者可等待两线再次金叉。

若两线再度金叉（在 0 轴以下），并且在其金叉前后 KDJ 指标也拐头，宝塔线平底翻红上行，表明底部构筑成功，随后出现一波大的上涨行情的可能性较大。MACD 线一旦上穿 0 轴线，必将收出大阳线。

如图 5–4 所示，大理药业（603963）。2017 年 12 月至 2018 年 5 月，在底部区域，该股 MACD 指标中的 DIF 线两次向上交叉 MACD 线，形成金叉买入信号，并继续上穿 0 轴，市场出现强势特征。在相对高位区域，MACD 指标中的 DIF 线两次向下交叉 MACD 线，形成死叉卖出信号，并继续下穿 0 轴，市场出现弱势特征。

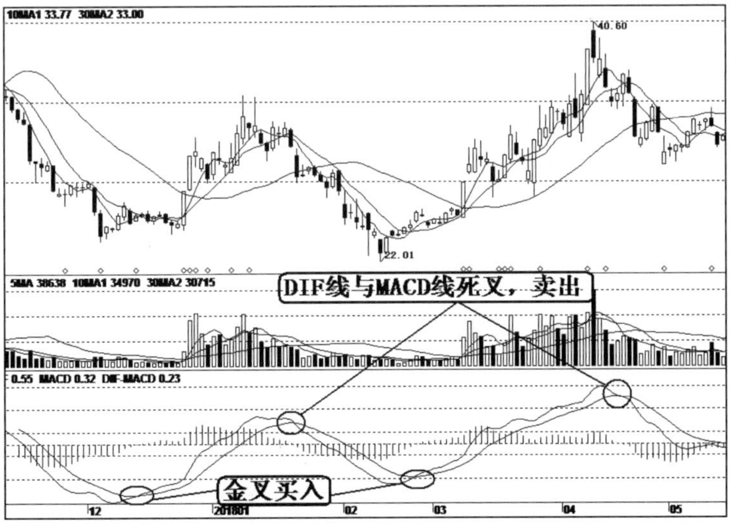

图 5–4

（2）差离值（DIF）与 MACD 在 0 轴之上运行时，表明市场趋向多头市场，可以买入或持股。当二者在 0 轴之下时，表明市场处于空头市场，应逢高离场观望。DIF 和 MACD 在 0 轴以下时，操作策略应以卖出为主。DIF 若向下跌破 MACD，宜暂时平仓。

如图 5–5 所示，保利地产（600048）。这是该股 2017 年 11 月至 2018 年 6 月的日线图。2017 年 11 月 16 日，一根放量大阳线向上突破盘区，MACD 指标在 0 轴附近出现向上发散，强势特征得以显现，此时以逢低吸纳为主。

经过一段盘升行情后，上涨动力开始减弱，MACD 指标在远离 0 轴的高位形成金叉，构成卖出信号。此后 MACD 指标一路下滑，击穿 0 轴支撑，从此市场进入弱势整理格局，在这一阶段以逢高减仓操作为主。

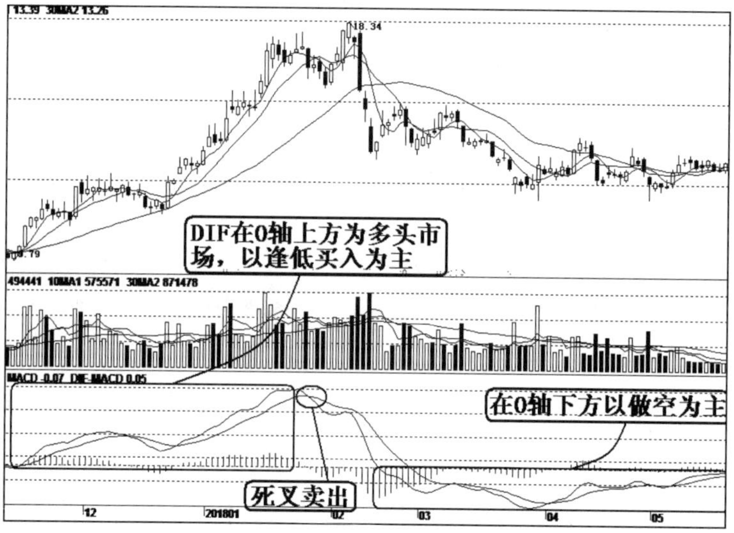

图 5–5

（3）向下移动的 MACD 转为向上移动，DIF 线向上穿过 MACD 线产生黄金交叉，表明多方占有一定的优势，以做多为主。

这种现象可以分为以下两种情况。

第一，当 DIF 和 MACD 的值为正值时，即两线均在 0 轴以上，属多头市场。此时，若 DIF 线向上突破 MACD 线，构成黄金交叉，通常表示股价回档已告结束，为买入信号。

第二，如果两线还在 0 轴以下运行，此时形成黄金交叉，仅仅只能视为一次短暂的反弹走势，还不能确定为趋势就此反转上涨，是否买入还需要借助其他指标综合判断。

如图 5–6 所示，中科曙光（603019）。这是该股 2017 年 8 月至 2018 年 2 月的日线图。该股放量向上突破后，MACD 指标向上穿过 0 轴到达正值区，说明市场已经进入强势状态，应以做多为主。

在上涨过程中，DIF 线与 MACD 线在 0 轴上方出现两次金叉，表明回调洗盘结束。随后股价见顶回落，形成下降通道。MACD 指标向下穿过 0 轴到达负值区，说明市场处于弱势行情中，以做空为主。这时 MACD 指标在 0 轴下方出现两次金叉信号，都只是出现了小幅反弹行情。

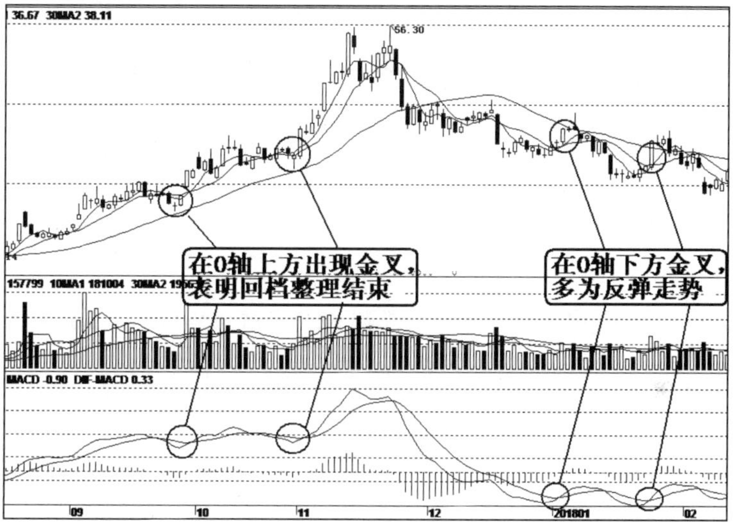

图 5–6

（4）向上移动的 MACD 转为向下移动，DIF 向下穿过 MACD 产生死叉，表明空方占有一定的优势，以做空为主。

这种现象也可以分为以下两种情况。

第一，如果 DIF 和 MACD 两线在 0 轴以上运行，此时形成死亡交叉，通常表示股价开始回档，可先暂时退出观望。

第二，当 DIF 和 MACD 的数值为负值，即两线均在 0 轴以下时，属于空头市场。此时若 DIF 线向下突破 MACD 线，构成死亡交叉，通常表示股价反弹结束，为卖出信号。

如图 5-7 所示，平安银行（000001）。这是该股 2017 年 11 月至 2018 年 5 月的日线图。该股大幅炒高后，庄家在高位兑现获利筹码，MACD 指标在 0 轴上方出现两次死叉，说明股价开始回档整理，应退出观望。不久，MACD 指标回落到 0 轴下方，再次出现死叉信号，说明反弹行情结束，应继续离场观望。

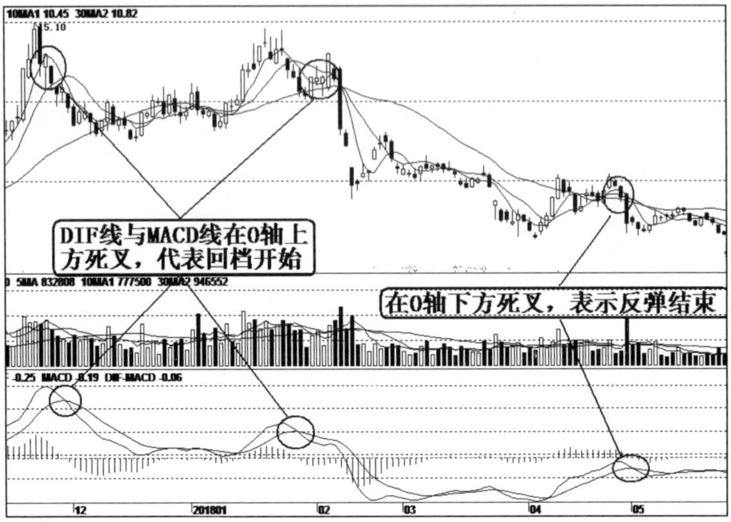

图 5-7

（5）股价处于上升的多头态势时，若 DIF 远离 MACD，造成两线乖离率过大，多头应分批了结。

如图 5-8 所示，振华股份（603067）。2018 年 4 月初，该股出现一波快速拉高行情，DIF 线远离 MACD 线，两线之间的乖离率明显偏大，说明短期股价上涨速度过快，股价面临技术回调压力，此时多头应做减磅操作。

两线之间的距离多大才算大呢？目前尚无统一标准，因个股及指标所处的位置高低不同而有明显的不同。在操作中，主要参考该股历史走势情形确定。当两线之间的距离超过或接近历史最大值时，就可以认定为乖离率过大。

（6）股价盘整时，常会出现 DIF 与 MACD 交叉缠绕，此时可以不必理会。只有在乖离率加大，曲线变得陡峭时，方可视为盘局出现突破，这时可以采取买卖操作。

（7）MACD 指标也强调形态和背离现象。当 MACD 指标的 DIF 线与 MACD 线形成高位看跌形态，如头肩顶、双头等，应当保持警惕。当 MACD 指标的 DIF 线与 MACD 线形成低位看涨形态时，应考虑买入。在判断形态时，以 DIF 线为主，MACD 线为辅。

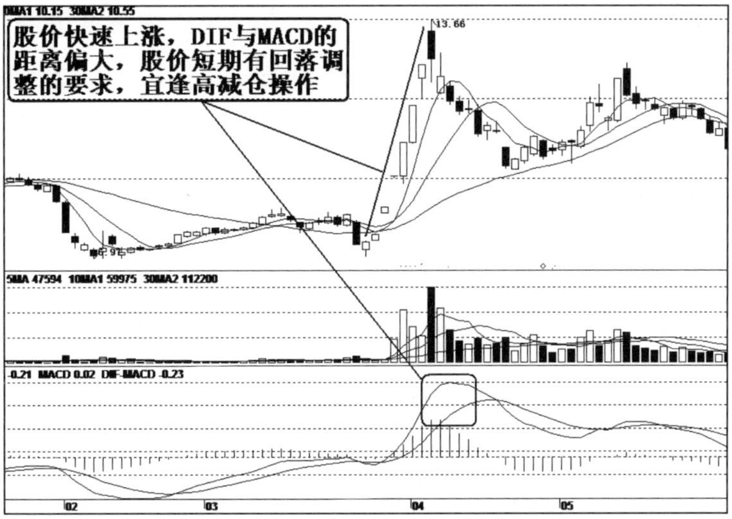

图 5-8

不管是从“差离值”的交叉还是从“差离值柱线”进行判断，都可以体会背离信号的使用价值。当股价持续升高，而 MACD 指标却走出一波比一波低的走势时，意味着出现顶背离，股价不久之后可能出现转头下行。当股价持续走低，而 MACD 指标却走出一波高于一波的走势时，意味着出现底背离，股价将很快结束下跌，转头上涨。

如图5-9所示，国通管业（600444）。该股在企稳上涨过程中，股价不断向上走高，但同期 MACD 指标却未能配合走高，反而向下走低。技术指标与股价出现顶背离走势，说明多头力量已力不从心，股价面临回调压力，随后股价渐渐向下盘跌。

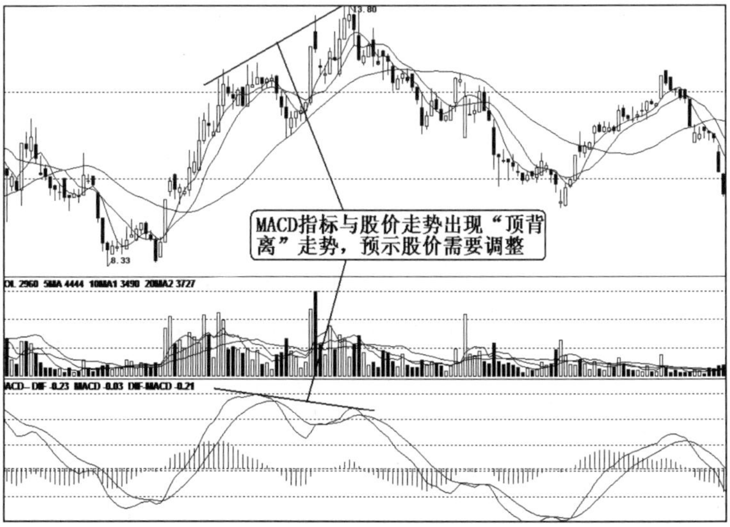

图 5-9

如图 5-10 所示，永泰能源（600157）。该股在大幅下跌的底部走势中，股价渐渐向下走低，但同期 MACD 指标却未能继续下行，反而出现向上爬高的走势。技术指标与股价出现底背离走势，说明盘中做空能量已经不大，股价随时有止跌回升的可能，此时应以逢低吸纳为主。

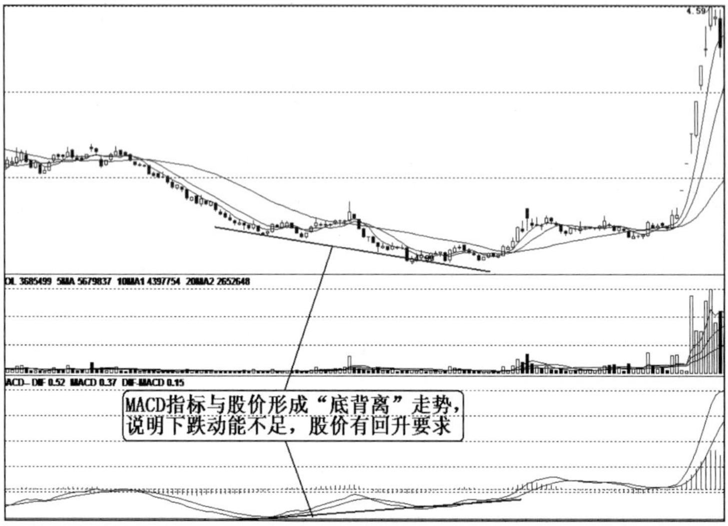

图 5-10

（8）在高位二次或多次死叉可能大跌，应及时止损离场；在低位二次或多次金叉可能大涨，应及时转变思维，做好做多准备。

“MACD 低位二次金叉”易出暴利机会，主要看红柱、绿柱、DIF 线、MACD 线。其中，当 DIF 线、MACD 线处于 0 轴以下的时候，如果短期内（8 或 13 个交易日内）连续发生两次金叉，那么第二次金叉出现后，股价可能发生暴涨。

使用这一技法寻找短线暴涨机会，应注意下列事项。

第一，MACD 低位一次金叉的，未必不能出现暴涨走势，但“MACD 低位二次金叉”出暴涨的概率和把握更高一些。

第二，“MACD 低位二次金叉”出现暴涨的概率和把握之所以更高一些，是因为经过“第一次金叉”之后，空头虽然再度小幅进攻，造成又一次死叉，但是空头的进攻在多方的“二次金叉”面前遭遇溃败，从而造成多头力量喷发。

第三，“MACD 低位二次金叉”，如果结合 K 线形态进行研判，可信度将大大提高，投资者更容易下决心介入。如形成了“两阳夹一阴”形态，并且当天温和放量，综合研判的可信度将会明显增加。这就是将“MACD 低位二次金叉”和 K 线形态、量价关系等因素综合起来研判，以增加确信度。

（9）依据 BAR 柱状线的加长和缩短现象，可以提前进行买卖。在 0 轴上方出现的柱状线为红柱，是做多信号。当红柱线加长时，说明多方力量强劲，行情仍将持续。当红柱线缩短时，说明多方力量衰竭，股价可能会下跌。

在 0 轴下方出现的柱状线为绿柱，是做空信号。当绿柱线加长时，说明空方力量强大，行情仍将持续。当绿柱线缩短时，说明空方力量减弱，股价可能会企稳回升。

（10）分析 BAR 柱状线时，当 MACD 柱状线由红变绿时（即 DIF 线下穿 MACD 线），为卖出信号；相反，当 MACD 柱状线由绿变红时（即 DIF 线上穿 MACD 线），为买入信号。

如图 5–11 所示，利尔化学（002258）。这是该股 2018 年 1 月至 6 月的日线图，图中的买卖信号非常清晰。当 MACD 柱状线由红变绿时，DIF 线下穿 MACD 线，构成卖出信号；当 MACD 柱状线由绿变红时，DIF 线上穿 MACD 线，构成买入信号。

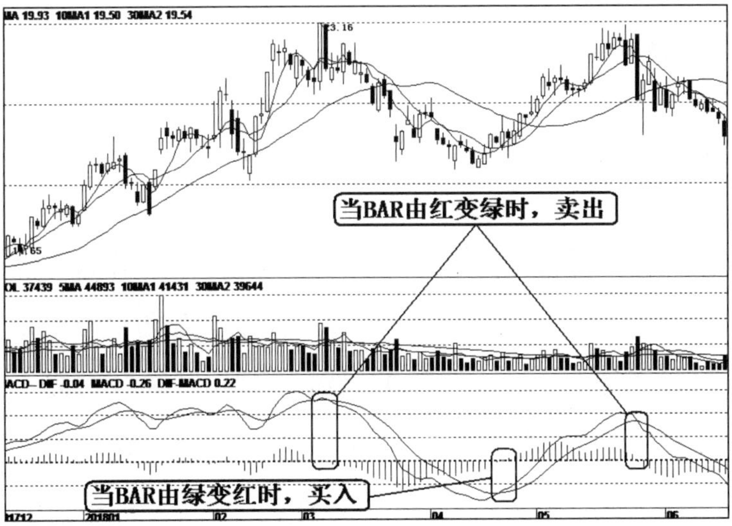

图 5–11

（11）在 BAR 指标中，红色能量柱和绿色能量柱分别代表了多头和空头能量的强弱盛衰，它们对市场的反应要比短期均线 DIF 在时间上提前一步。在 MACD

指标中，能量注入是一个循序渐进的过程，通常是呈逐渐放大的态势。

使用能量柱预判行情走势时，利用红色能量柱结合K线走势图就能得出结论，当K线走势图近乎80度上升，同时红色能量柱快速放大，预示大势顶部已近。尤其是相邻的两段红色能量柱产生平顶时，爆发的行情将更加迅猛，如图5–12（左图）所示。

反之，在空头市场中，这种现象也成立，如图5–12（右图）所示。熟悉了这种操作手法后，对投资者空顶和多底将大有益处。

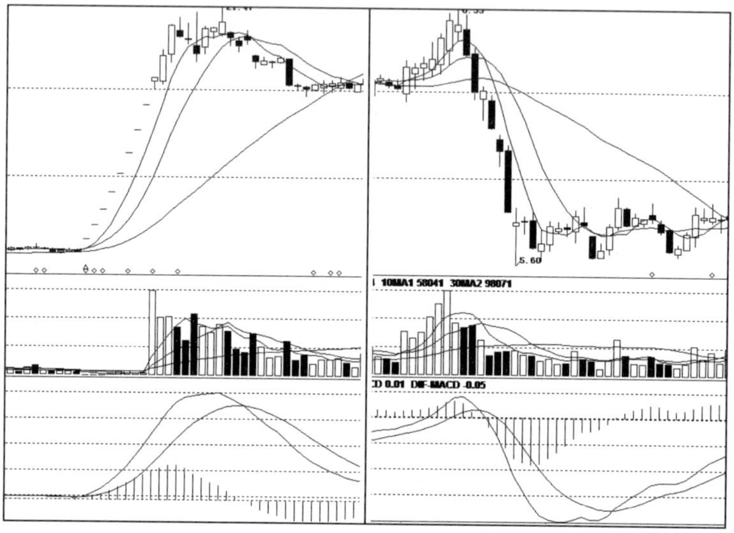

图5–12

（12）横盘震荡行情下，指标将失真。当价格并不是自上而下或者自下而上运行，而是保持水平方向移动时，会在MACD指标中产生虚假信号，此时DIF线与MACD线的交叉十分频繁，同时柱状线的收放也频频出现，颜色常常由绿转红或者由红转绿。此时MACD指标处于失真状态，使用价值相应降低。

（13）当MACD线、DIF线汇聚0轴线，柱状垂直线由负变正、由绿变红时，亦即垂直线由下转为上时，是买入信号。此时如果MACD线、DIF线上穿0轴线，往往K线形态也会出现大阳线，表明市场进入多头区域，此时可以多单持有。空头市场反之亦然。

当MACD线、DIF线一直在0轴线以上运行时，显示市况涨势仍未结束，行情随时都有走高的可能，只是价格有时会作短暂的调整。空头市场反之亦然。

四、MACD 指标实盘应用技巧

运用 MACD 指标对后市走势进行研判时，只要熟练掌握 MACD 的四个信号，就能成为股市中的获胜者。①关注 DIF 线与 MACD 线黏合后分离信号的变化；②关注 DIF 线与 MACD 线交叉（金叉或死叉）信号；③掌握 MACD 指标与股价的背离走势；④认识和掌握 MACD 指标的特种图形用法。

在分析和应用过程中，将这四个信号与 MACD 辅助指标 BAR 柱状线结合起来，可以进一步提高信号的准确性。

1. 发散信号

在股市实盘操作中，经常会发现 DIF 线和 MACD 线靠得很近或黏合在一起，其差值几乎为零。此时要重点关注，但不能过早作出买卖决定，因为后市仍然有许多变数存在。待方向明朗后，再果断作出买卖决策。通常股价会朝突破方向运行一段时间。

不同位置的发散信号，有三种盘面现象值得注意。

（1）低位黏合后发散。股价经过下跌调整后，MACD 指标在低位（在 0 轴下方较远的位置更具有判断价值）发生黏合或走平。这种现象大多出现在一轮下跌调整后，空方力量基本耗尽，股价基本到达底部区域。此时庄家进场收集筹码，采取打压或压箱顶的吸货方式，便出现 DIF 线和 MACD 线黏合在一起（或其差值接近于零）的现象。通常黏合的时间越长，后市上涨的力度和幅度就越大。

一旦某日 DIF 线向上脱离 MACD 线，两线出现向上发散，BAR 指标红柱增长，移动平均线向多头转变，可以大胆买入，一般收益都会十分丰厚。这种信号常常在筑底阶段出现，多为庄家吸货所致，后市具有一定的投资价值，投资者应多加关注。

如图 5–13 所示，三钢闽光（002110）。该股有强庄入驻其中，庄家在底部长时间吸纳低价筹码，股价呈现筑底走势，此时 MACD 在 0 轴附近形成黏合状态。

2017 年 7 月 7 日，股价放量向上脱离盘整区域，DIF 线脱离 MACD 线向上抬头，两线向上发散，BAR 指标红柱增长。同时 5 日均线与 10 日均线在 30 日均线上方黏合后向上跃起，30 日均线缓缓上行，均线系统呈多头排列，形成较好的买入点。此后股价出现快速拉升行情，短期涨幅较大。

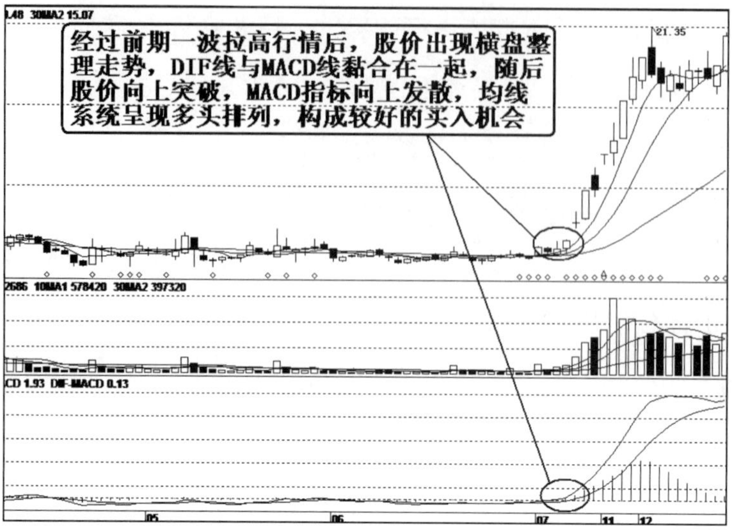

图 5-13

一旦某日DIF线向下脱离MACD线，两线出现向下发散，BAR指标绿柱增长，移动平均线向空头转变，应尽快卖出，因为后市必有一跌。这种信号常常出现在下跌中继阶段，大多是庄家减仓所致，后市仍然存在较大的下跌空间，投资者应提高风险意识。

如图 5-14 所示，欧浦智网（002711）。该股反弹结束后再次回落，出现较长时间的弱势震荡走势，股价重心渐渐下移，盘面走势十分低迷，DIF 线与 MACD 线出现黏合状态。

2018 年 6 月下旬，该股连续出现多根阴线，导致 MACD 指标出现向下发散，均线系统形成空头排列，从而进一步加剧了做空势头，接着股价出现连续一字跌停。在实盘操作中，投资者遇到这种盘面走势时，应及时退出观望，以免损失进一步扩大。

（2）中位黏合后发散。中位黏合就是 MACD 在 0 轴附近发生黏合现象。在沪深两市经常看到这样的走势，DIF 线和 MACD 线在 0 轴附近黏合成一条线（时间越长越好，距离 0 轴越近越好），这多数是横盘市道，一般是庄家控筹较好或压箱顶吸货形成的。突然有一天，DIF 线发力上攻脱离 MACD 线，移动平均线向多头散发，这是买入的最好时机。

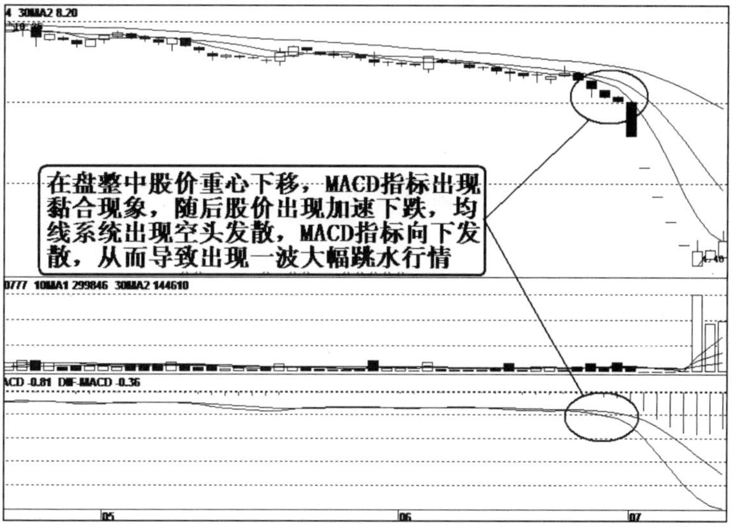

图 5–14

相反，如果 DIF 线和 MACD 线在 0 轴附近黏合后，突然某一天 DIF 线脱离 MACD 线向下发散，则表明庄家前期已经抛出了大量筹码，目前所持筹码已经不多，股价可能出现一轮跌势，此时应卖出手中的股票。

如图 5–15 所示，掌趣科技（300315）。该股经过一波拉高行情后，DIF 线和 MACD 线在 0 轴上方形成黏合状态。持续 10 多个交易日后，DIF 线脱离 MACD 线向上爬升，成交量温和放大，均线系统继续呈多头发散，形成较好的买入点。此后股价持续走高，累计涨幅较大。

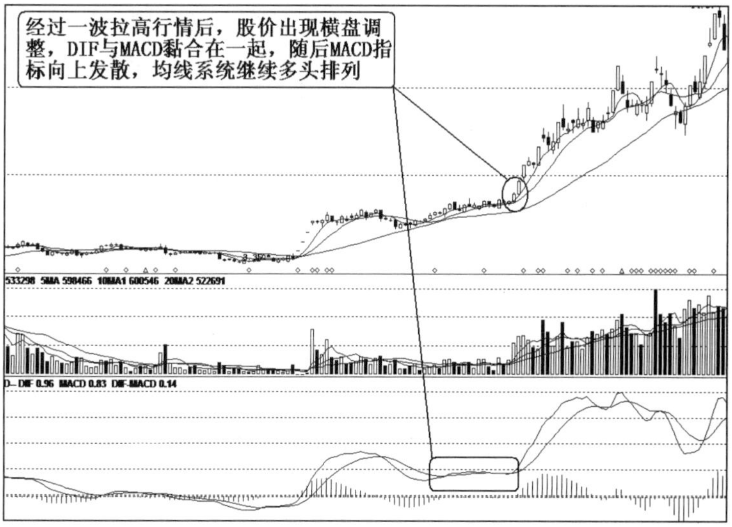

图 5–15

如图 5-16 所示，重庆啤酒（600132）。股价经过一轮盘升行情后，DIF 线和 MACD 线在 0 轴上方形成黏合状态，并持续一段时间。不久一根大阴线向下突破 30 日均线，DIF 线向下脱离 MACD 线，5 日均线与 10 均线形成死叉，预示股价将向下运行。此后 MACD 指标继续向下运行，均线系统形成空头发散，股价渐渐走弱。

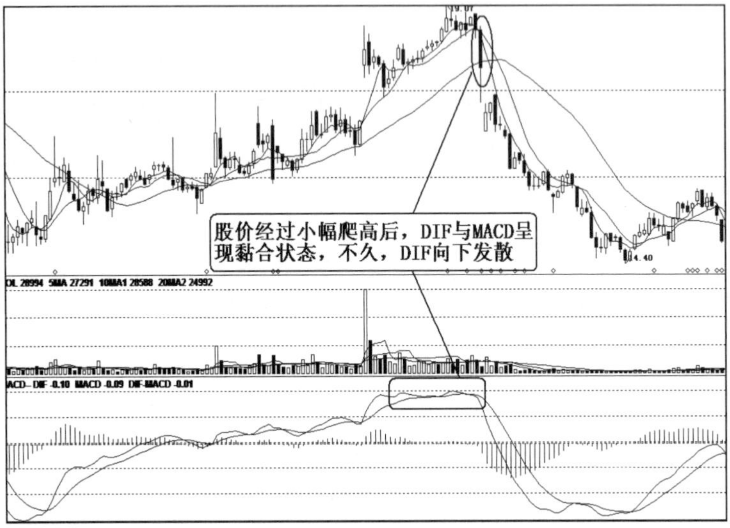

图 5-16

（3）高位黏合后发散。股价经过大幅上涨后，MACD 在高位（在 0 轴上方较远的位置更具有判断价值）发生黏合或走平。这种情况大多是经过一轮上升行情后，盘中堆积了大量的获利筹码，多方后续能量供应不足，股价上档压力显现，庄家在高位构筑平台出货，从而使 DIF 线和 MACD 线产生黏合或走平。

如果某日 DIF 线向下脱离 MACD 线，BAR 指标绿柱增长，移动平均线向空头转变，应坚决卖出。这种信号常常出现在盘头阶段或反弹行情中，多为庄家出货所致，后市有一定的跌幅，投资者应多加防范。

如图 5-17 所示，和晶科技（300279）。股价经过一波反弹行情后，跟风盘渐渐稀少，股价上升乏力，上方压力逐日显现。DIF 线在远离 0 轴上方走平后，与 MACD 线发生黏合。持续几个交易日后，DIF 线选择向下，MACD 线也随之下降，BAR 指标绿柱增长。

同时，5 日均线向下死叉 10 日均线，之后继续向下死叉 30 日均线，均线系统向空头发散，形成卖出信号，其后该股出现盘跌走势。实盘中遇到这种信号时，应止损出局，大家从中可以细细领悟“割肉也是赚钱”的股谚。

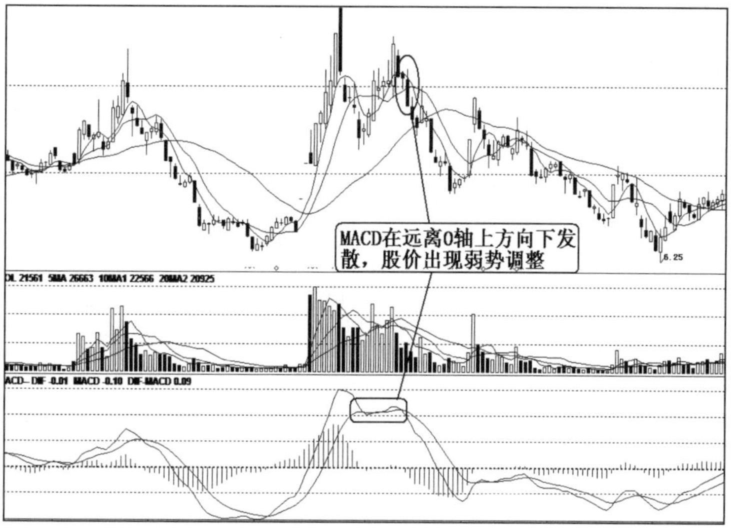

图 5–17

2. 金叉信号

行情经过一轮下跌调整后，空方力量渐渐耗尽，多方占据市场优势，于是 DIF 线在低位与 MACD 线发生金叉，BAR 指标出现红柱并逐日增长，此时应尽快买入。

MACD 指标在以下三个区域中出现金叉时，具有重要的市场意义。

（1）在 0 轴以下区域出现金叉，为弱势金叉。DIF 线和 MACD 线在远离 0 轴以下区域同时向下运行一段时间后，当 DIF 线开始进入横向运行，或慢慢掉头向上靠近 MACD 线时，如果 DIF 线向上突破 MACD 线，这是 MACD 指标的第一种“黄金交叉”。它表明股价经过很长一段时间的下跌并在低位整理后，将开始反弹向上，是短线买入信号。

从辩证的角度讲，MACD 离 0 轴越远，越有回归 0 轴的要求，且市场本身是一个轮回交替运行的过程，强势会转变为弱势，弱势也有转变为强势的时候，因此 MACD 离 0 轴越远，越具有投资潜力。

但是从理论上讲，这种“交叉”只是预示可能出现反弹行情，并不表示该股的下跌趋势已经结束。也有可能出现反弹行情很快结束，股价再度下跌的情况，因此投资者应谨慎对待，少量参与为宜。

那么到底应该如何把握这种情况呢？应根据个股的不同而定，一般先以反弹行情对待为好，然后再根据盘面变化调整操作策略。

如图 5–18 所示，大通燃气（000593）。该股见顶后持续下跌，股价经过一波快速下跌后，MACD 指标远离 0 轴。在下跌过程中，空方能量得到较好的释放，股价渐渐企稳盘整。2017 年 12 月和 2018 年 3 月，DIF 线与 MACD 线先后两次形成金叉，但股价回升的力度并不强，介入后具有一定的操作难度。

面对这样的个股，投资者应结合股价运行趋势和成交量变化进行分析。如果成交量明显放大，显示有新的多头资金入场，则金叉信号的可信度大大提高，否则应谨慎操作。

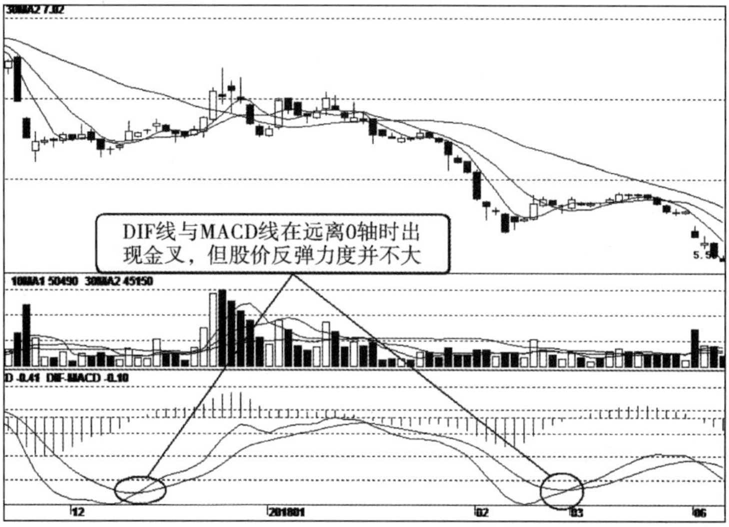

图 5–18

如图 5–19 所示，佳电股份（000922）。股价见顶后从高位大幅下挫，套牢者纷纷割肉出逃，MACD 指标一个劲儿地往下钻，且离 0 轴较远。这时空方能量大大释放，多方发起强大反攻，在低位趁机抢占市场先机，成交量开始大幅放大。2018 年 2 月 26 日，DIF 线向上穿过 MACD 线，在低位形成金叉信号。BAR 指标出现红柱并逐日增长，均线系统出现转机，买入信号清晰可辨。此后该股领先大盘走出一轮上涨行情，短线涨幅巨大。

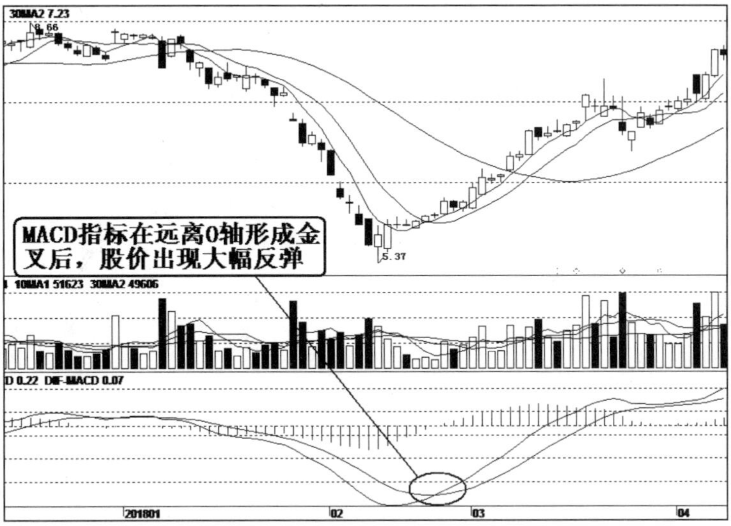

图 5-19

（2）在 0 轴附近区域出现金叉，为强势金叉。DIF 线和 MACD 线运行到 0 轴附近时，如果 DIF 线在 MACD 线下方并向上突破 MACD 线，这是 MACD 指标的第二种“黄金交叉”。它表明股价经过一段时间的涨势并经过洗盘整理后，股价将开始新一轮比较大的上涨行情，是中长线买入信号，短线可以波段操作。

对于这种“交叉”要注意，若股价在底部小幅上升，并经过了一段时间的横盘整理，然后股价放量向上突破，此时 MACD 指标出现金叉，是中线买入信号。或者，当股价从底部启动，已经出现一轮涨幅比较大的上升行情，并在上涨途中经过较长时间的中位回档整理，然后股价再次掉头向上扬升，此时 MACD 指标出现这种交叉时，是短线买入信号。

如图 5-20 所示，罗牛山（000735）。庄家成功完成建仓计划后，股价渐渐爬高，脱离底部区域，然后展开洗盘整理，MACD 指标回落到 0 轴附近。当洗盘结束后，2018 年 5 月 8 日，股价以大阳线向上拉起，次日 DIF 线与 MACD 线形成金叉，从而构成理想的买入点。随后股价出现一波比较大的主升浪行情。

如图 5-21 所示，蓝帆医疗（002382）。该股庄家成功完成建仓计划后，2018 年 1 月大幅拉高，一连收出 5 个涨停，然后出现较长时间的回落洗盘整理，MACD 指标回落到 0 轴附近。当洗盘结束后，股价渐渐企稳回升。2 月 27 日，DIF 线与 MACD 线形成金叉，股价站在 30 日均线之上，从而构成理想的买入点。随后股价不断震荡走高，累计涨幅较大。

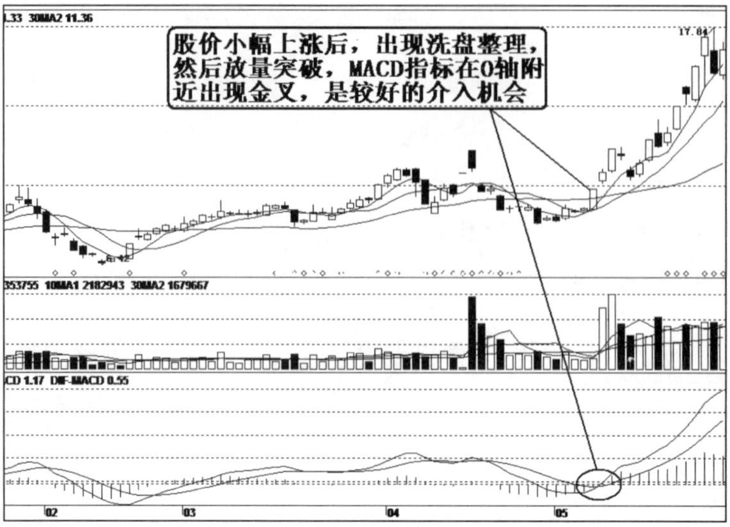

图 5-20

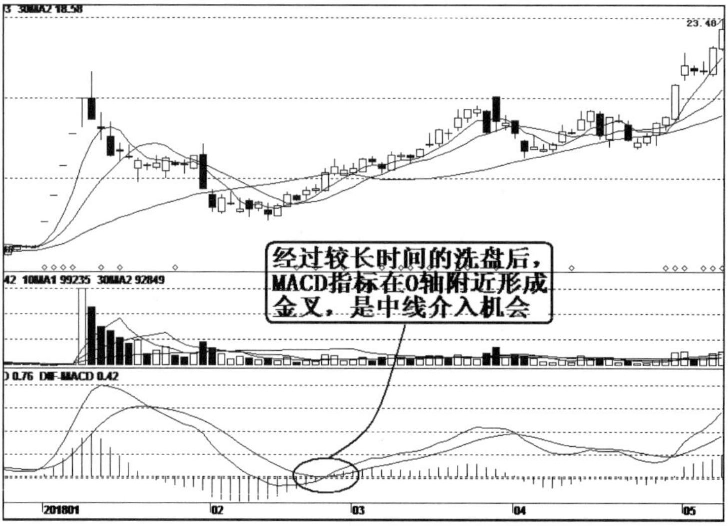

图 5-21

（3）在 0 轴以上区域出现金叉，为一般金叉。DIF 线和 MACD 线运行在 0 轴以上区域时，如果 DIF 线在 MACD 线下方掉头并向上突破 MACD 线，这是 MACD 指标的第三种“黄金交叉”。它表明股价经过一段时间的高位回档整理后，新一轮涨势行情开始。此时短线技术高手可以加仓介入，稳健型投资者可以持股待涨。

如图 5-22 所示，安科瑞（300286）。庄家顺利完成建仓计划后，股价逐波走高，从 6 元下方开始启动，不久股价就突破了 22 元，涨幅超过 250%。随后股价出现回落调整，DIF 线回落到 MACD 线之下。经过短暂的调整后，股价再次向上突破，

MACD 指标形成金叉，构成较好的买入信号。此后股价出现一波拉高行情，经过洗盘调整后，MACD 指标在高位出现第二次金叉，股价也出现了不错的上涨行情。

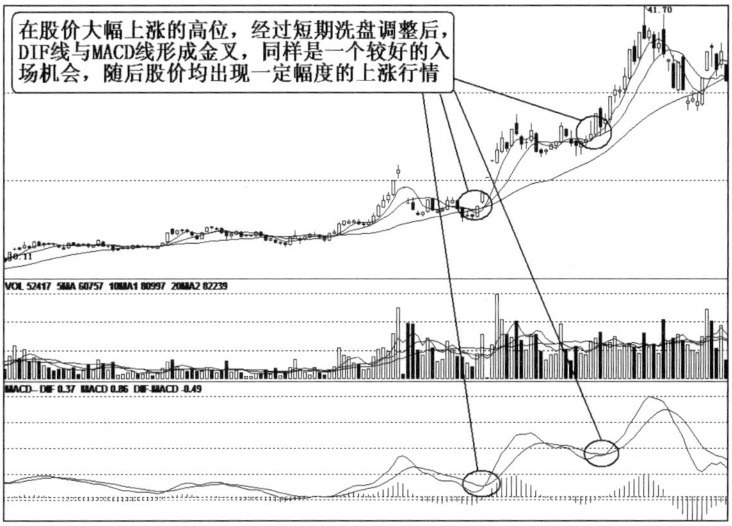

图 5-22

3. 死叉信号

行情经过一轮上涨后，多方力量耗尽，股价无法继续上行，此时空方占据市场优势。庄家不断向外派发筹码，于是 DIF 线在高位与 MACD 线发生死叉。MACD 线随之下行，BAR 指标绿柱出现并逐日增长，意味着下跌行情即将展开。遇此信号时，投资者应抢先卖出。

MACD 指标在以下两个区域出现死叉时，具有重要的市场意义。

（1）在 0 轴以上区域出现死叉，为强大死叉。DIF 线和 MACD 线在 0 轴以上区域同时向上运行一段时间并远离 0 轴后，当 DIF 线开始横向运行，或慢慢掉头向下靠近 MACD 线时，如果 DIF 线向下突破 MACD 线，这是 MACD 指标的第一种“死亡交叉”。

这种“死亡交叉”表明股价经过很长一段时间的上涨行情后，庄家开始在高位整理出货，形成盘头走势，预示一轮比较大的跌势行情即将产生。出现这种交叉信号，预示着股价的中长期上升行情已经结束，下跌行情可能开始，因此投资者对这种交叉要特别小心，应及时逢高减仓或退出。特别是对于那些前期涨幅较大的股票，更要加强风险防范意识。

如图 5–23 所示，三诺生物（300298）。该股被实力强大的庄家看中后，股价从 13.38 元开始一路向上推高，最高创出了 55.52 元的高点，股价累计涨幅超过 200%。庄家获利十分丰厚，兑现获利筹码已成了当务之急。随着庄家不断兑现筹码，股价也开始向下滑落。不久一根跌停大阴线从天而落，DIF 线与 MACD 线在 0 轴以上较高位置形成死叉，预示一轮长达两年之久的牛市行情宣告结束。

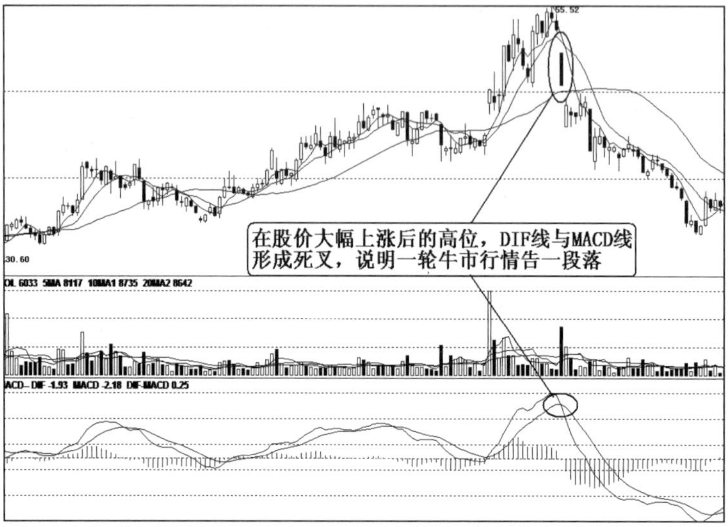

图 5–23

（2）在 0 轴以下区域出现死叉，为弱势死叉。DIF 线和 MACD 线在 0 轴以下区域运行很长一段时间并远离 0 轴后，由于 DIF 线的走势先于 MACD 线，因此当 DIF 线再次开始慢慢掉头向下靠近 MACD 线时，如果 DIF 线接着向下突破 MACD 线，这是 MACD 指标的另一种“死亡交叉”。

这种死叉表明股价在长期下跌途中或经过一段时间的反弹整理后，一轮较大的跌势又要出现，股价将再次下跌，是中短线卖出信号。这种交叉信号意味着下跌途中的短线反弹结束，股价中长期趋势依然看淡，投资者应以逢高卖出或持币观望为主。

如图 5–24 所示，正平股份（603843）。股价从高位下跌后，出现小幅反弹行情，因庄家出货态度坚决，后续做多能量不足，股价上行乏力，反弹行情很快夭折，股价重回 30 日均线之下。2018 年 1 月 23 日，DIF 线向下死叉 MACD 线，MACD 线随之向下拐头，BAR 指标出现绿柱并逐日增长，构成典型的卖出信号。

5 日均线向下死叉 10 日均线后继续下行死叉 30 日均线，随后 10 日均线下行，30 日均线也同步下行，股价滑落到均线下方运行，均线系统构成空头排列，此后股价出现加速下跌走势。

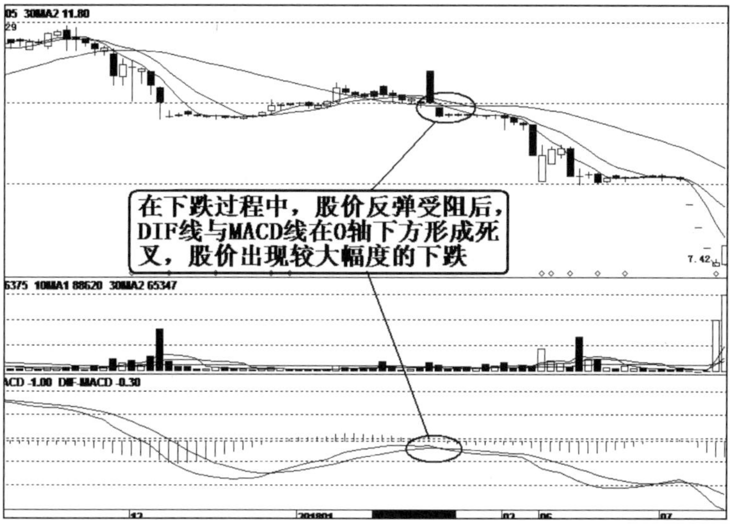

图 5-24

4. 临界交叉

（1）在上涨过程中，股价经过一轮小幅拉升后，庄家为了很好地洗盘或继续吸货，大幅打压股价。DIF 线和 MACD 线形成死叉，但很快又发生金叉。此时 BAR 指标刚刚形成的绿柱很快消失，红柱再度迅速增长，表明庄家洗盘整理结束，行情进入新一轮拉升，是买入时机。

如图 5-25 所示，创业环保（600874）。股价筑底成功后向上回升，经过小幅攀升后，庄家开始洗盘整理，此时 DIF 线回落，与 MACD 线发生死叉。死叉后，DIF 线在 MACD 线之下运行时间很短，不到 10 个交易日，DIF 线就转为向上走势。

不久，DIF 线向上金叉 MACD 线，当日收出一根涨停大阳线。BAR 指标刚刚形成的绿柱立即消失，红柱再度迅速增长，随后产生新一轮攻势。

此时，均线系统中的 5 日均线和 10 日均线在 30 日均线上方黏合后向上发散，30 日均线继续向上强劲移动，均线系统呈多头发散，表明庄家洗盘换手已经成功结束，主力拉升欲望十分强烈，此为强烈的买入点。此后该股走出一波快速拉高行情，短期涨幅较大。

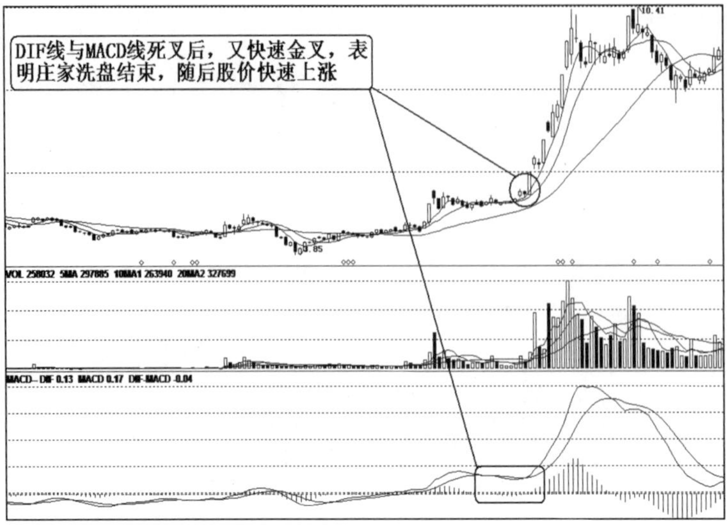

图 5-25

相反，在下跌过程中，股价见顶后出现小幅回落，由于庄家没有完全撤退，于是再次发动涨升行情，以实现最后的出逃计划。此时 DIF 线和 MACD 线形成金叉，但很快又发生死叉，BAR 指标刚刚产生的红柱很快消失，而绿柱再度迅速增长。这种情况表明庄家发动的反弹或自救行情结束，行情陷入新一轮跌势，是卖出时机。

如图 5-26 所示，方大炭素（600516）。该股见底后出现一波较大的上涨行情，庄家在高位不断兑现获利筹码，从而形成震荡盘整走势。同期 MACD 指标渐渐向下滑落，随着股价不断向上推高后，MACD 指标也形成金叉。

但是金叉后不久，2017 年 9 月 15 日收出一根下跌大阴线，使 DIF 线很快与 MACD 线形成死叉，此时 BAR 指标刚刚产生的红柱很快消失，绿柱再度迅速增长。这种情况表明股价上涨得不到多头的支持（其实 MACD 指标与股价已经形成顶背离走势），上涨压力日趋增大，随后股价陷入中期调整走势。

（2）同样属于洗盘行为，在股价上涨过程中，DIF 线由上升掉头向下，即将与 MACD 线发生死叉，但两线拒绝死叉，DIF 线快速反转，腾空而起，BAR 指标红柱缩短后也再度迅速增长。这种情况表明庄家洗盘结束，股价将要进入主升浪行情，是较好的买入时机。

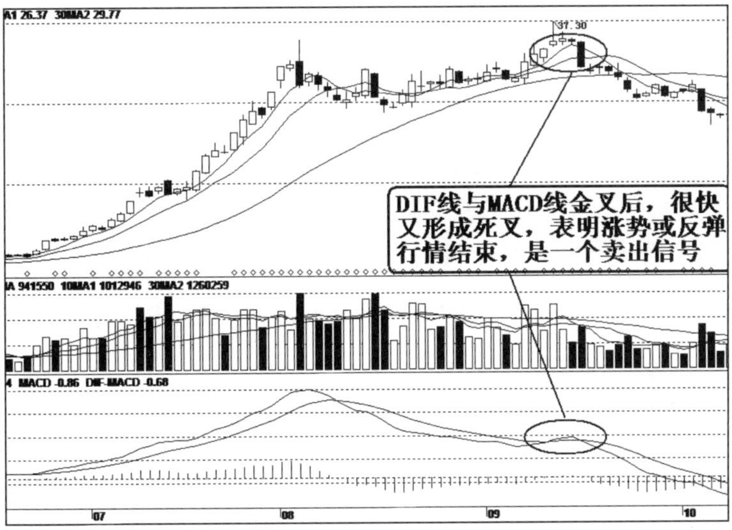

图 5-26

如图 5-27 所示，格力电器（000651）。在长时间的底部震荡过程中，庄家获取了大量的低价筹码。之后股价开始向上推高，MACD 指标向上爬升到 0 轴上方，BAR 指标红柱逐日加长。之后庄家开始洗盘整理，股价出现小幅回落。

当 DIF 线向下拐头即将死叉 MACD 线时，2018 年 1 月，DIF 线却迅速拉起，两线拒绝死叉。当日股价收出一根涨停大阳线，BAR 指标红柱消失后再次迅速拉长。这种情况表明庄家洗盘成功结束，即将展开主升浪行情，为中短线买入时机。此后股价大幅走高，累计涨幅较大。

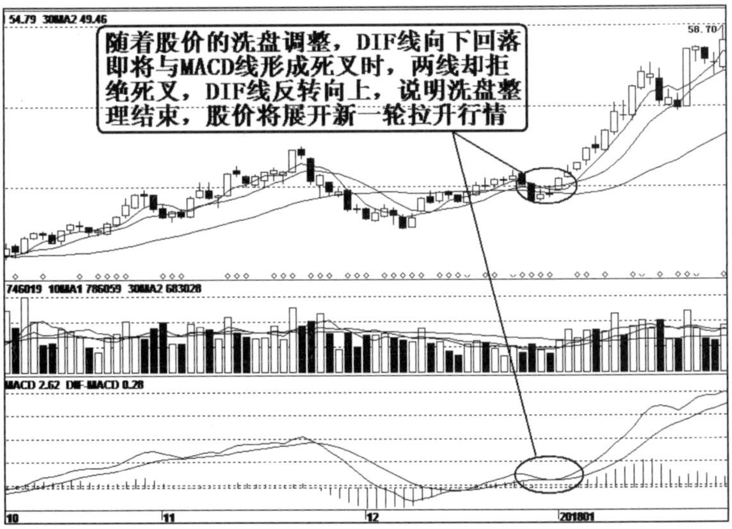

图 5-27

相反，在股价下跌过程中，DIF 线由下降拐头向上即将与 MACD 线发生金叉时，两线却拒绝金叉，DIF 线快速反转，悬空而下，BAR 绿柱缩短后再度迅速增长。这种情况表明反弹行情结束，股价将再次出现下跌走势，构成卖出信号。

如图 5–28 所示，格力电器（000651）。股价见顶后小幅下跌，庄家为了出货再次推高股价，但股价触及前期高点时遇阻回落。同期 DIF 线碰触 MACD 线后即将形成金叉时，却又拒绝金叉并开始向下发散。BAR 指标绿柱逐渐缩小后又开始加长，盘面弱势特征进一步显现。

在均线系统中，5 日均线与 10 日均线死叉后继续向下，不久击穿 30 日均线的支撑。30 日均线也开始掉头向下，均线系统向空头发散，盘面弱势特征非常明显。

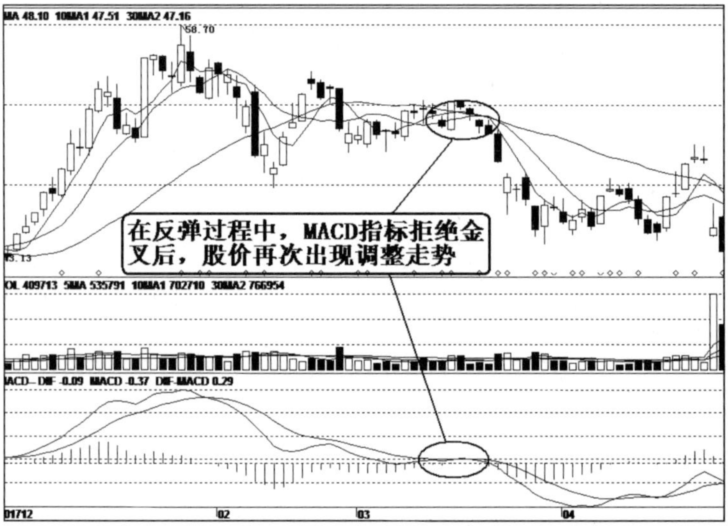

图 5–28

5. 突破信号

在一轮持续的趋势行情中，DIF 线和 MACD 线上穿或下穿 0 轴时，既是行情强弱的重要标志，也是买卖的重要时机。

这种情况下有两种现象需要注意。

（1）股价经过下跌调整后，如果 DIF 线由下向上穿过 0 轴，表明一轮多头上涨行情即将形成，市场性质有从空头转向多头的趋势。这是中短线的第一个买入点，此时应逢低吸纳。

此后如果 MACD 线也由下向上穿过 0 轴，则表明多头行情正在进一步加强，多空转换获得成功，这是中短线的第二个买入点。此时应坚决吸纳，必要时不惜追涨买进。

如图 5-29 所示，合肥城建（002208）。股价成功探明底部后企稳盘整，2018 年 3 月 2 日，股价开始连续放量上攻，突破前期盘区的阻力。同期 DIF 线上穿 0 轴，市场渐渐进入强势，成交量温和放大，此时可以买进做多。之后，MACD 线也成功穿越 0 轴，市场强势特征进一步显现，在此介入可以轻松做一波获利丰厚的中短线行情。洗盘结束后，股价再次展开新的拉升行情，短期涨幅较大。

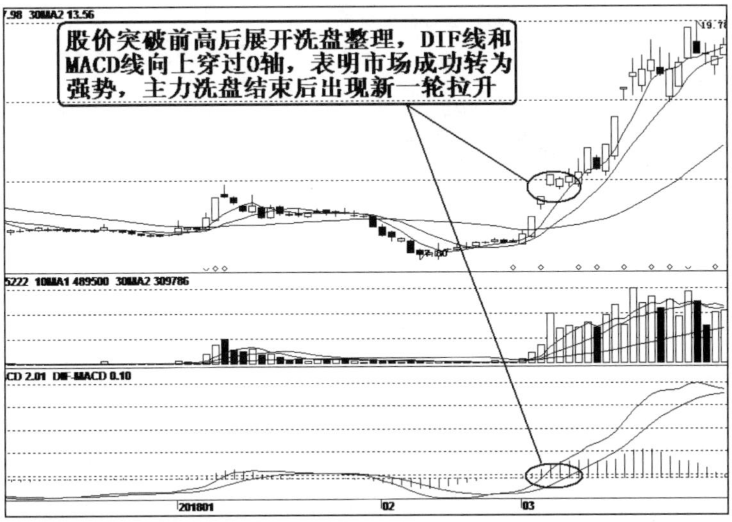

图 5-29

（2）股价完成一轮上涨行情或反弹自救行情后，庄家派发了大量筹码。当庄家手中的筹码所剩无几时，如果 DIF 线由上向下穿过 0 轴，则表明一轮空头下跌行情即将产生，市场性质有从多头转向空头的趋势，这是中短线的第一个卖出点，此时应逢高减磅。

此后如果 MACD 线也由上向下穿过 0 轴，则表明空头行情正在进一步加剧，多空转换获得确认，这是中短线的第二个卖出点。此时应坚决杀跌，止损出局，否则损失更大。

如图 5-30 所示，蓝科高新（601798）。该股经过一轮上涨后见顶回落，股价开始向下破位，击穿 30 日均线的支撑。同时 DIF 线向下穿过 0 轴，BAR 指标绿柱加长，形成第一个卖点。

几个交易日后，MACD 线也尾随其后下穿 0 轴，表明庄家出货态度十分坚决，这是未出局者的最后逃命机会。之后股价不断向下走低，给捂股不动的投资者一个极大的教训。

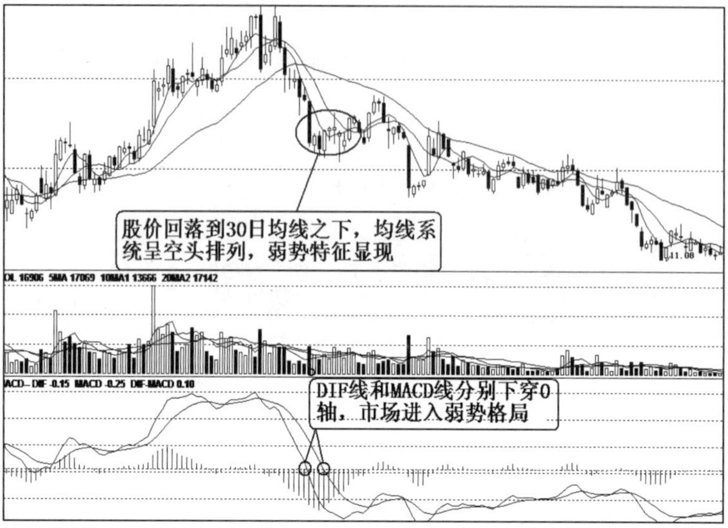

图 5-30

6. 背离信号

所谓背离，就是在 K 线图中，股价出现一头比一头高的走势，而 MACD 却出现一头比一头低的走势，就形成了“顶背离”，顶背离一般为跌势信号。相反，在 K 线图中，股价出现一底比一底低的走势，而 MACD 却出现一底比一底高的走势，就形成了“底背离”，底背离一般为上升信号。

（1）顶背离信号。运用 MACD 技术指标时，经常会遇到股价走势与技术指标走势背离的现象。当股价高点比前一次的高点高，而指标的高点却比前一次的高点低，就形成了顶背离走势。换言之，就是当指标处于高位并形成一峰比一峰低的两个或两个以上的峰点，而此时股价却对应的是一峰比一峰高，就形成顶背离现象。顶背离表示 MACD 指标怀疑股价的上涨是外强中干，暗示股价很快就会反转下跌。

顶背离信号是股价在高位即将反转下跌的信号，表明股价短期内即将下跌，是比较强烈的卖出信号。顶背离所处的位置越高，形成的时间越靠后，其信号就越可靠。如果出现在股价大幅上涨后的高位区域，其信号的准确性较高。

在实盘操作过程中，顶背离信号比底背离信号的可靠性要高。通常在高位出现一次顶背离信号，就可以成为确认信号。低位出现的底背离信号，则往往需要反复确认才比较可靠。

如图5–31所示，中科曙光(603019)。该股在2018年2月至6月的运行过程中，股价一波一波地强劲上扬，不断创出近期新的高点。但是，同期的MACD指标却未能随之创出新高点，反而一个高点比一个高点向下走低，两者形成顶背离走势。

这种情况表明股价上涨有庄家刻意拉抬诱多成分，是一种虚张声势的表现，也反映股价上涨已是最后一轮夕阳余辉，行情已经到了死亡前的垂死挣扎阶段，市场头部特征显现。随后该股股价迅速脱离顶部区域，出现了大幅下跌走势。

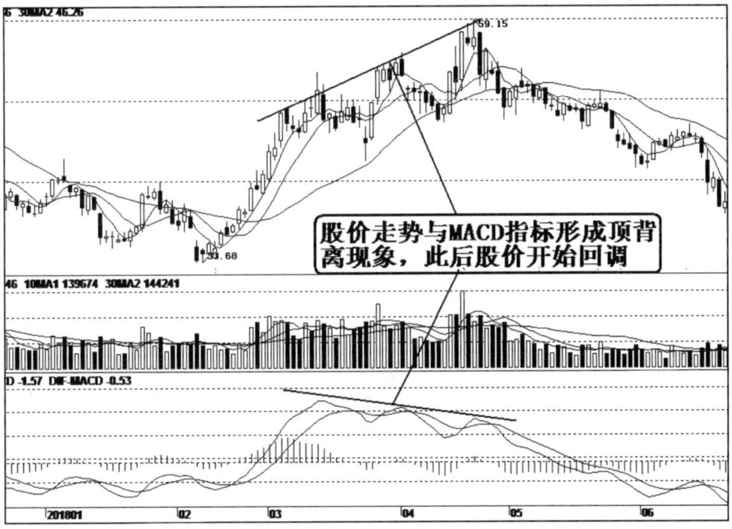

图5–31

（2）底背离信号。底背离一般出现在股价的低档位置。当股价低点比前一次的低点低，而指标的低点比前一次的低点高，就形成了底背离走势。也就是说，MACD指标认为股价下跌有非理性成分，不会再持续地大幅下跌，暗示股价即将反转上涨，是可以开始建仓的买入信号。

底背离出现的位置越低，形成的时间越靠后，其信号就越可靠。如果出现在股价大幅下跌后的低位区域，其信号的准确性较高。

如图5–32所示，松辽汽车(600715)。在股价运行过程中，股价一波比一波低，不断创出近期的新低点，市场显得极度疲软。但是，同期的MACD指标却未能随着股价相应地创出新低点，反而呈现上升走势。MACD 指标与股价形成底背离走势，暗示股价离底部已经不远了，可以开始入市建仓。此后股价见底并反转回升，步入上升通道，从而证实了底背离信号的可靠性。

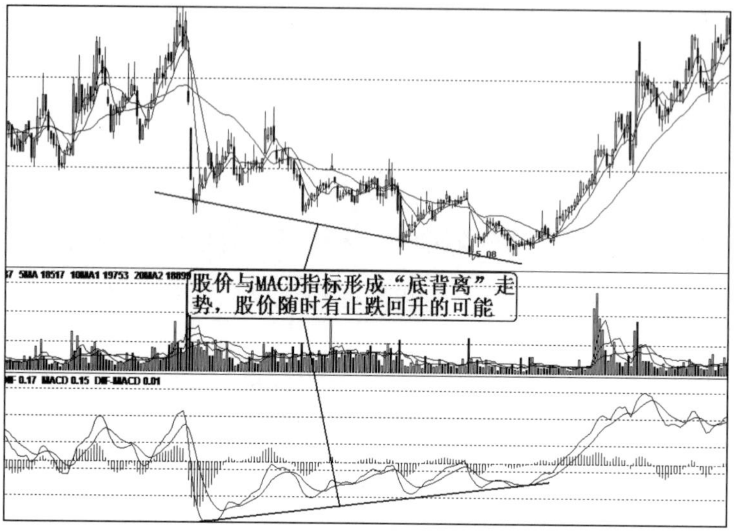

图 5-32

背离原则是 MACD 指标运用的精髓所在，也是这个指标准确性较高的信号。在实盘操作中，主要掌握如下要点。

要点 1——背离现象往往是在市场多空中的一个方向运行较长时期后出现的，图形上就是 DIF 线和 MACD 线交叉开口后，呈近似平行形态同向运行一段时间，表明市场一方的力量较强。在此情况下，行情往往容易走过头，使得价格和指标不对称，就形成了背离现象。

要点 2——背离原点的取值十分重要，强调要具有明显的高（低）点，要在同一上升（下降）趋势里中取值，且在最高（低）点之后运行一段时间。一般在下跌末段，价格与指标出现第三浪低点后才出现原点。

要点 3——连续性原则。背离是一种能量积累过程，只有震荡波动才有利于能量的积累与转换。只有以价格震荡盘升（跌）方式形成的背离，才具有较高的判顶（底）信号。那种指标暴涨（跌）后形成的背离，往往只是反弹（回调）行情。因为只有逐步震荡的方式才能使能量释放完毕，由此确立顶（底）部。而暴力的方式使市场多空中的一方扩大了发挥的范围，之后至少还会出现多次背离，才能实现真正的反转。

要点 4——底背离三大常性。

第一，事不过三。在大跌行情中，底背离低点后连续出现两次顺次的背离时，基本可以确定下跌行情快要结束。但此时往往由于空头力量的顽强抵抗而出现向下的假突破，指标也随其突破。虽然下跌有可能打穿前两次背离的底部，也即相对前两次没有形成背离，但和最初的背离原点相比，仍然是形成了背离，而且是第三次背离，操作上反而可以大胆反手操作，低位抄底。三次背离后的反转行情，上升幅度往往较大，且安全性更高，其中暴涨后期需要连续的大量支持。

第二，对称原理。对称原理的存在面很广，MACD 背离也不例外。一般而言，出现底背离尤其是多次背离之后的行情，见顶后多以价格顶背离方式结束，因为底背离代表能量过分集中。在反弹行情展开后，压抑的能量容易产生报复行情，而强大的惯性作用往往容易造成顶背离。

第三，形态分析。MACD 属于趋势性指标，在传统形态分析中，绝大部分也都是根据趋势理论逐步总结出来的。从原理上看，两者有较大的共同性，这也决定了 MACD 底背离也可用一般的形态理论进行分析，如头肩底、双重底、三重底、圆弧底、平底等。此类形态分析中，常用的量度幅度、阻力位或支持位等分析理论也可以适用。顶背离则反之运用，也是相互印证的。

要点 5——背离理论之所以受到关注，就是因为能提前预知反转的可能性。从本质意义上讲，背离表明了价格的超常运动，而回归正常水平的自然运动原理，正是产生反转力量的内在原因。一旦反转力量积聚到足以抗衡原有趋势的动力时，反转随即产生。由此可见，背离中蕴藏的反转能量大小，是决定反转行情潜力最关键的因素。

在期货市场上，运动能量最直接的表象就是幅度和成交量的合力。由于未来反弹中的成交量很难提前预测，因此判断底背离反弹潜力，更主要的还是取决于背离过程中的振幅大小。

一般而言，应积极寻找弹幅最大的底背离或顶背离，即在价格大跌或大涨中产生背离原点后，因价格盘稳或反弹而使指标大幅反弹，但之后价格继续大幅下跌或上涨，并创新低或新高，使指标再次打回原点水平，从而形成弹幅大的背离形态。

指标弹幅大，就好比弹性好的弹簧，在背离时一时受到压制，但一旦取消压制，自然能爆发出良好的弹性。同时，由于弹簧最初弹动时，并不需要外力的辅助就能自然完成，因而此类底背离之后的反弹行情，初期往往是缩量展开的，反而到了相对高位再放量时，由于已有抛压出现，弹簧运动受到相反力量的压制，反而表明顶部或底部即将出现。

要点6——扎底背离出现的机会相对较少，但由于其出现后的反弹行情往往十分可观，因此值得关注。此种背离现象产生的特征有：一是前期上升趋势中已产生多次顶背离，一旦正式见顶，将导致价格连续大幅跳水；二是在跳水后的盘跌过程中形成底背离，但背离过程中振幅极小，形成扎底形态；三是扎底末段一旦出现放量，则是正式反弹信号，反弹持续性强，反弹幅度大；四是高位反弹一旦成交量大幅缩小，则反弹顶部就会逐步出现。

MACD背离产生的本质原因，在于逆反能量的囤积。就扎底背离而言，之前的上升趋势中，顶背离次数多而蕴藏的空头能量巨大，即使暴跌也难以一次性释放做空动力，所以指标虽然见底并出现背离原点，但仍被强大的空方压制，只能窄幅震荡。此时底背离蕴藏的多头能量，就好比弹簧被压缩而不断积蓄能量。

一旦空头能量释放完毕，多头能量出现首次放大量反攻，则意味着压缩的弹簧被松绑，积蓄的多头动力使股价大幅弹升，故此形成连续反弹行情。

由此可见，背离扎底放量反弹操作策略，最关键之处在于出现首次大放量反弹信号。之后的反弹成交，其实正是积蓄的多头能量表征。从上述弹簧动能原理可知，在反弹过程中，成交量应该是逐步缩减的。一旦在高位成交量明显缩小，也就表明反弹动能基本释放完毕，顶部即将出现。反之亦然。

7. 形态信号

（1）W底形态。股价经过调整后，下跌到了低位区域，有人认为在低档已具备投资价值，于是出手大量买进，股价因而获得支撑，出现止跌上涨。股价产生向上反弹走势后，距离低点出现了一段价差。同时DIF线向上交叉MACD线，BAR指标绿柱消失，红柱加长。

这时的低档买进者，有些只抱着短线操作心理，急于获利了结。原先套牢不卖者，此时也有部分人改变心意，少输为赢的想法油然而生。在这两种卖压打击之下，股价又被压了下来。同时 DIF 线向下交叉 MACD 线，BAR 指标红柱消失，绿柱加长。

当股价回到前次低点附近时，不但原先出手承接的人继续加码，还有更多的人也产生兴趣而加入多头行列，造成第二次涨升走势。这次涨升超越了前次反弹高点，展开一轮比前一波更有力的多头上攻行情。此时，DIF 线再次金叉 MACD 线，BAR 指标绿柱消失，红柱加长，这样就构成 W 底形态。这是一个可靠的买入信号。

如图 5–33 所示，永清环保（300187）。股价经过深幅调整后，在低档承接盘加大，股价在低位获得支撑，同时 DIF 线向上交叉 MACD 线，BAR 指标绿柱消失。但股价没有上涨多少，很快又出现下跌，DIF 线向下交叉 MACD 线。

当股价跌破前次低点时，MACD 并未创出新低，而是出现底背离走势。这时承接盘进一步加大，不久股价出现止跌回升，DIF 线再次金叉 MACD 线，BAR 指标红柱加长，形成 W 底形态。此后股价出现一轮短线涨升行情。

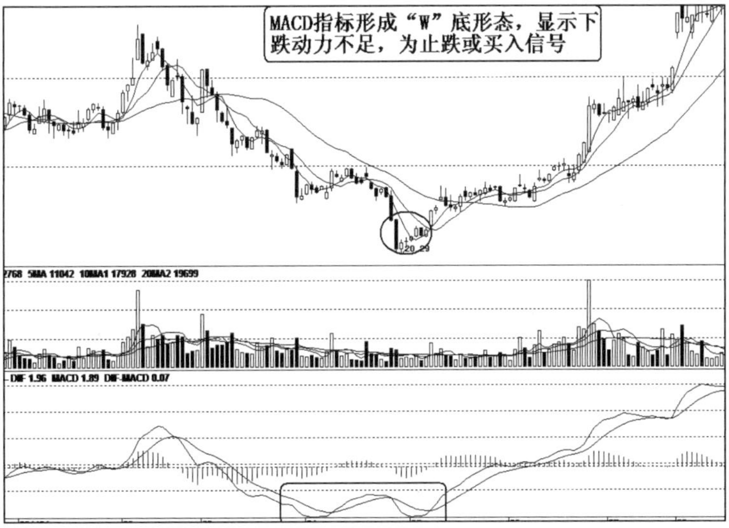

图 5–33

（2）M 头形态。该形态一般出现在多头行情结束时的头部阶段，有时也出现在上升趋势中下跌调整的盘整阶段。

一般来说，如果两个峰顶出现的时间相距 1 个月左右，则反转的可能性较大。

反之，若相距较近，则属于中段盘整的可能性较大。盘整完成后，仍将朝原方向继续运行，很难改变原来的势道。出现左峰之前，股价距离起涨点往往已有了一段相当的涨幅。右峰的价位并不一定与左峰相等，但相差不多。在成交量方面，通常右峰明显比左峰为少。

就庄股而言，庄家持筹多，一般很难一次性出完货，出得太低又划不来，因而可能分两次大规模出货。大市在此期间总体向上，第一次出货容易被散户看成回落调整。庄家第二次花少量资金拉高股价时，有大量散户愿意追高。第二次拉抬时，庄家基本上将手中的筹码派发出去。到后期股价跌破颈线时，就成功构成 M 头形态。

通常 M 头一旦形成，其杀伤力较大，后市一般会有一轮较大的下跌行情，因此要及时逢高离场。

如图 5–34 所示，联建光电（300269）。股价经过大幅上涨后，庄家获利非常丰厚，不断在暗中派发获利筹码，股价出现回落走势。此时 DIF 线向下交叉 MACD 线，BAR 指标红柱消失。

之后股价很快止跌回升，DIF 线重新向上交叉 MACD 线。当股价突破前期高点时，上涨压力明显增大，MACD 指标并未创出新高，二者出现顶背离走势。这时承抛盘加大，股价滞涨下跌，DIF 线再次死叉 MACD 线，BAR 指标绿柱加长，从而形成 M 头形态。此后股价出现向下调整走势。

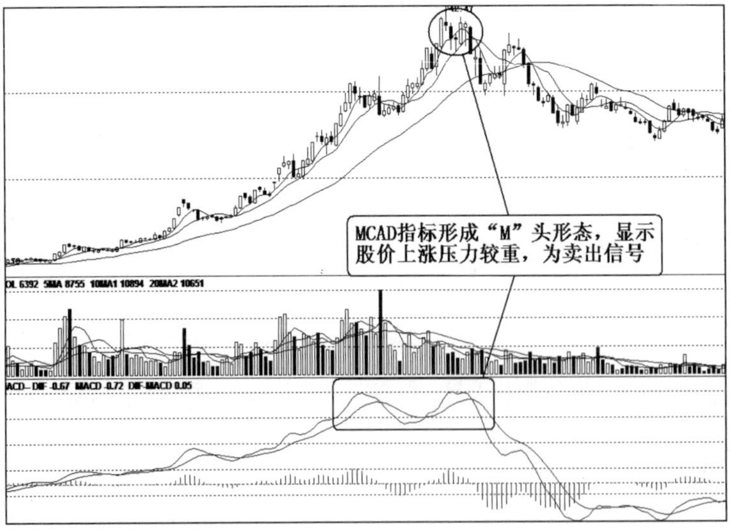

图 5–34

五、MACD 指标的缺憾及克服方法

MACD 指标的优点是过滤信号，消除移动平均线频繁发出的买卖信号，使发出的信号更具准确性，比移动平均线更有操作价值。

1. MACD 指标的缺憾

（1）由于 MACD 指标主要用于对大势中长期上涨或下跌趋势进行判断，因而当行情处于盘局或波动不明显时，MACD 指标发出的买卖信号不是很明显。当股价在短时间内上下波动较大时，因 MACD 指标移动相当缓慢，因此不会立即对股价的变动产生反应，经常出现刚按照信号进场，随即又要出场的情况。这样不但赚不到钱，甚至还要赔点差价或手续费。有时候也会发出虚假信号，失误的情况极多。

（2）一两天内涨跌幅度特别大时，MACD 指标来不及反应。MACD 指标的变化比行情变化要缓慢得多，所以行情出现快速上升或下跌时，MACD 指标不会立即产生信号。

（3）对未来股价上升和下降的幅度大小，MACD 指标难以作出准确的预测。

2. 克服缺憾的方法

（1）当行情处于盘整或者行情波动幅度不大时，应避免采用 MACD 指标指导交易。

（2）如果不是贪图大利者，可以根据个人的爱好和需要，将日线图转换为小时图或周期更短的图形。这样做的好处，一来可以把 MACD 指标改变为短线指标，二来可以较灵敏地应付突发性的大行情。

（3）可以对 MACD 指标的参数进行修改，但必须要经过反复验证才能派上用场，不能贸然更改。

（4）配合强弱指标 RSI、随机指标 KDJ 一起使用，可以避免 MACD 指标的某些缺点。

3. 谨慎对待背离陷阱

任何技术工具都有其独特优势，但优势有时也容易转化为缺陷，这经常成为主力资金骗线或制造陷阱的入手点，比如诱多或者诱空。

MACD 指标背离在应用中虽然成功率比较高，但同样存在背离陷阱的可能。其中主要表现在：在连续暴跌后形成底背离原点后，指标开始斜向上形成底背离，但股价并没有出现反弹，只是盘平甚至盘跌。在指标盘升到压力位后继续向下突破，构成底背离陷阱。值得注意的是，背离陷阱之后再次出现的指标高级别底背离，往往就是真正的底部。价格在连续暴涨后，也容易出现类似的顶背离陷阱。

究其原因，主要还是与能量级别和指标反映程度难以匹配有关。MACD 指标运行的主要特点就在于稳健性，但这恰恰暴露了其在暴涨暴跌行情中的缺陷。对此类行情中蕴藏的能量，MACD 指标无法靠一次背离就释放完毕，而是需要多次背离或者形成更高级别背离后，才能给出真正的反转点信号。

有鉴于此，股价出现连续暴跌暴涨走势，MACD 指标出现大开口突破之际，不宜用一般背离原理进行反转操作，最好是等待出现多次背离，股价重回低点形成高级别背离后再动手，这样安全性才较高。也可以同时参考宝塔线、布林线、KDJ 指标综合分析研判。

4. MACD 指标与波浪理论综合应用

MACD 指标和波浪理论都是著名的趋势类分析工具，其性质上具有相同点，从原理上说，其运用中也有一定的共通性，结合起来运用效果往往更佳。

从波浪理论多年的应用效果看，其最有价值的功效，就在于指出一般 5 浪后会有 3 浪反转走势。若将此与 MACD 指标相结合，那么当 MACD 指标出现明显的下跌 5 浪时，说明指标反弹即将出现，介入信号已相当明显，依据二者综合分析，更有利于抄底。反之亦然。

从走势上看，这种情况下 MACD 指标的浪型特征，主要有以下三种。

（1）从 1 浪下跌到反弹 2 浪为止，形成依次降低的两个高点。结合当时的上升或者走平价格来看，已经形成典型的顶背离形态。

（2）从 3 浪到 5 浪属于下跌能量释放期，但一旦形成下跌五浪，短线介入信号便已发出。

（3）在相对较长的分时图（如 15 分钟以上）中，可化长为短，作为几个交易日内短线操作的极佳工具。

一般而言，MACD 指标结合波浪理论抄底，在连续回调整理走势中具有较好的应用效果。

5. MACD 最有效、最常用的逃顶方法

在实盘操作中，MACD 指标不但具备抄底（背离是底）、捕捉极强势上涨点（BAR 连续二次翻红买入）、捕捉洗盘结束点（上下背离买入）的功能，可以尽享买后就涨的乐趣，同时它还具备捕捉最佳卖点，实现成功逃顶的功用，让交易者尽享丰收后的感觉。

这里介绍两种最有效、最常用的逃顶方法。

第一卖点。经过大幅拉升后出现横盘，从而形成一个相对高点，这就是第一卖点。投资者尤其是资金量较大的投资者，必须在第一卖点出货或减仓。判断第一卖点成立的技巧，是股价横盘、MACD 死叉卖出。

也就是说，当股价经过连续的上涨出现横盘走势时，5 日、10 日移动平均线尚未形成死叉，但 MACD 率先死叉。MACD 死叉之日，便是第一卖点形成之时，应该卖出或减仓。

第二卖点。经过第一次回落后再次弹升时，股价到达前期高点附近出现滞涨或回落，MACD 指标出现平走或向下的走势，同时形成二次死叉。均线系统出现死叉，这便是第二卖点，此时应清仓出局。

6. MACD 与 KDJ 综合应用

目前市场最常用的技术指标是 KDJ 指标与 MACD 指标。KDJ 指标是一种超前指标，应用上以短线操作为主，MACD 指标则一般反映中线的整体趋势。

从理论上分析，KDJ 指标的超前主要是体现在对股价的反应速度上。80 线以上属于强势超买区，价格有一定风险；50 线左右为徘徊区；20 线以下则是较为安全的区域，属于超卖区。但是 KDJ 指标的反应速度较快，往往频繁发出买卖信号，失误较多。

MACD 指标因为基本与市场价格同步移动，发出信号的要求和限制增加，从而避免了假信号的出现。这两者结合起来判断市场的好处是：可以更为准确地把握住 KDJ 指标短线买入与卖出信号，同时由于 MACD 指标的特性是反映中线趋势，

利用两个指标可以判定价格的中期、短期波动。

当 MACD 指标保持原有方向时，KDJ 指标在超买或超卖状态下，价格仍将按照原来的趋势运行。此时，操作上可以用此判断市场是调整还是反转，同时也可以适当回避短期调整风险，以博取短差。

当价格横盘调整已经接近尾声，MACD 指标仍然维持原有的上升趋势，而 KDJ 指标经过调整后，也在 50 线上方向上形成金叉，则预示着价格短线依然有机会再次上扬。

总的来说，对于短期走势的判断，KDJ 指标发出的买卖信号需要用 MACD 指标来验证和配合分析。一旦二者均发出同一指令，那么买卖的准确率较高。

第六章 /
动向指标（DMI）

一、DMI 指标简介

1. DMI 指标概要

中文全名	动向指标（趋向指标）
英文全名	Directional Movement Index
指标热键	DMI
指标属性	趋势型技术指标
指标应用	中线、短线技术指标
原始参数	7
波动范围	0~100 之间

2. DMI 指标基本原理

动向指标（DMI）是由美国证券技术分析大师威尔斯·威尔德（Wells Wilder）发明的一套技术分析工具，被认为是最有效、最可靠的技术指标，在证券市场中经久不衰。投资者一向将其作为重要指标，与其他指标一起使用。

DMI 指标是探求价格在上升和下降过程中，买卖双方力量的“均衡点”，以及价格在双方互动下波动循环过程的一种技术分析指标。其最大特点就是能够准确地告诉我们未来行情的变化趋势。

DMI 指标的计算过程十分复杂，投资者没必要花大量精力去推导它，只要掌握其中几个概念就可以了。在通用股票交易软件上，设置了 +DI（白色线）、–DI（黄色线）、ADX（紫色线）、ADXR（绿色）这四条线，从而构成了一幅美丽的图案，如图 6–1 所示。

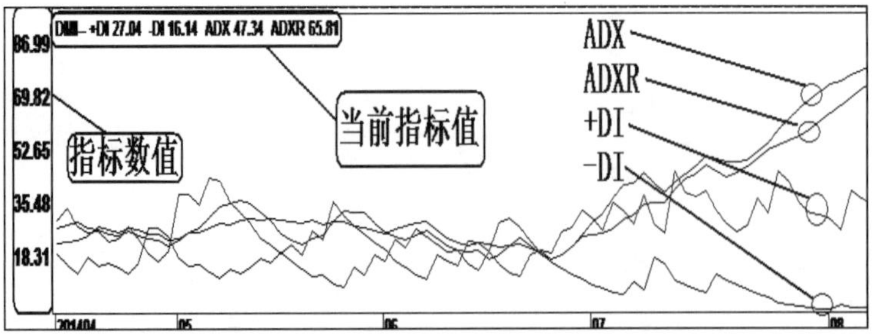

图 6–1

运用 DMI 指标分析市场走势时，要掌握其中几个概念。

（1）当日动向值（DM）。先确认基本的动向变动值（DM），它是指当日价格波动幅度大于昨日价格波动幅度的最大值，即最大变动值，表示价格波动增减的幅度是上涨还是下跌。其中有三种类型：上升动向（+DM）、下跌动向（–DM）和无动向（0DM）。

上升动向（+DM），是指当日最高价高于昨日最高价，且当日最低价高于昨日最低价，则趋势向上，用 +DM 表示。其上升动向变动值，是当日最高价与昨日最高价的差的绝对值。

下跌动向（–DM），是指当日最高价低于昨日最高价，且当日最低价低于昨日最低价，表明趋势下降，用 –DM 表示。其下跌动向变动值，是当日最低价与昨日最低价的差的绝对值。

无动向（0DM），是指当日最高价低于昨日最高价，当日最低价高于昨日最低价，此时为无趋向，称为内移日。另外，当日最高价与昨日最高价的差，正好等值于当日最低价与昨日最低价的差，动向变动值为零，此时为无动向，称为均衡日。

（2）真正波幅（TR），是指当日价格与昨日价格的比较，即今日收盘价与今日最低价之差、今日最高价与昨日收盘价之差、今日最低价与昨日收盘价之差。从这三个差值中，取其中最大的一个差值作为真正波幅（TR）。

（3）方向线（DI），是揭露价格上升或下降的方向性指标。如果当日最高价高于昨日最高价，但当日最低价低于昨日最低价，这时如果前者的绝对值大于后者的绝对值，其值就取前者的绝对值，即取 +DI，也就是上升方向线，也叫创新涨势幅度比率。反之，如果前者的绝对值小于后者的绝对值，其值就取后者的绝对值，即取 –DI，也就是下跌方向线，也叫创新跌势幅度比率。

如果价格出现持续上涨，就会不断地出现正动向变动值，会使上升方向线 +DI 的数值不断升高。反之，如果价格出现持续下跌，就会不断地出现负动向变动值，会使下跌方向线 –DI 的数值不断升高。可以看出，下跌方向线上升，表示股价处于下跌趋势。行情在盘整时，上升或下降方向线的值都很小（非常接近）。

（4）趋向平均线（ADX）。方向指标除了上升方向线与下跌方向线外，还有一个重要的分析指标，即趋向平均线（ADX）。它是根据 +DI 和 –DI 之差的绝对值除以两者之和的百分比，得到动向指数 DX，然后将一定周期的 DX 值平滑计算得到 ADX。

（5）趋向评估线（ADXR）。知道了 ADX 的值后，方向就明确了。最后还要画出一条评估线，叫 ADXR 线。ADXR 是评估 ADX 方向的标尺，若 ADX 上升，ADRX 随之上升，则表明升跌均有一段时间。

需要指出的是，变动值无实质意义上的正负之分（非数学意义上的正负关系），指标中的正负值仅代表方向性，亦即正数表示向上，是多方力量强弱的标志；负数表示向下，是空方力量强弱的标志。

二、认识 DMI 指标

（1）单一性。ADX 和 ADXR 是判断行情趋向的指标，同时也是 +DI、-DI 的导向指标。在趋势行情中，无论上涨还是下跌，ADX 的方向都呈现单一的发展变化。

若 +DI 向上，-DI 向下，ADX 的数值逐日增加（一日比一日大）时，趋势向上并持续一段时间，则表明股价将上涨，如图 6-2（左图）所示。

当 -DI 向上，+DI 向下，ADX 的数值也逐日增加（一日比一日大），趋势向上并持续一段时间，则表明股价将下跌，如图 6-2（右图）所示。

当 +DI、-DI 经常创新高和新低时，也就是说时升时降，而 ADX 值逐渐减小，表明行情处于盘整状态，此时 DMI 指标对实际操作无指导意义。

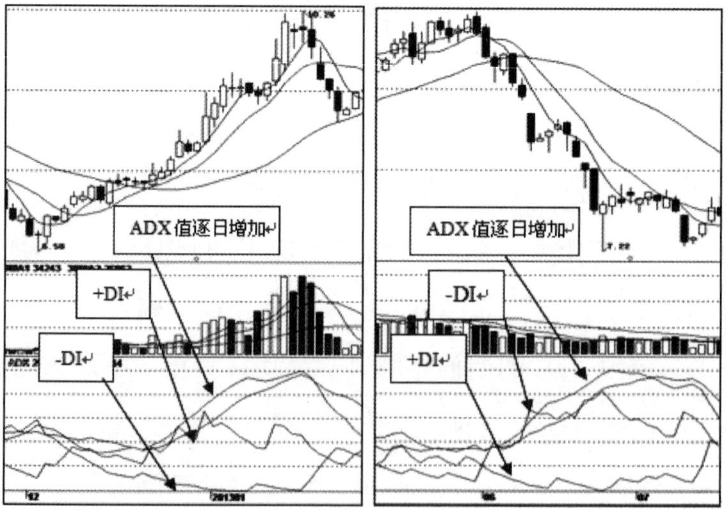

图 6-2

（2）偏离性。虽然 DMI 指标始终取值在 0~100 区间之内，但由于其单一性，它大部分时间是运行在 10~30 区间（常态区）内，即使超过 35，也很快出现回落。只有股价出现持续性的趋势行情时，DMI 指标才脱离这一波动区间。

由此可见，DMI 指标带有偏离性质，这不同于相对强弱指标 RSI、威廉指标 W%R、随机指标 KDJ 等指标的常态活动区间（以 50 为中轴线，在其上下震荡）。这一特性可在任何一只股票上找到答案。

如图 6–3 所示，华夏幸福（600340）。2018 年 1 月之前，该股 DMI 指标大部分时间运行于 10~30 之间，期间即使穿过 35，也会很快回落到这一区域波动。这种情况说明多空双方势均力敌，难决胜负，股价处于盘整之中。只有当 DMI 指标脱离这一区域后，才能打破盘整僵局，形成趋势行情。

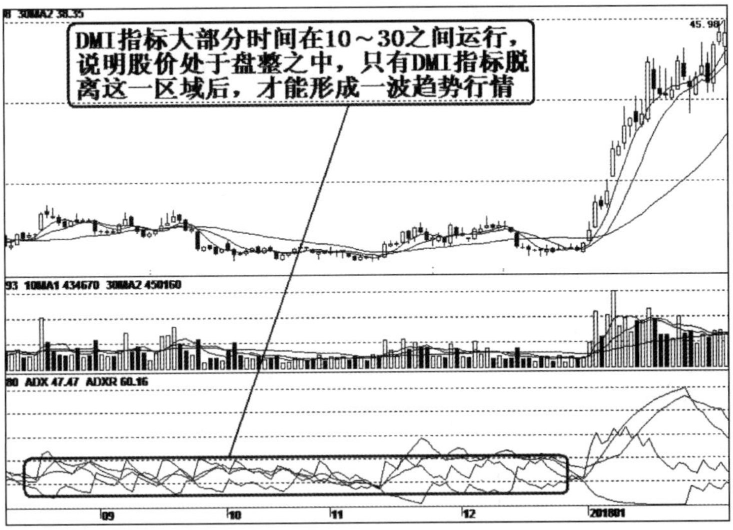

图 6–3

（3）反转性。当 ADX 到了一定数值时，会在高位出现反转（一般取值在 50 以上为有效反转）。也就是说，行情上涨或下跌一段时间后，将出现下跌或上涨。

在上涨行情中，如果 ADX 在高位由升转降，表明股价已到了顶部，投资者应及时获利了结，如图 6–4（左图）所示。

在下跌行情中，如果 ADX 在高位由升转降，表明股价已到了底部，投资者可以适时建仓，如图 6–4（右图）所示。

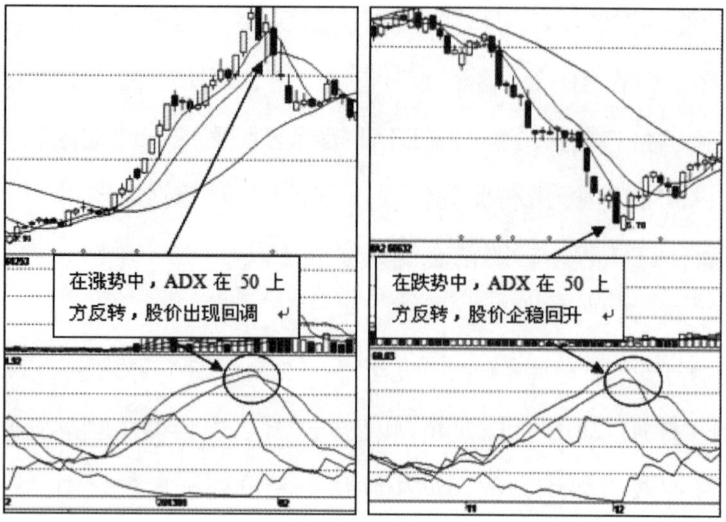

图 6-4

（4）投资者可以将 +DI 理解为多方，将 -DI 理解为空方。

+DI 从下向上递增突破 -DI 时，显示市场内部有新的多头进场，愿意以较高的价格买进（因为有创新高的价格出现，从而使 +DI 上升，-DI 下降），此金叉现象为买进信号。

-DI 从下向上递增突破 +DI 时，显示市场内部有新的空头出现，愿意以较低的价格卖出（因为有创新低的价格出现，从而使 -DI 上升，+DI 下降），此死叉现象为卖出信号。

如图 6-5 所示，赢时胜（300377）。股价经过充分调整后企稳回升，2018 年 2 月 26 日，+DI 与 -DI 在低位形成金叉，构成一个买入信号，随后股价出现一波反弹行情。经过一波反弹后，4 月 18 日 +DI 与 -DI 在反弹高位出现死叉，构成一个卖出信号，此后股价进入调整走势。

（5）按 ADX 曲线的伸展方向，可以判断行情的发展趋势。

当 ADX 曲线脱离 10 ~ 30 的常态区，与 +DI 线同时上升时，显示多头力量增强，股价会继续强劲上扬，可以判定将有一段相当大幅度的行情产生，应以买入为主。

当 ADX 与 +DI 曲线下降到 20 左右且呈横向发展时，可以判定行情处于牛皮盘整。

当 ADX 在 50 以上，由上升忽然掉头向下，此时 +DI 线同时下降时，显示空头力量增强，股价会继续疲软下跌，应尽快卖出。

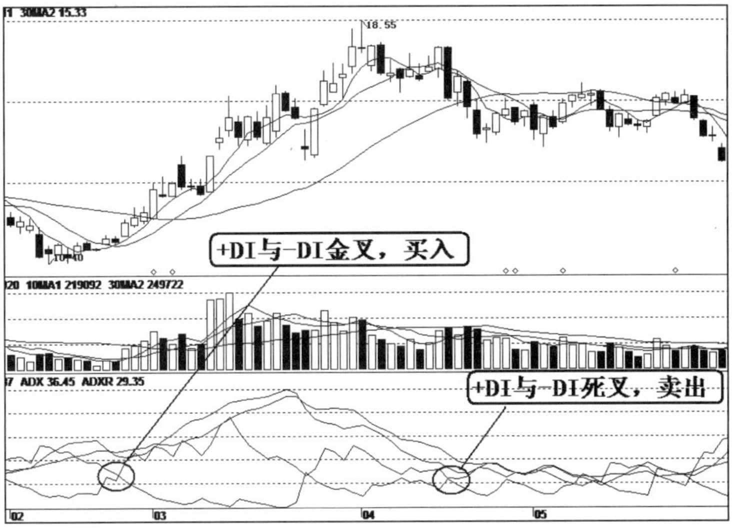

图 6-5

通常 ADX 转向后，会持续下降至 20 左右，但有时 ADX 下降至 35 ~ 50 之间便再次掉头向上，这是大行情来临的先兆。此时可以重新进场，往往可以搭上一大段“顺风车”。

如图 6-6 所示，精华制药（002349）。该股进行充分调整后，股价渐渐向上走高，DMI 指标中的 ADX 线不断向上递增，并到达 50 线上方。后因庄家洗盘整理，股价小幅回落，此时 ADX 线也随之回落到 35~50 区间。不久庄家洗盘整理结束，股价再次上行，ADX 线也掉头上行，随后出现一波快速拉高行情。

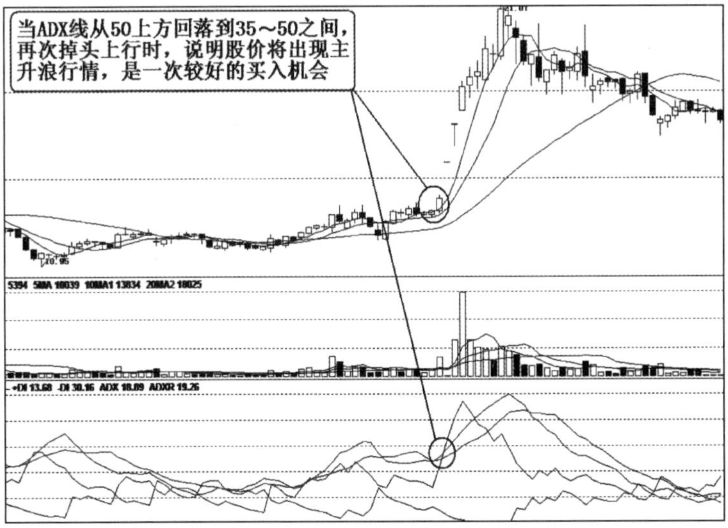

图 6-6

（6）+DI的值大于–DI的值时，表明市场处于多头行情中，股价可以看高一线，投资者可以择机介入；反之，–DI的值大于+DI的值时，表明市场处于空头行情，股价将看低一线，投资者应卖出为宜。

如果+DI和–DI交叉且幅度不宽，其数值越拉越近时，ADX的值就会逐渐减少。当ADX的值下降到20以下，且呈横向前进时，可以判定股价进入盘整行情。此时以观望为宜，待方向明确后，再择机行事，如图6–7所示。

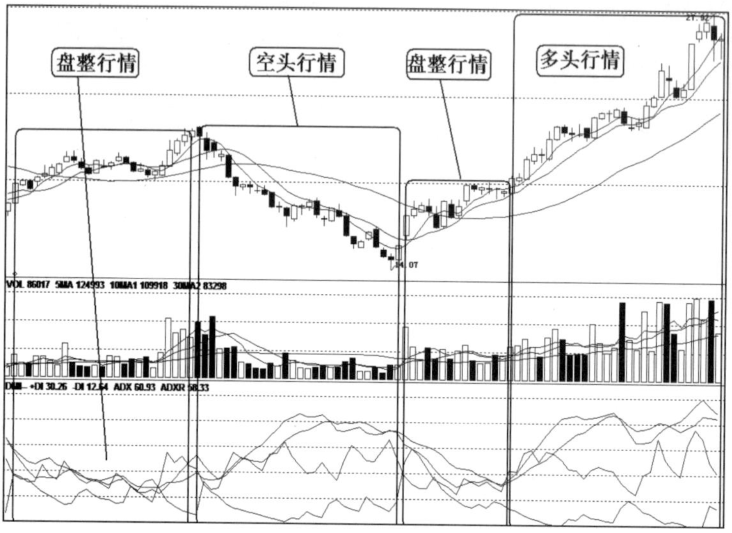

图6–7

（7）ADXR是ADX的评估数值，通常ADXR的波动较ADX平缓，其使用法则与ADX类似。

当股价大幅下跌了很长一段时间后，ADX突然从下往上突破ADXR形成金叉时，是新一轮行情启动的信号。

当ADX和ADXR交叉后继续上行至50线以上时，表明有可能产生一轮中级以上的行情，可继续看高一线。

当股价大幅上涨后，一旦ADX反转向下并击穿ADXR线，两线形成死叉时，表明多头行情即将结束，投资者应考虑全线抛空。

如图6–8所示，合肥城建（002208）。股价经过调整后渐渐企稳，2018年2月26日，+DI与–DI形成金叉，说明多方开始萌发做多意愿。几个交易日后，ADX与ADXR再次形成金叉，不仅巩固了+DI与–DI的金叉信号，更说明多头行情正式启动，因而是一个买入信号。

遇到这种盘面走势时，具体的操作方法如下。当 +DI 与 –DI 金叉之后，不久 ADX 与 ADXR 再次形成金叉，或者 +DI 已经在 –DI 上方运行了一段时间，不久 ADX 与 ADXR 再次形成金叉，说明主升浪即将展开，此时可以积极介入做多。

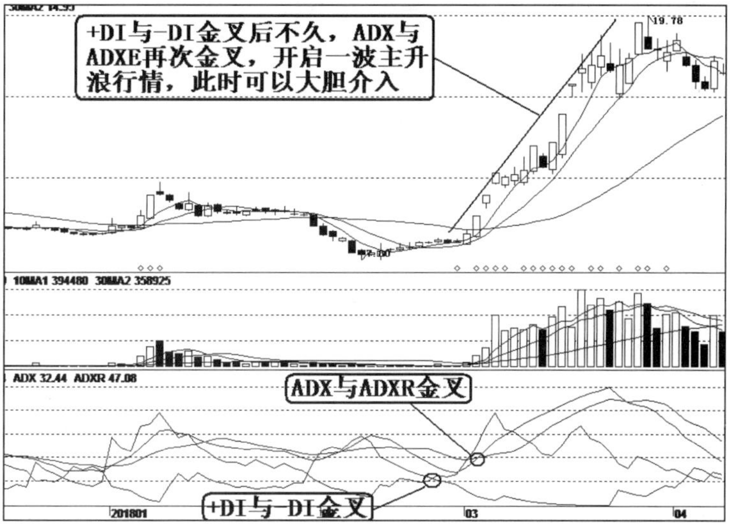

图 6–8

三、DMI 指标应用法则

DMI 指标的研判功能主要是判别市场趋势。应用时主要集中在两个方面：一方面是分析上升指标 +DI、下降指标 –DI 和平均动向指标 ADX 之间的关系；另一方面是对行情的趋势及转势特征进行判断。其中，+DI、–DI 两条曲线的走势关系，是判断能否买卖的信号，ADX 则是判断未来行情发展趋势的信号。

1. +DI 和 –DI 的研判功能

由于 ADX 指标永远波动在 0~100 之间，因此 +DI 和 –DI 具有很强的研判功能。

（1）当股价走势向上发展，同时 +DI 从下方向上突破 –DI 时，称为金叉，表明市场上有新的买方力量进场，为买入信号。如果此时 ADX 也同时上升，预示股价的涨势可能更强劲。

如图 6–9 所示，北京文化（000802）。该股主力刻意向下打压股价，制造空头陷阱。当恐慌盘退出后，股价企稳回升。2018 年 6 月 28 日，+DI 向上，–DI 向下，两线构成金叉，产生买入信号。之后股价突破 30 日均线，均线系统呈多头发散，同期 ADX 也随之上行，从而引发一波短线暴涨行情。

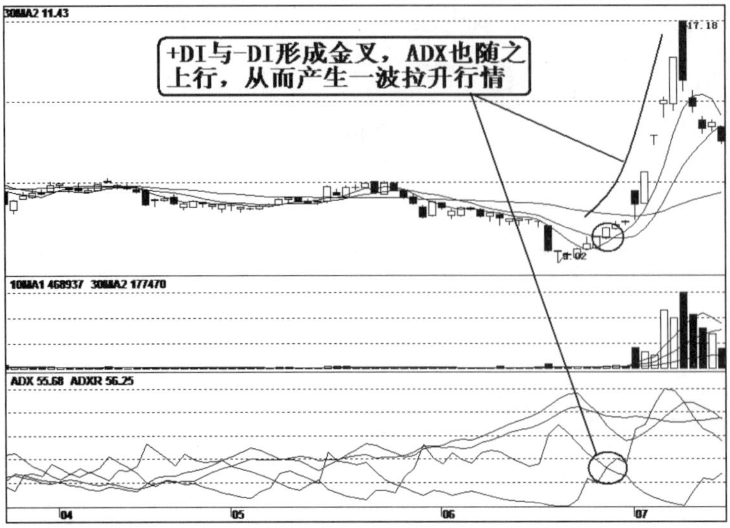

图 6-9

（2）当股价走势向下发展，同时 +DI 从上方向下突破 -DI 时，称为死叉，表明市场做空力量在加强，为卖出信号。如果此时 ADX 也同时上行（无论上涨还是下跌，趋势一旦形成，ADX 的方向都呈单一性发展），则预示股价跌势将加剧。

如图 6-10 所示，梅安森（300275）。该股经过大幅炒作后，股价进入高位震荡走势，庄家暗中不断派发筹码。2018 年 1 月 30 日，+DI 向下，-DI 向上，两线构成死叉。当天 5 日均线死叉 10 日均线，显示股价上方压力较大。随后股价在 30 日均线附近做短暂的停留后，股价出现向下突破走势。

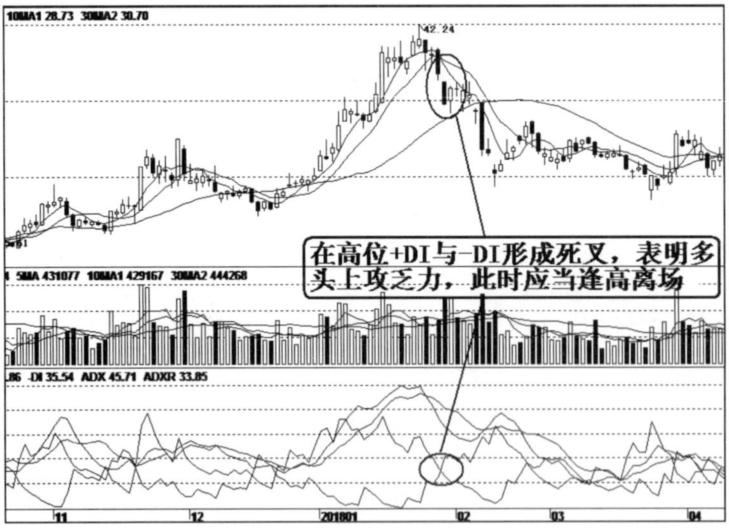

图 6-10

（3）当股价维持某种上升或下降行情，+DI 和 –DI 的交叉突破信号比较准确。但当股价维持盘整时，应将 +DI 和 –DI 交叉卖出视为无效信号。从上述两个图例可以看出，当股价进入盘整时，+DI 与 –DI 的交叉十分频繁，此时交叉信号无效。

2. ADX 的研判功能

ADX 为动向值 DX 的平均数，DX 是根据 +DI 和 –DI 两数值的差和对比计算出来的百分比。利用 ADX 指标，能更有效地判断市场行情的发展趋势。

（1）判断行情趋势。当行情向上发展时，ADX 值会不断递增。当 ADX 值高于前一日时，可以判断当前市场仍维持原有的上升趋势，即股价仍将继续上涨。如果此时 +DI 上升，–DI 下降，则表明当前上升趋势十分强劲。

如图 6–11 所示，物产中拓（000906）。该股庄家完成建仓计划后，出现一波快速涨升行情。此时 ADX 值不断向上递增，说明市场处于强势之中。同时 +DI 不断向上走高，–DI 逐渐走低，说明股价上涨势头十分强劲。直到 ADX 值在 75 以上出现向下拐头时，一波多头行情才告一段落。

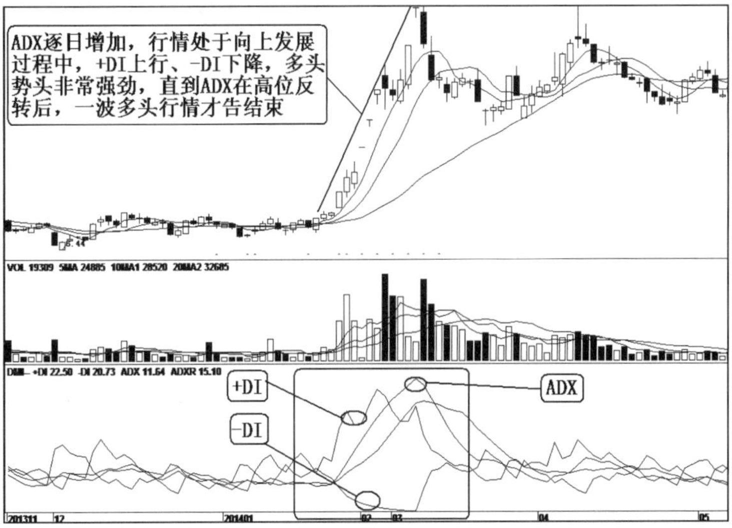

图 6–11

同样，当行情向下发展时，ADX 值也会不断递增。当 ADX 值高于前一日时，可以判断当前市场仍维持原有的下降趋势，股价仍将继续下跌。如果此时 +DI 下降，–DI 上升，则表明当前跌势仍将延续。

如图 6–12 所示，天地科技（600582）。该股一直处于下跌过程中，股价反弹结束后再次陷入跌势，ADX 值不断向上递增，说明市场处于弱势之中。同时，-DI 不断向上走高，+DI 逐渐向下走低，说明市场做空动能非常强劲。直到 ADX 值在 70 以上向下拐头时，股价才渐渐止跌企稳。

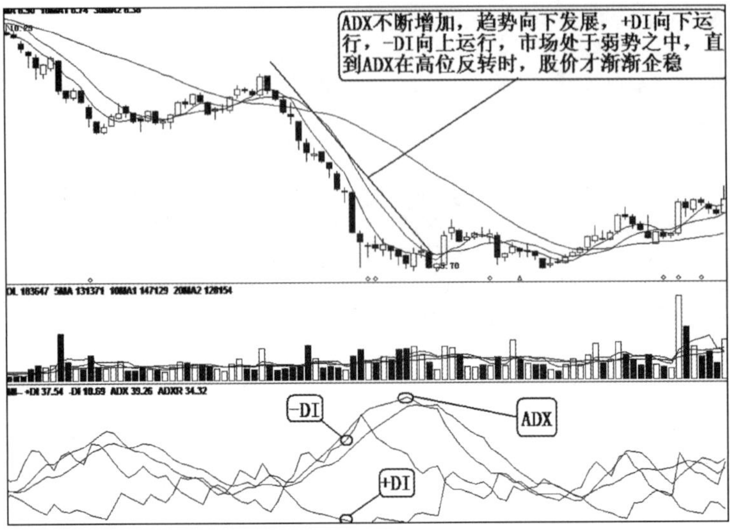

图 6-12

（2）判断行情是否盘整。当行情在一定区域内小幅横盘时，ADX 值会出现递减的情况。当 ADX 值降至 30 以下，且呈横向窄幅移动时，可以判断行情为牛皮盘整，上升或下跌趋势不明朗，投资者应以观望为主，不应依据 +DI 和 -DI 的交叉信号来买卖股票。从上述两个图例可以看出，当股价进入盘整时，ADX 值大多处于 30 以下，此时 +DI 与 -DI 的交叉信号不可靠。

（3）判断行情是否转势。当 ADX 值在高点（通常在 50 以上）由升转跌时，应小心股价随时有反转的可能。在涨势中，ADX 在高点由升转跌，预示涨势即将告一段落，如图 6-11 所示；在跌势中，ADX 值从高位回落，预示跌势可能企稳，如图 6-12 所示。

（4）当 ADX 小于 DI 或小于 30 时，意味着股价将进行盘整，此时不宜买卖，也不要使用该技术指标指导操作。当 ADXR 介于 20 到 30 之间时，也意味着市场处于盘整之中。

如图 6-13 所示，钱江水利（600283）。当 ADX 低于 DI 或小于 30，或者 ADXR 值处于 20~30 之间时，说明市场方向不明确，多空意见分歧较大，股价处于盘整状态中。此时不宜采用 DMI 指标研判行情，可以改用 MACD、VHF、CSI 和 TRIX 等中长线指标研判分析。

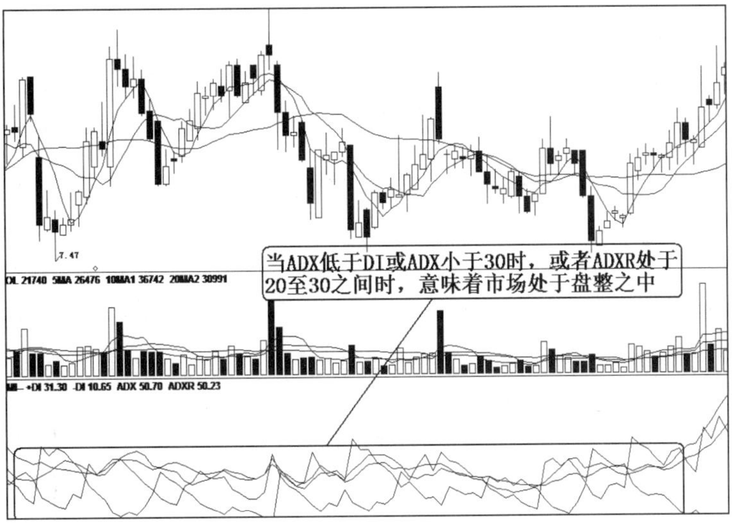

图 6–13

（5）DMI、VHF、CSI、DX 四种指标构成一组指标群，经常组合使用，效果更加明显。

四、DMI 指标实盘应用技巧

由于 DMI 指标由多条曲线构成，在图形上显得错综复杂，往往使初入股市或没有深入研究的股民眼花缭乱，不知从何处入手，结果在熊市中吃了大亏，在牛市中只得小利。

使用 DMI 指标研判后市时，应重点把握四点。①关注“菱形”形态的出现并掌握其用法；②关注并区别 +DI 与 –DI 一般性交叉后（金叉或死叉）的拒绝交叉（金叉或死叉）信号；③关注指标值大小，尤其是 ADX 在 50 线以上的转折点；④关注 +DI、–DI、ADX、ADXR 四条指标曲线趋向接近甚至黏合在一起后的突破方向。

经过多年的实盘操作发现，DMI 指标除了用一般法则判断行情外，还有其特殊的用法，且其“摇钱”效果相当明显。大家不妨多加验证，肯定妙趣横生。这里根据实盘经验，给读者朋友介绍几种操盘技巧。

1. 菱形信号

菱形信号包括两种：菱形上涨信号和菱形下跌信号。

（1）菱形上涨信号。+DI 在 –DI 之上运行，突然 +DI 由上向下、–DI 由下向上快速形成死叉。这时 ADX 和 ADXR 仍然向上延伸或走平，其值在 40 线以下。3 ~ 5 日内，+DI 再次金叉 –DI，在图形上留下一个菱形形态，此时应立即买入。这种现象大多为庄家洗盘所致，多数大牛股启动前会出现这种现象，投资者应多加关注。

如图 6–14 所示，九典制药（300705）。该股在底部经过长时间的调整，庄家吸纳了大量低价筹码，然后股价渐渐企稳回升。2018 年 3 月 15 日，+DI 由上而下，–DI 由下而上，两线快速形成死叉，这时 ADX 和 ADXR 的值在 30 左右，处于走平状态。

两线死叉后，+DI 在 –DI 之下仅仅运行了两个交易日，+DI 再度金叉 –DI，在图形上形成一个标准的菱形形态。此时 ADX 和 ADXR 也转为上升走势，从而形成最佳买入点。

经过一波拉升后，庄家展开洗盘整理，股价出现回落。4 月 20 日，+DI 与 –DI 形成死叉，但死叉后 +DI 与 –DI 又快速出现金叉，DMI 指标再次形成菱形形态，表明洗盘整理结束，构成新的买入信号，随后股价向上震荡走高。

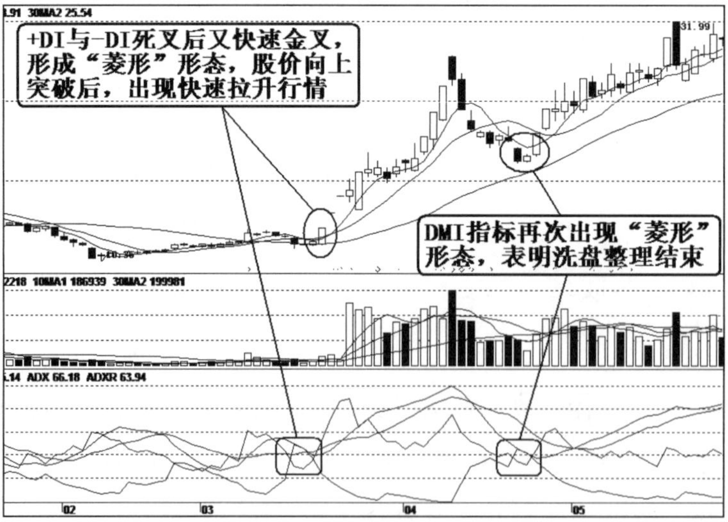

图 6–14

如图 6-15 所示，诚迈科技（300598）。该股庄家通过刻意打压后，吸纳了大量恐慌性筹码。股价回升到前期盘区附近时，庄家主动展开洗盘整理，股价出现小幅回落。2018 年 3 月 15 日，+DI 向下，-DI 向上，两线形成死叉。3 个交易日后，+DI 与 -DI 又快速发生金叉，在图形上形成一个菱形形态，表明庄家洗盘整理结束，从而构成买入信号。

在实盘操作中，如果大家善于研究技术指标并细心观察，就会发现一些让你开心的菱形形态，赚钱效果很好。

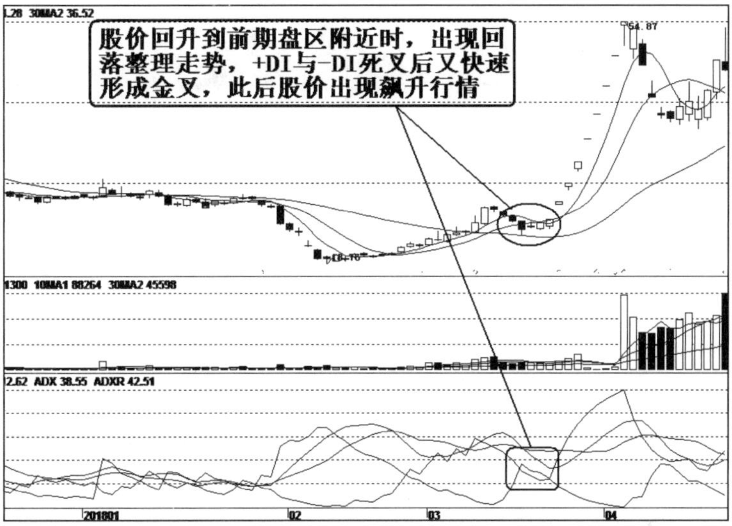

图 6-15

（2）菱形下跌信号。在一轮跌势行情中，+DI 由下向上、-DI 由上向下快速形成金叉，这时 ADX 和 ADXR 仍然向下延伸或走平，其值在 40 左右。3 ~ 5 个交易日之间，+DI 再行死叉 -DI，在图形上留下一个菱形形态。这个形态的杀伤力很大，应立即卖出。

这种现象表明反弹行情宣告结束，股价将步入新一轮跌势。此前的反弹大多为庄家出货形成的多头陷阱，投资者遇到 DMI 指标出现这种菱形形态时，应坚决卖出。

如图 6-16 所示，南通科技（600862）。股价见顶回落后，出现箱体震荡走势，+DI 与 -DI 形成金叉，ADX 和 ADXR 开始走平。+DI 在 -DI 之上仅仅运行了 4 个交易日后，+DI 就快速向下死叉 -DI，在图形上形成一个典型的菱形形态，此时 ADX 和 ADXR 也转为上升走势，产生明显的卖出信号。此后，该股经过 14 个交易日的下跌，股价从 10.08 元下跌到 4.12 元，短期跌幅接近 60%。

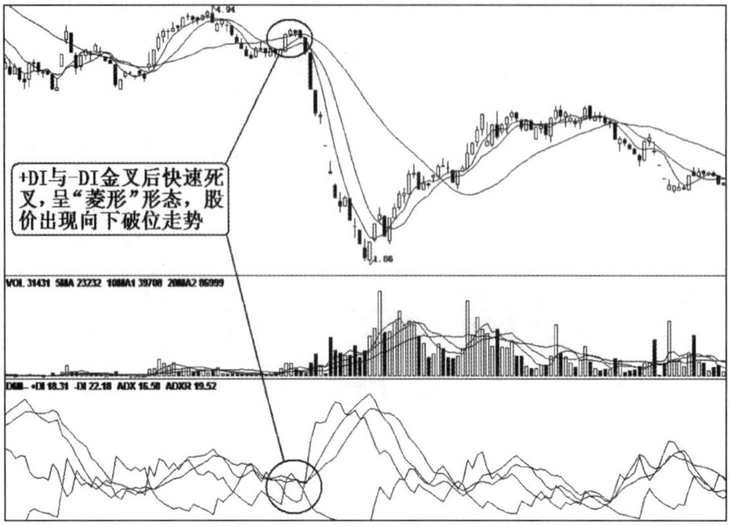

图 6–16

2. 拒绝交叉信号

拒绝交叉信号分为拒绝死叉信号和拒绝金叉信号两种。

（1）拒绝死叉信号。股价经过一轮小幅上涨后，庄家为了清洗浮筹，向下打压股价，+DI 开始回落，–DI 开始上冲。当两线即将发生死叉时，却出乎意料地各自朝相反方向运行，+DI 与 –DI 拒绝死叉，ADX 或 ADXR 的值在 40 左右，此为买入信号。

或者，由于庄家洗盘力度较大，+DI 与 –DI 已经发生死叉，但 –DI 向下触及 ADX 和 ADXR 后，得到强大支撑而出现向上回升，表明多方力量强大，为买入信号。这种现象表明庄家洗盘换手结束，后市可能迎来主升浪行情，此时可以积极介入做多。

如图 6–17 所示，晓程科技（300139）。该股在底部经过长时间的整理后，股价渐渐企稳上行。+DI 在 –DI 之上运行，ADX 和 ADXR 向上发展，表明市场渐渐进入强势。不久，庄家开始洗盘整理，+DI 渐渐下行，–DI 缓缓爬高。

2018 年 6 月 12 日，当两线即将形成死叉时，却各自朝相反的方向运行，+DI 与 –DI 拒绝死叉。+DI 向上运行，–DI 向下走低，ADX 和 ADXR 继续向上爬高，呈现单一向上走势，表明洗盘整理结束，构成较好的买入点。此后，在 20 个交易日里，股价涨幅超过 1 倍。

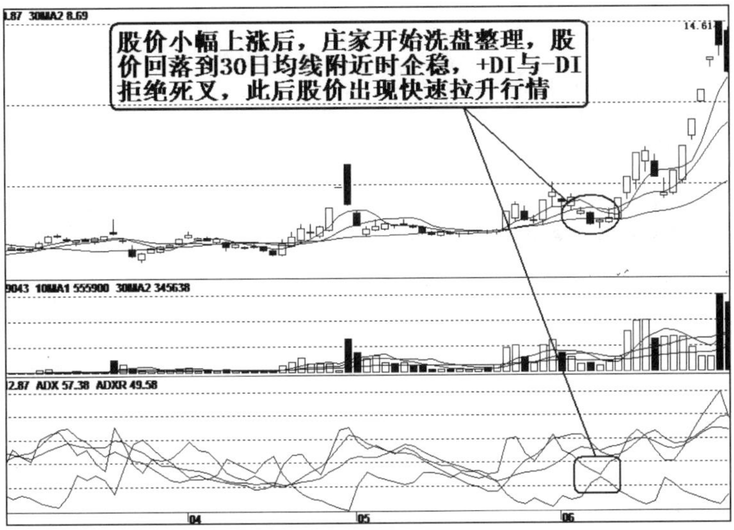

图 6–17

（2）拒绝金叉信号。股价经过小幅下跌后，+DI 在 –DI 之下缓缓向上抬升，–DI 慢慢向下移动。当两线即将形成金叉时，却出乎意料地各自朝相反的方向运行，两线拒绝金叉。随后 +DI 转头下行，–DI 掉头上行并再次穿过 ADX 和 ADXR 两线，ADX 和 ADXR 也开始向上移动，股价出现新的下跌走势。

或者，由于庄家发动自救行情，股价反弹力度较大，+DI 与 –DI 已经发生金叉，但 +DI 上冲触及 ADX 和 ADXR 后失败而再度回落。这种现象表明反弹行情已经结束，股价将出现新一轮跌势。没有及时卖出股票的投资者，此时是最后的卖出机会。

如图 6–18 所示，北纬通信（002148）。股价见顶后一路下跌，由于庄家不断打压出货，股价很难真正企稳。在市场震荡过程中，曾经两次出现 +DI 缓缓抬升、–DI 慢慢下移的走势，但当两线即将形成金叉时，却拒绝金叉并各自朝相反方向运行。+DI 转头下行，–DI 掉头上行并再次穿过 ADX 和 ADXR 两线，ADX 和 ADXR 也开始向上移动，此后股价再次出现大幅下跌走势。

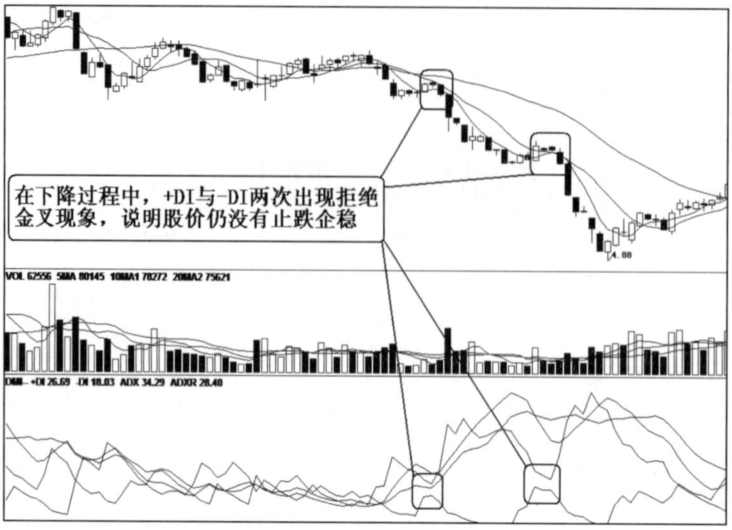

图 6-18

3. 曲线发散信号

（1）在股价盘整过程中，+DI、-DI、ADX、ADXR 四条指标曲线逐渐收窄，差值十分接近，在 20 线附近形成黏合状态（黏合越紧，持续时间越长，后市涨跌力度越大）。某日，指标曲线突然出现扩散，+DI、ADX、ADXR 三条指标曲线向上发散，而 -DI 向下运行，在指标中出现一个“蝴蝶结”图形，这种走势意味着市场上多头庄家比较强大，股价短期内将进入强势拉升行情，投资者应果断介入。

如图 6-19 所示，亚夏汽车（002607）。该股反弹结束后，股价再次回落，回落到前期低点附近企稳盘整。这期间 +DI、-DI、ADX、ADXR 四条指标曲线渐渐接近，几乎形成黏合状态。

2018 年 5 月 23 日，股价跳空一字涨停，此时 +DI、ADX、ADXR 三条指标曲线持续向上移动，而 -DI 向下运行，DMI 指标中产生一个“蝴蝶结”图形，形成一个难得的买入信号。此后股价连拉 8 个“一”字形涨停板，开板后继续强劲拉高。

（2）同样，股价出现一波下跌行情后，在底部获得支撑而企稳。由于受暴跌的影响，投资者不敢轻易入场，市场观望气氛较浓，股价出现横盘走势。

此时，+DI、-DI、ADX、ADXR 四条指标曲线逐渐靠近，在 20 线附近形成一段时间的黏合。之后不久，指标曲线向外发散，–DI、ADX、ADXR 三条指标曲线持续向上移动，而 +DI 向下运行，在指标中出现一个“蝴蝶结”图形。这种走势意味着空方力量十分强大，股价在短期内将出现暴跌走势，投资者应坚决离场。

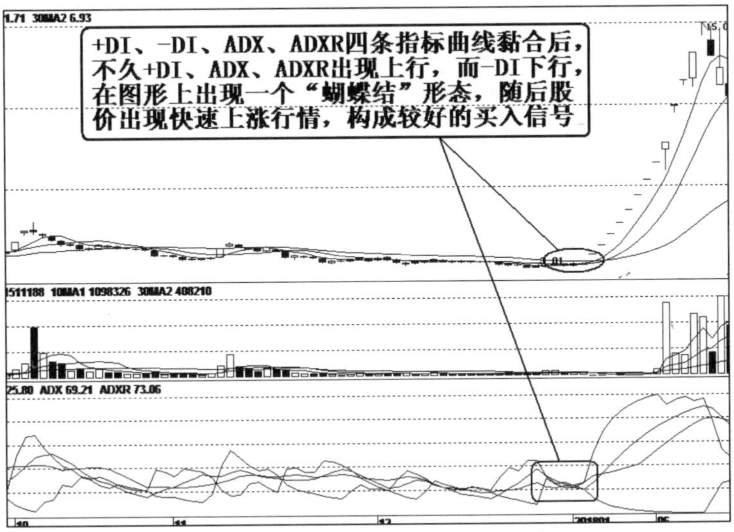

图 6–19

如图 6–20 所示，万里股份（600847）。股价在高位出现缩量震荡走势，市场波澜不惊，人气十分低迷。此时，+DI、–DI、ADX、ADXR 四条指标曲线逐渐靠近，甚至黏合在一起。不久指标曲线向外发散，–DI、ADX、ADXR 三条指标曲线持续向上移动，而 +DI 向下运行，指标中出现一个“蝴蝶结”图形，形成卖出信号，此后股价出现一波急跌行情。

股价在底部企稳后，经过较长一段时间的盘整，+DI、–DI、ADX、ADXR 四条指标曲线又趋向接近，几乎形成黏合状态。不久，+DI、ADX、ADXR 三条指标曲线持续向上移动，而 –DI 向下运行，指标中出现一个“蝴蝶结”图形，此时形成买入信号，此后股价出现一波上涨行情。

从该股走势可以看出，“蝴蝶结”图形是一个比较准确的买卖信号，投资者在实盘中要多加总结。

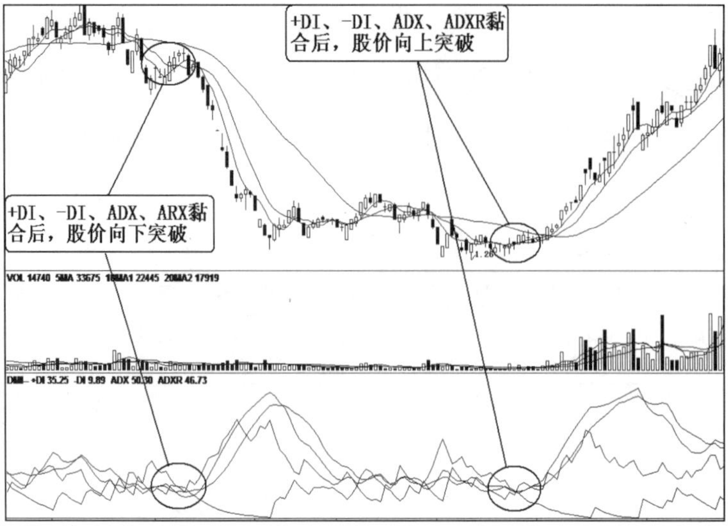

图 6-20

4. 双重交叉信号

双重交叉信号包括双重金叉上涨信号和双重死叉下跌信号。

（1）双重金叉上涨信号。股价在底部区域运行，+DI、-DI、ADX、ADXR 的值均不大（一般在 10 ~ 30 之间）。如果 +DI 由下向上金叉 -DI，之后继续向上穿过 ADX 和 ADXR 两线，没过几天时间（一般 3 ~ 5 个交易日），ADX 与 ADXR 又发生金叉，即 DMI 指标出现双重金叉，此时应及时介入。

这种现象说明庄家吸筹结束，将展开试拉升或第二轮行情，是大牛股、大黑马启动前的重要标志。

如图 6-21 所示，鹏欣资源（600490）。该股经过长时间的调整后，股价渐渐企稳回升。在底部震荡期间，+DI、-DI、ADX、ADXR 的值均不大。随着股价企稳走强，+DI 向上金叉 -DI，并穿过 ADX 和 ADXR 两线。之后第三天，ADX 与 ADXR 也发生金叉。这样 DMI 指标就出现双重金叉信号，是明显的买入点，随后该股出现一波拉升行情。

（2）双重死叉下跌信号。股价在高位特别是涨幅较大时，ADX、ADXR 的值较大（在 60 以上），+DI 和 -DI 在正常范围内波动。当 ADX 与 ADXR 发生死叉后继续下移，没过几天时间（一般 3 ~ 5 个交易日），+DI 与 -DI 也发生死叉，即 DMI 指标出现双重死叉，应果断卖出观望。

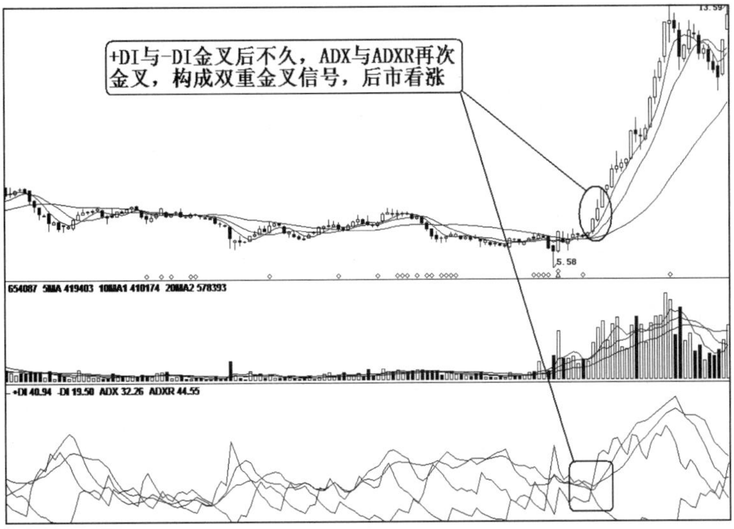

图 6–21

这种现象表明庄家出货态度坚决，投资者遇到这种情况时，应尽快先于庄家出局，以规避市场风险。

如图 6–22 所示，沱牌舍得（600702）。该股股价经过一波反弹后，庄家继续减仓出货。不久 ADX 在高位向下死叉 ADXR，这时 ADX 和 ADXR 的值均在 50 以上。之后 +DI 与 –DI 也形成死叉走势，并且 +DI 和 –DI 的值均在 20 左右，形成明显的出货信号，此后股价步入漫长的阴跌走势。

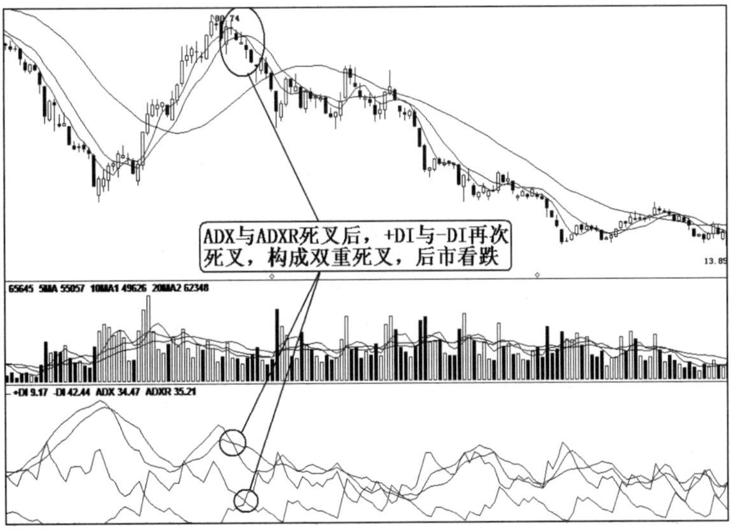

图 6–22

5. 震荡盘整信号

当 ADX 或 ADXR 从 50 线以上反转向下，两者形成死叉时，预示股价上涨或下跌走势（单一性）将告一段落，此时可能出现以下几种走势。

（1）在上涨行情中，当 ADX 或 ADXR 从 50 线以上反转向下，两者形成死叉，随后 +DI 与 –DI 也出现死叉，构成双重死叉，如图 6–22 所示，预示后市股价将出现一段跌势。

（2）在上涨行情中，当 ADX 或 ADXR 从 50 线以上反转向下，两者形成死叉，但随后 +DI 与 –DI 拒绝死叉（或死叉后快速金叉，形成菱形形态），此时 +DI 对 ADX 与 ADXR 的死叉起到缓冲作用，抵消了死叉后的下跌势头，随后股价出现盘整走势的可能性较大。

如图 6–23 所示，铜峰电子（600237）。股价经过一波小幅上涨后，ADX 与 ADXR 在 50 线上方形成死叉，预示涨势行情结束。但随后 +DI 与 –DI 死叉后又快速金叉，形成菱形形态，+DI 抵消了 ADX 与 ADXR 死叉后的下跌势头，说明股价下跌力度并不强，随后股价出现震荡攀升走势。

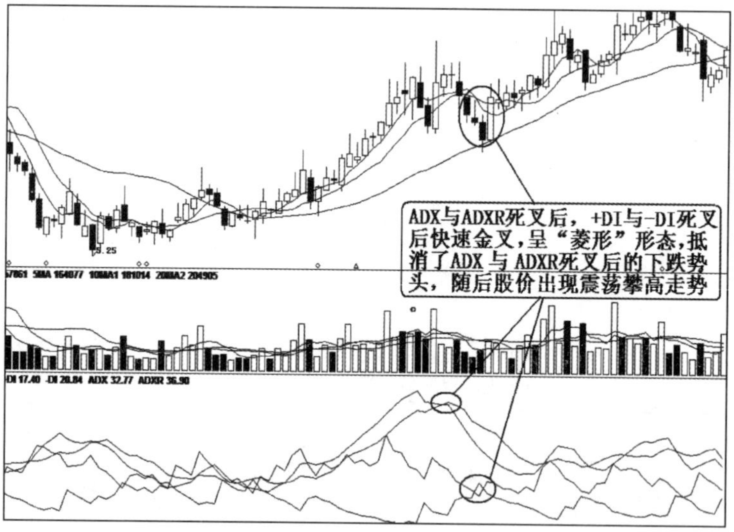

图 6–23

（3）在下跌过程中，当 ADX 或 ADXR 从 50 线以上反转向下，随后 +DI 与 –DI 拒绝金叉（或金叉后快速死叉，呈现菱形形态），说明股价仍有下跌动力，此时不宜介入。

如图 6-24 所示，中航电子（600372）。股价破位下跌后，出现震荡走势，ADX 或 ADXR 从 50 线以上反转向下，预示下跌结束。但 +DI 与 -DI 金叉后又快速死叉，形成菱形形态，说明做空动能仍然强大，股价依旧没有止跌，后市仍有下探要求，此时不宜介入。

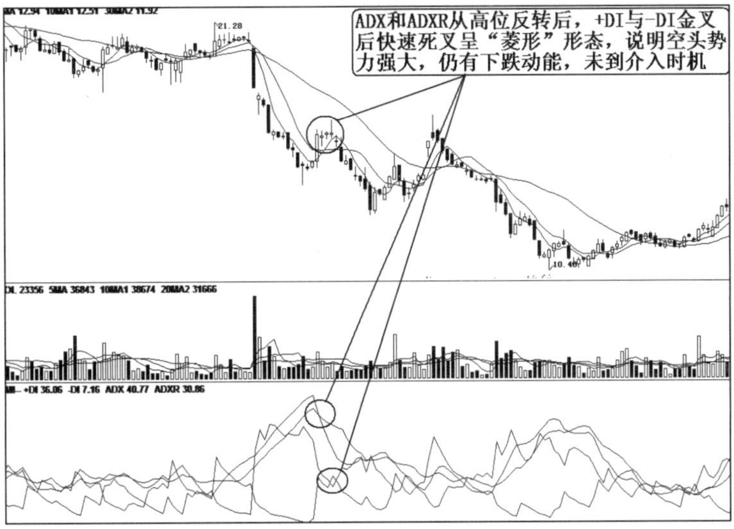

图 6-24

五、DMI 指标的缺憾及克服方法

（1）DMI 也经常出现骗线，突出表现在 +DI 快速与 -DI 相交（死叉或金叉），但随后并不继续向前发展，而是在交叉点附近纠缠一两天，之后又重新调转方向，形成更为凶猛的第二波上涨或下跌行情。

克服方法：应配合其他技术指标综合研判，并观察 ADX 是否下降。如 ADX 仍在 40 ~ 60 之间又抬头向上时，应视为骗线。未卖出者应继续持股待升，已受骗抛售的投资者，可以考虑重新入市。

（2）DMI 的伪信号。除了庄家设置的伪信号之外，在牛皮盘整、阴跌行情或慢牛行情中，DMI 也经常出现虚假信号。在这种市场走势中，DMI 会频繁出现交叉，经常把投资者弄得稀里糊涂。

克服方法：应结合其他技术指标和当时的股市行情综合判断。若为牛皮盘整市道，DMI 指标的几条线会纠缠在一起并处于低位。慢牛行情由于上涨速度较慢，与牛皮盘整行情有某些相似之处。阴跌行情出现的伪信号一般持续时间较长，而同期的 ADX 与 ADXR 均不能提供有效的参考信号。

（3）由于设置方面的破绽，经常会发生 ADX 已经转折，但股价仍然维持原有的方向运行，并未发生反转。

克服方法：必须参考其他技术指标，进行综合分析研判。

第七章 /
随机指标（KDJ）

一、KDJ 指标简介

1. KDJ 指标概要

中文全名	随机指标
英文全名	Stochastic
指标热键	KDJ
指标属性	超买超卖型技术指标
指标应用	短线技术指标
原始参数	9
波动范围	0~100 之间

2. KDJ 指标基本原理

随机指标（KDJ）又称斯多葛线，是一种相当新颖、实用的技术分析指标。它早先用于期货市场分析，后被广泛应用于股市中短期趋势分析，是期货市场和股票市场上最常用的技术分析工具。

KDJ 指标是从威廉指标（W%R）发展过来的一项短线技术指标，由乔治·蓝恩博士（Dr. George Lane）所创。

KDJ 指标是通过计算一定时间内价格的最高价、最低价以及收市价之间的真实波幅，反映价格走势强弱和超买超卖状态的一种技术指标。它的最大特点就是综合了动量指标（MTM）、相对强弱指标（RSI）和移动平均线（MA）这三大技术指标的优点，从而提供了非常有效的短线买卖信号。

在市场短期超买超卖方面，KDJ 指标比相对强弱指标（RSI）更为敏感，能够比较迅速、快捷、直观地研判行情。在我国股市实盘操作中，广泛应用于中短期趋势分析，被投资者视为短线投机操作的重要利器之一。

KDJ 指标反应比较敏感快速，是进行中短期趋势波段分析研判的较佳技术指标。对做大资金大波段的人来说，一般以月 KDJ 值在低位时逐步进场吸纳。庄家平时运作，偏重周 KDJ 所处的位置，对中线波段的循环高低点作出研判，所以往往出现单边式日 KDJ 屡屡钝化的现象。日 KDJ 对股价变化方向反应极为敏感，是日常买进卖出的重要依据。对于做小波段的短线投资者来说，30 分钟 KDJ 和 60 分钟 KDJ 是重要的参考指标。对于已制定买卖计划即刻下单的投资者，5 分钟 KDJ 和 15 分钟 KDJ 可以提供最佳的进出依据。

3. KDJ 指标分析因素

（1）KD 指标的背离。KD 处在高位或低位，如果此时与股价走向背离，则是采取买卖行动的信号。

（2）J 指标值超过 100 和低于 0，都属于价格的非正常区域，大于 100 为超买，小于 0 为超卖。

（3）KD 的取值。KD 的取值范围是 0 ~ 100，可以将其划分为 3 个区域：80 以上为超买区，20 以下为超卖区，其余为徘徊区。这里要注意的是，这种划分只是一个信号提示，不能完全按这种标准进行操作。

（4）KD 指标的交叉。K 与 D 的关系就如同股价与移动平均线（MA）的关系一样，也有死亡交叉和黄金交叉的问题。

（5）KD 指标的曲线形态。当 KD 指标在较高或较低位置形成了头肩形和多重顶（底）时，是采取买卖行动的信号。这里要注意的是，这些形态一定要出现在较高位置或较低位置，这样信号的可靠性才高。

二、认识 KDJ 指标

KDJ 指标是波动于 0~100 之间的超买超卖型指标，在图表上共有三条曲线，分别是 K 线（白色）、D 线（黄色）和 J 线（紫色）。在实盘操作中，K 线与 D 线配合 J 线组成 KDJ 指标来使用。KDJ 是一个短线指标，相对于其他指标而言，该指标在盘中波动速度快，所以适合短线或超短线操作，如图 7-1 所示。

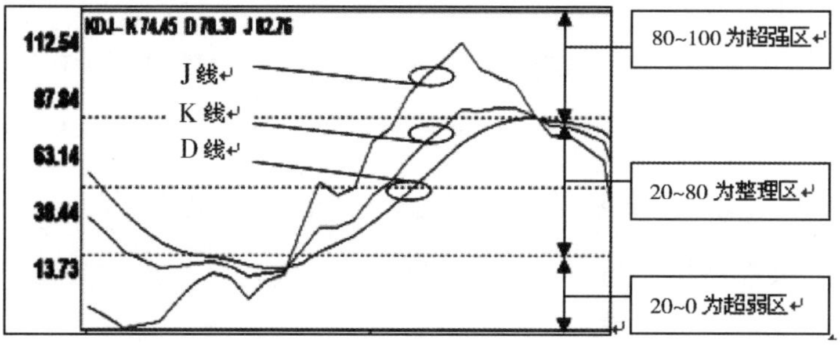

图 7-1

从图形中可以看出，K 线为快速指标，D 线为慢速指标，J 线变化最快。在 KDJ 指标中，J 值表示 K 值与 D 值间的乖离程度，较之 K、D 两线更为敏感，可领先 K、D 值到达顶部和底部，其数值也可大于 100 或小于 0。

在三条曲线中，就其变化速度而言，J 线反应最快，K 线其次，D 线最慢。在运用过程中，常把 KDJ 中的 K 线视为快速确认线，D 线视为慢速主干线，而把 J 线视为乖离线（方向敏感线）。

就其对行情判断的准确性而言，D 线最准，K 线次之，J 线最差，如图 7–2 所示。对 J 线可以不必多加研究，仅作参考就可以了。在有些股票交易软件中，将 J 线与 K、D 值合并在一起标示于图表之中。

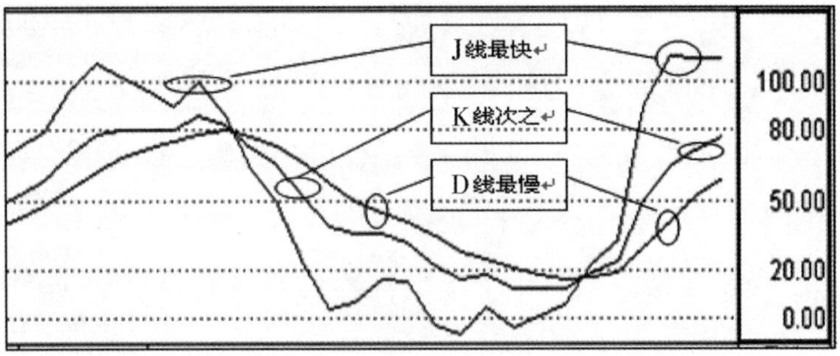

图 7–2

KDJ 指标取值在 0 ~ 100 之间，在图表上每隔 20 划出一条界线，共分为 5 个档位。

80 ~ 100（或以上）为超强势区（又称超买区），表明技术超买，买气相当强盛。但也反映短线将可能出现调整，可以逢高短线减仓。

60 ~ 80 为强势（整理）区，股价仍有上涨动力。

40 ~ 60 为整理区，其中 50 ~ 60 为偏强整理区，40 ~ 50 为偏弱整理区。

20 ~ 40 为弱势（整理）区，股价仍面临压力。

0 ~ 20 为超弱势区（又称超卖区），表明卖压相当沉重。但也暗示股价将要见底，操作上可以逐步分批买入。

在单边行情中，KDJ 值经常出现超过 100 值或 0 值的情况，表明股价出现超买超卖，演变为极端行情，导致 KDJ 指标出现钝化现象。此时应放弃使用该指标，改用其他中长线指标。

KDJ 指标中的 K 值和 D 值是一个指标中两个相互关联的参数，在应用中不能相互独立，亦即不能以单一 K 值的大小或以单一 D 值的大小来判断行情，而是应参考双方所处的状态和数据分布情况来进行研判。

KDJ 指标的计算方法分为四步：第一步计算出“未成熟随机值（RSV）”；第二步计算出 K 值；接下来计算出 D 值；最后计算出 J 值。其推导过程十分繁琐，也无实盘意义，在此略去。

三、KDJ 指标应用法则

1. 交叉信号

当白色的 K 线在低位（20 以下）由下向上与黄色的 D 线形成金叉时，即 K 值由小于 D 值变成大于 D 值时，为买入信号。如果 K 线连续两次金叉 D 线，则预示股价会产生较大的涨幅，为强烈的买入信号。

如图 7–3 所示，至纯科技（603690）。这是该股 2017 年 12 月至 2018 年 7 月的日线图。股价经过大幅调整后，已经到了跌无可跌的价位，庄家也成功地完成了建仓计划，做多意愿蠢蠢欲动。KDJ 指标长时间在 20 以下运行，出现第一次金叉后，又很快回落到 20 以下。经过短暂的运行后，KDJ 指标在 20 以下出现第二次金叉，从此股价渐渐企稳回升，之后出现加速上涨行情。

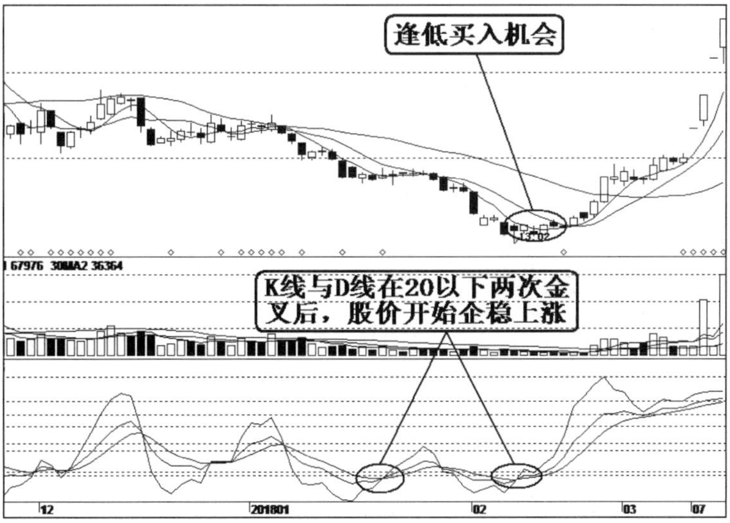

图 7–3

相反，白色的 K 线在高位（80 以上）由上向下与黄色的 D 线形成死叉时，即 K 值由大于 D 值变成小于 D 值，为卖出信号。一般而言，KDJ 指标在高位连续出现两次向下死叉，则表明跌势确立，应及时减仓或退出。

如图 7–4 所示，格力电器（000651）。这是该股 2017 年 10 月至 2018 年 3 月的日线图。该股大幅炒高后，庄家已经获利丰厚，虽然股价不断向上攀高，但庄家已经在暗中悄然兑现获利筹码。

2017 年 11 月，KDJ 指标在 80 以上出现两次死叉后，股价出现比较大的回调走势。经过短期调整后，股价重拾升势，再次强势上涨。2018 年 1 月下旬，KDJ 指标又在 80 以上形成两次死叉，此后股价见顶回落，进入中期调整走势。可见，当 KDJ 指标在 80 以上出现第二次死叉时，是一个理想的逢高离场机会。

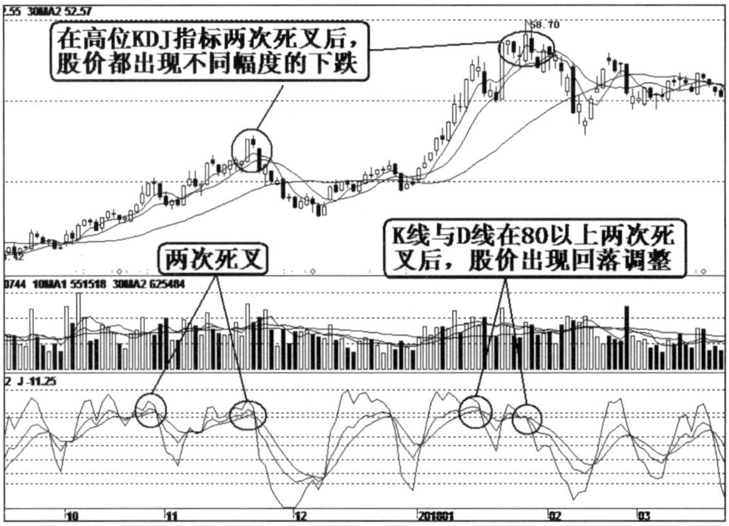

图 7–4

2. 盘整信号

KDJ 值在 40 ~ 60 之间徘徊时，会频繁出现交叉信号，表明市场运行方向不明，对操作无实际指导意义，可以判定为盘整行情，投资者应以观望为主，不参与买卖行为。

如图 7–5 所示，绿景控股（000502）。2018 年 3 月到 4 月期间，该股 KDJ 指标大部分时间在 40~60 区间波动，股价出现横向震荡走势。此时出现的频繁交叉信号，对实盘操作没有指导意义。这时期的操作策略就是不参与，或者改用其他技术指标进行分析研判。

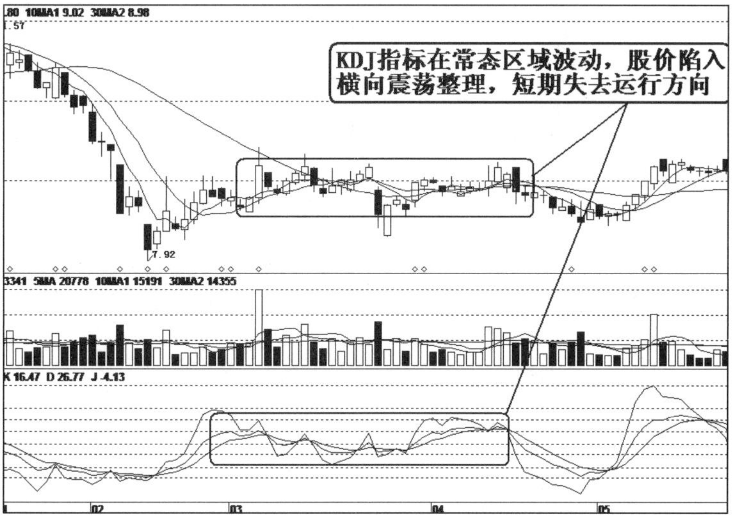

图 7–5

3. 超卖超买

（1）当 K 值在 10 以下，D 值在 20 以下，J 值处在 0 值时，为超卖状态，可以买入；同样，当 K 值在 90 以上，D 值在 80 以上，J 值达到 100 时，为超买状态，可以卖出。

在极端行情中，D 值大于 90，股价容易产生瞬间回档，但这种瞬间回档并不代表行情已经反转。

如图 7–6 所示，成飞集团（002190）。股价经过一轮快速上涨后，KDJ 指标迅速到达超买区，显示盘面走势极端强势。D 线到达 90 以上后出现回落，但股价依然强势上行，走出一轮超乎想象的暴涨行情。在实盘操作中，遇到这种情况应放弃使用该指标，改用其他中长线指标，以回避 KDJ 指标的缺陷。

（2）同样，当 D 值小于 15 时，股价容易产生瞬间反弹，但这种瞬间反弹并不代表行情反转上涨，应谨慎介入。

如图 7–7 所示，金宇车城（000803）。这是该股 2018 年 5 月以后的一段走势图。股价反弹结束后继续向下走低，显示盘面极度弱势，尚无像样的反弹。D 线处于 15 以下，但股价依然没有止跌企稳，此时不宜盲目抄底。

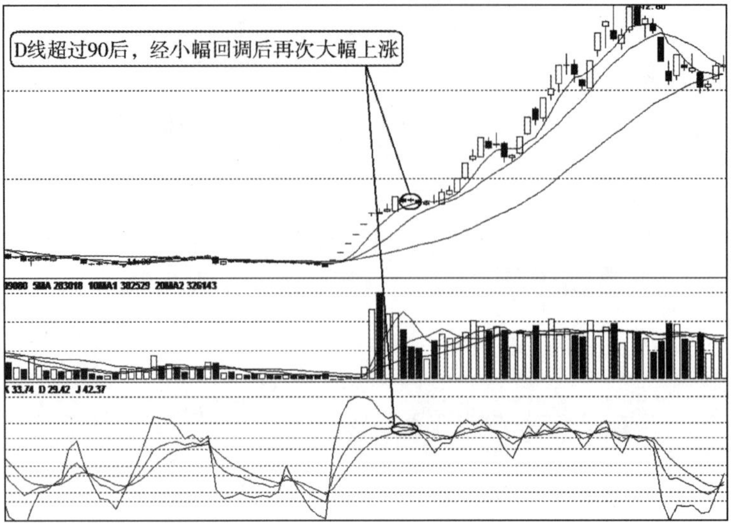

图 7-6

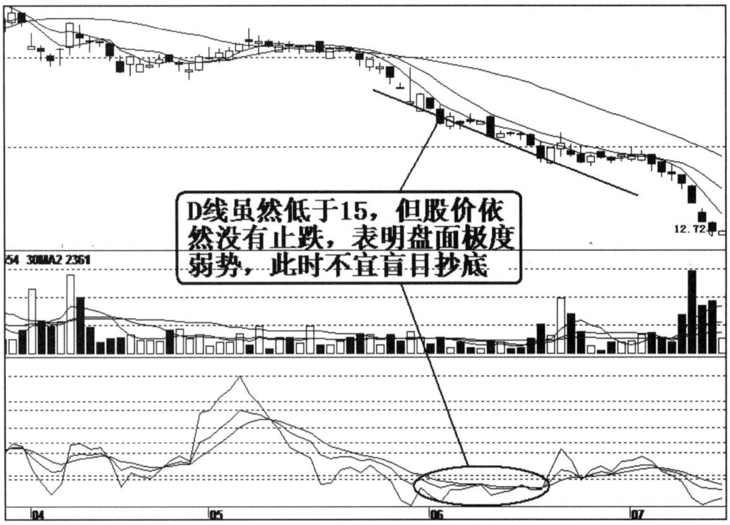

图 7-7

4. 钝化信号

由于 KDJ 指标的极限位置在 0 ~ 100 之间，这样就有可能产生一种特殊的现象——钝化。也就是说，K、D 的数值已经到顶，无法超越 100（或已经躺底，无法低于 0），而此时行情和价位却还在激烈地变化着，这样就会出现钝化现象。

钝化现象必然会给随机指标判断行情走向带来盲区，也是应用该指标时应引起重视的问题。这种现象多发生在超强势个股或超弱势个股里。出现钝化现象时，投资者应谨慎操作，防止过早买入或过早卖出，造成不必要的损失，此时应借助其他技术指标加以研判，如图 7-8 所示。

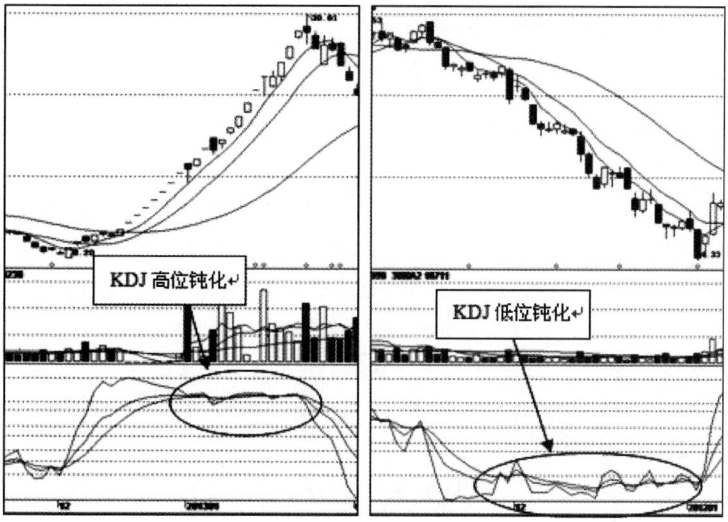

图 7-8

一般而言，顶部钝化一般发生在超强区域，而底部钝化大多出现在超弱区域。通常底部钝化时不可杀跌，也不要急于买进，一定要等到 KDJ 指标金叉时才能买进；顶部钝化时不可追高，也不要急于离场，等到形成死叉时再考虑卖出。

5. 背离信号

钝化是背离的征兆。当 KDJ 指标的走势与股价走势不协调时，就会产生背离。背离是指 KDJ 指标曲线图的走势方向和 K 线图的走势方向相反，也就是两者朝相反的方向背驰运行。

背离现象具体分两种情况：顶背离和底背离。

第一种是顶背离。若股价不断创新高，而 KDJ 的指标值不创新高，就形成顶背离，为短线卖出信号。

第二种是底背离。若股价不断创新低，而 KDJ 的指标值却不再创新低，就形成底背离，为短线买入信号。

KDJ 产生背离时，一般为转势信号，表明短期、中期走势有可能见顶或见底，这是相当准确的买卖信号，应作出正确的决策。底背离为买入信号，顶背离为卖出信号。

（1）顶背离信号。当股价走势一峰比一峰高，一直呈上涨趋势，而 KDJ 指标的走势却在高位一峰比一峰低，股价与 KDJ 指标即出现顶背离现象。这种现象一般是股价将要高位反转的信号，表明股价中短期出现下跌调整，是卖出信号。

如图 7–9 所示，正平股份（603843）。这是该股 2017 年 9 月到 11 月的日线图。股价不断向上震荡走高，而同期 KDJ 指标却逐波下行，股价与 KDJ 指标形成明显的顶背离走势，预示股价上涨持续时间不长，应及时逢高获利离场。

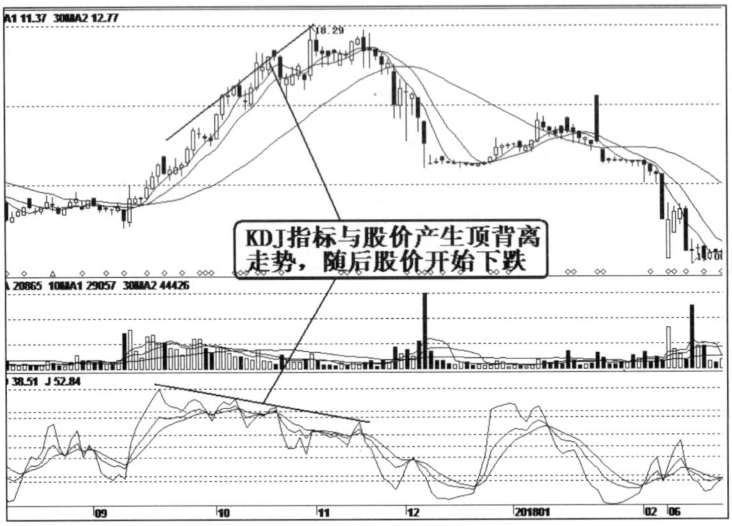

图 7–9

（2）底背离信号。当 K 线图上的股价走势一峰比一峰低，股价向下跌落，而 KDJ 曲线图上的走势却在低位一底比一底高，就形成底背离现象。底背离现象一般是股价将要低位反转的信号，表明股价中短期内即将上涨，是逢低买入的信号。

需要注意的是，KDJ 顶背离、底背离的判定方法，只能和前一波高点、低点相比，中间不能跳过其他形态。

如图 7–10 所示，武汉凡谷（002194）。从该股走势可以看出，在股价下跌过程中，不断向下创出调整新低，而同期 KDJ 指标却向上运行，这样股价与 KDJ 指标就形成了底背离走势。出现底背离时，表明股价下跌空间有限，随时有止跌回升的可能，因此可以逢低买入。

依据 KDJ 指标与股价的背离走势判断股价顶与底的基本方法如下。

①股价创新高，而 K、D 值没有创新高，为顶背离，应卖出；

②股价创新低，而 K、D 值没有创新低，为底背离，应买入；

③股价没有创新高，而 K、D 值创新高，为顶背离，应卖出；

④股价没有创新低，而 K、D 值创新低，为底背离，应买入。

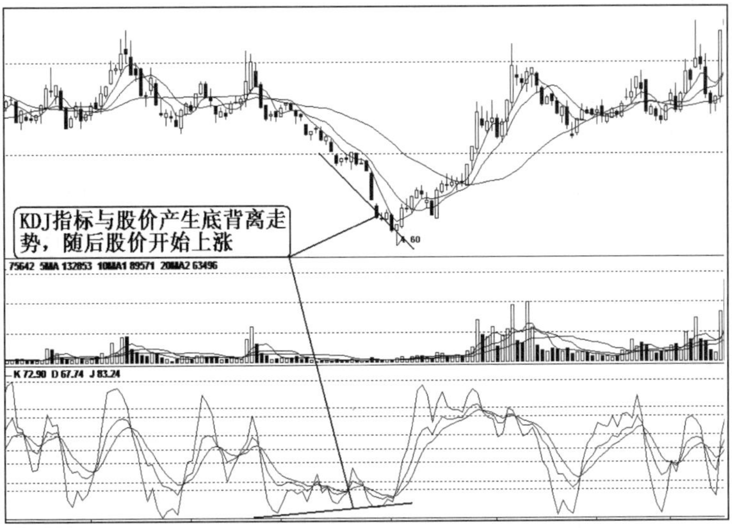

图 7-10

这里需要注意的是 KDJ 指标顶背离、底背离的判定方法：只能和前一波高点、低点时的 K、D 值相比，不能跳过去比较。同时，研判 KDJ 指标的背离现象与其他技术指标一样，顶背离研判的准确性要高于底背离。当股价在高位，KDJ 指标在 80 以上出现顶背离时，可以认为股价即将反转向下，投资者宜及时卖出股票；当股价在低位，KDJ 指标也在低位（50 以下）出现底背离时，一般要反复出现几次底背离才能确认行情即将发生反转，并且投资者只能做战略建仓或做短期投资。

6. KDJ 指标倾斜度

当 KDJ 指标倾斜度趋于平稳时，是重要的警告信号，应提防随时可能发生反转走势。向下倾斜的指标线产生有效金叉时，为买入信号；向上倾斜的指标线出现有效死叉时，为卖出信号。

7. KDJ 取值的绝对数字

从 K、D 取值方面考虑，K、D 的取值范围都是 0 ~ 100，可以将其划分为几个区域：80 以上为超买区，20 以下为超卖区，其余为徘徊区。

根据这种划分，K、D 值超过 80 就应该考虑卖出，低于 20 就应该考虑买入。但需要说明的是，上述划分只是应用 KDJ 指标的一个初步过程，仅仅是提供一种信号。完全按照这种方法进行操作，很容易招致损失。另外还要注意 J 值的取值大小，J 值超过 100 和低于 0，都属于非正常的价格区域，大于 100 为超买，小于 0 为超卖。

四、KDJ 指标实盘应用技巧

在实盘应用中，KDJ 指标主要从五个方面进行考虑。① KDJ 曲线的交叉；② KDJ 曲线的形态；③ KDJ 指标的背离；④ KDJ 指标值的绝对数字；⑤ J 指标的取值大小。

1. 曲线交叉

从 KDJ 指标的交叉方面考虑，K 线与 D 线的关系就如同股价与移动平均线的关系一样，也有死亡交叉和黄金交叉的问题。KDJ 指标曲线的交叉分为黄金交叉买入法和死亡交叉卖出法两种。实盘操作中，K 线在低位向上穿过 D 线，是短线买入信号；K 线在高位向下跌穿 D 线，是抛出信号。

金叉买入法：实盘操作中，当 K 线在低位由下向上与 D 线形成交叉时，即 K 值由小于 D 值转成大于 D 值，称作“金叉”，属于短线买入信号。

死叉卖出法：实盘操作中，当 K 线在高位由上往下与 D 线形成交叉时，即 K 值由大于 D 值转成小于 D 值，称作“死叉”，属于短线卖出信号。

一般而言，在一波完整的升势和跌势过程中，KDJ 指标中的 K 线、D 线、J 线会出现两次或两次以上的“黄金交叉”和“死亡交叉”。

（1）黄金交叉。

第一，股价经过很长一段时间的低位盘整行情后，K、D、J 三线都处于 20 线附近时，一旦 J 线和 K 线几乎同时向上突破 D 线，表明股市即将转强，股价跌势已经结束，行情将止跌向上。此时可以开始买进股票，进行中长线建仓。这是 KDJ 指标“黄金交叉”的一种形式。

第二，股价在上升过程中经过一段时间的盘整行情后，K、D、J 三线都处于 50 线附近徘徊时，一旦 J 线和 K 线几乎同时再次向上突破 D 线，成交量再度放大，则表明股市处于强势之中，股价将再次上涨，此时可以加码买进股票或持股待涨。这是 KDJ 指标“黄金交叉”的另一种形式。

以上两种情况的区别主要在于 KDJ 指标的位置及之前股价走势的配合情况，使用原理基本一致。

如图 7–11 所示，汇冠股份（300282）。股价经过长时间的低位盘整后，不久，KDJ 指标在 20 线附近形成金叉，表明市场趋于企稳。随后股价小幅回升，KDJ 指标上行到 50 线上方。之后庄家开始洗盘整理，KDJ 指标重新回落。

之后 KDJ 指标在 50 线附近再次形成金叉。从力度上分析，这次金叉与前一次金叉相比，明显处于强势之中。之后股价出现一波快速上涨行情。

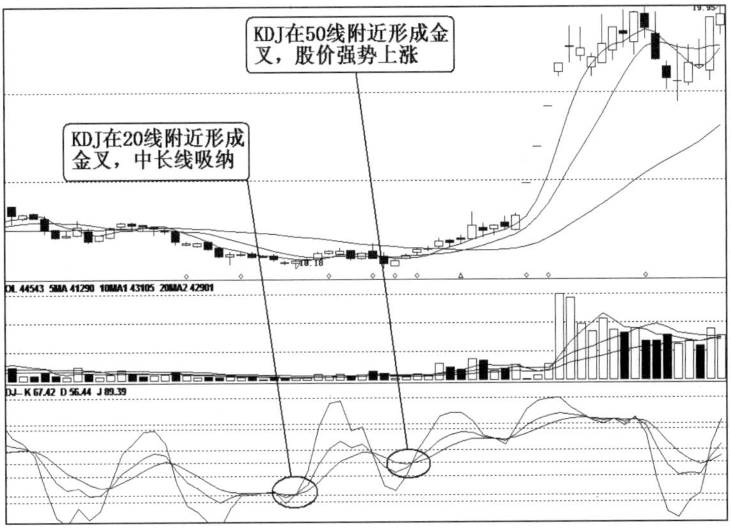

图 7–11

实盘操作中，当 KDJ 指标出现金叉时，是否决定买入，还要看其他条件。

第一个条件是金叉的位置比较低，是在超卖区，位置越低越好。

第二个条件是与 D 线相交的次数。有时在低位，K、D 两线要来回交叉好几次，交叉的次数以两次为最少，越多越好。

第三个条件是交叉点相对于 K、D 线低点的位置，这就是常说的“右侧相交”原则，即 K 线是在 D 线已经抬头向上时才与 D 线相交，比 D 线还在下降时形成的相交，要可靠得多。

（2）死亡交叉。

第一，当股价经过前期很长一段时间的上升行情后，在股价涨幅已经很大的情况下，一旦 J 线和 K 线在高位（80 以上）几乎同时向下突破 D 线，则表明股市即将由强势转为弱势，股价将要见顶回落，这时应卖出大部分股票，不能买入。这是 KDJ 指标“死亡交叉”的一种形式。

第二，股价经过一段时间的下跌后，出现向上反弹，但反弹动力不足，各种均线对股价形成较强的压力。此时 KDJ 曲线经过短暂的反弹到达 80 线附近，但未能重返 80 线以上，一旦 J 线和 K 线再次向下突破 D 线，则表明股市将再次进入极度弱市中，股价还将下跌，可以卖出股票或观望。这是 KDJ 指标“死亡交叉”的另一种形式。

以上两种情况的区别主要在于 KDJ“死叉”之前的走势，但从原理上都反映市场卖压较重，实际应用基本一致。

如图 7-12 所示，仟源制药（300254）。该股经过成功炒作后，股价累计涨幅较大。不久，KDJ 指标在 80 线上方形成死叉（也是顶背离形态），预示股价即将见顶回落，这时应减磅操作。

之后，股价经过一波下跌调整后，出现小幅反弹，但反弹动力不足，股价到达前期高点附近时遭到明显抛压，此时 KDJ 指标在 80 线附近形成死叉，此后股价出现中线调整。

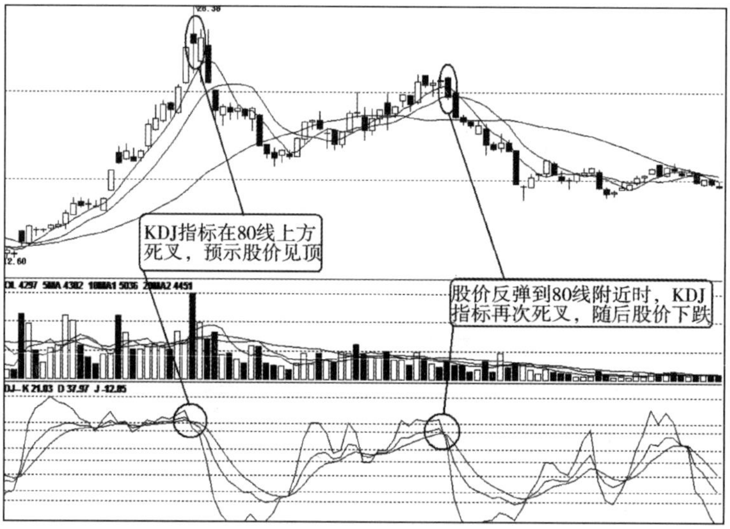

图 7-12

2. 曲线形态

KDJ 指标的研判还可以从 KDJ 曲线的形态来分析。当 KDJ 指标曲线图形形成头肩顶（底）、双重顶（底）形态（即 M 头、W 底）及三重顶（底）等技术形态时，也可以按照形态理论的研判方法加以分析。

KDJ 曲线出现的各种形态是判断行情走势、决定买卖时机的一种分析方法。需要注意的是，这些形态一定要在较高位置或较低位置出现。位置越高或越低，其结论越可靠。另外，KDJ 指标曲线还可以划趋势线、压力线和支撑线等。

（1）顶部形态。当 KDJ 曲线在 50 线上方的高位时，如果 KDJ 曲线的走势形成头肩顶、双重顶（M 头）或三重顶等顶部反转形态，可能预示着股价由强势转为弱势，股价即将出现转势下跌，应及时卖出股票。如果股价曲线也出现同样形态，则更加可以确认。其跌幅可以用头肩顶、双重顶（M 头）或三重顶等形态理论来研判。

如图 7–13 所示，三诺生物（300298）。该股经过大幅上涨后，庄家获利非常丰厚，股价在高位出现震荡走势。KDJ 指标在 80 线附近出现 M 顶形态，预示股价上涨面临压力，行情即将出现调整，应及时卖出股票。

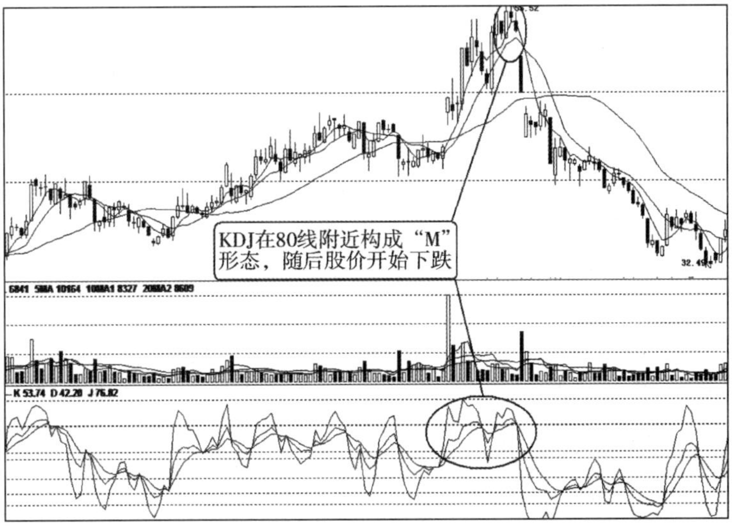

图 7–13

（2）底部形态。当 KDJ 曲线在 50 线下方的低位时，如果 KDJ 曲线的走势出现头肩底、双重底（W 底）或三重底等底部反转形态，可能预示着股价由弱势转为强势，股价即将反弹向上，此时可以逢低少量吸纳股票。如果股价曲线也出现同样的形态，则更加可以确认。其涨幅可以用头肩底、双重底（W 底）或三重底形态理论来研判。

需要注意的是，KDJ 曲线的头部形态要比底部形态的实战效果更好，即形态中头肩顶、双重顶（M 头）和三重顶形态的准确性，要大于头肩底、双重底（W 底）和三重底。

如图 7–14 所示，博雅生物（300294）。该股股价见顶后一路下跌，庄家在下跌过程中吸纳了大量的筹码。在建仓末期，庄家刻意打压股价，造成盘面恐慌。同期 KDJ 指标已经在 20 线附近形成 W 底形态（股价与指标已经产生底背离走势）。此时应以逢低吸纳为主，随后股价出现一波上涨行情。

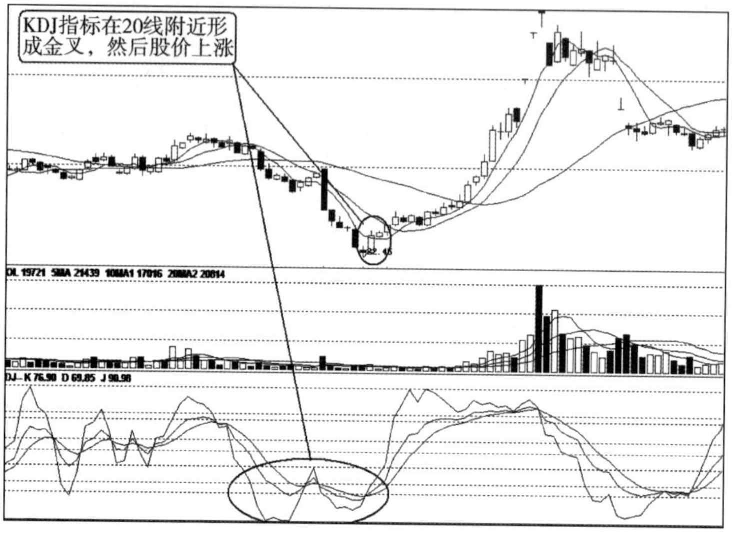

图 7–14

（3）趋势线的应用。股价持续回调一段时间后，随着股价的向下运行，KDJ 指标曲线会形成一条呈下降趋势的压力线。一旦股价回升，KDJ 指标向上突破下降趋势的压力线，股价就有可能走出一波弹升行情，此时可以买入做多。

如图 7–15 所示，航天通信（600677）。股价见顶后逐波走低，重心不断下移，KDJ 指标高点一个比一个低，从而形成一条下降趋势线。不久，KDJ 指标向上突破这条下降压力线，之后股价出现温和上涨，从而形成买入信号，后期股价出现加速上涨行情。

反之，股价经过一段时间的上涨后，KDJ 指标曲线可能会形成一条上升趋势支撑线。一旦 KDJ 指标在高位向下跌破这条上升趋势的支撑线，股价就有可能出现回调，此时应短线卖出。

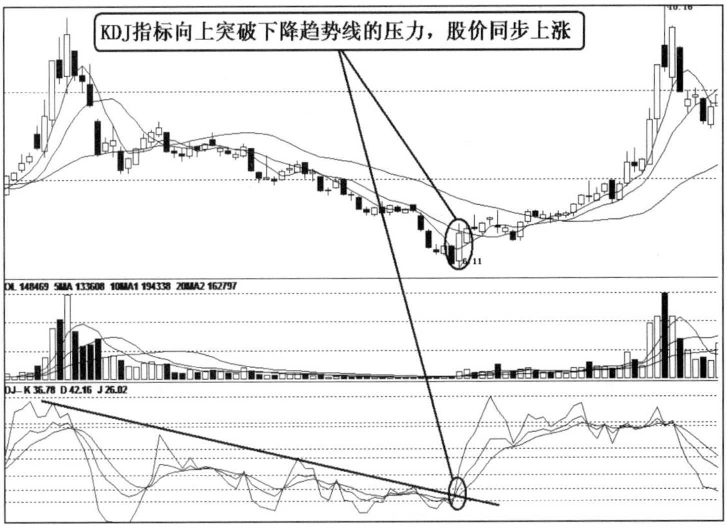

图 7–15

如图 7–16 所示，朗玛信息（300288）。该股成功见底后，股价逐波向上走高。同期 KDJ 指标曲线也随之上行，形成一个上升趋势。不久，KDJ 指标在高位向下跌破了这条上升趋势支撑线，原先的支撑线变为现在的压力线，说明股价离顶部已不远，此时应逢高卖出股票。随后，KDJ 指标再次回升到该趋势线附近时受阻回落，表明股价回升无力，顶部信号更加明确。此时应清仓出局观望，不久股价出现大幅下跌走势。

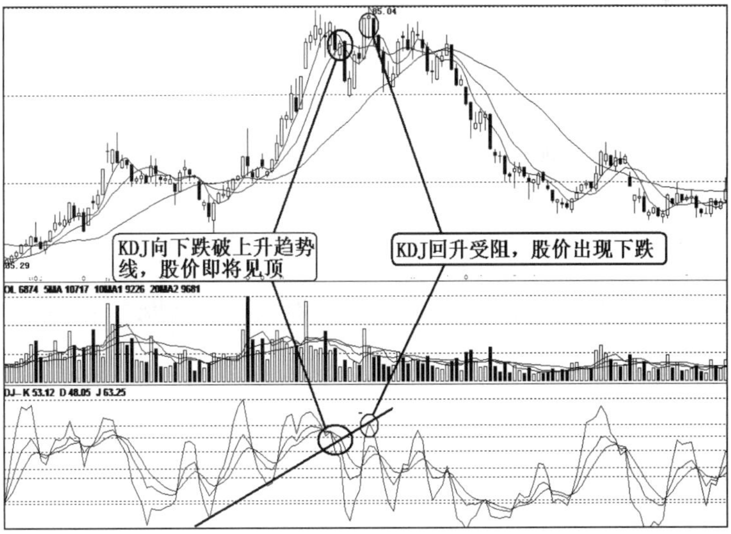

图 7–16

3. 曲线风洞

（1）拒绝交叉。当白色的 K 线由下向上即将金叉黄色的 D 线时，却遇到阻力反转向下，探底后K线再次向上金叉D线，两线所夹的空间就叫做向上反转风洞。当出现向上反转风洞时，表明股价将出现强势上涨，此时可以逢低买入。

当白色的 K 线由上向下即将死叉黄色的 D 线时，却遇到支撑反转向上，爬高后 K 线再次向下死叉 D 线，两线所夹的空间就叫做向下反转风洞。当出现向下反转风洞时，表明股价即将出现下跌走势，此时应逢高减仓。

如图 7–17 所示，常林股份（600710）。该股经过大幅调整后，在底部企稳震荡。不久，KDJ 指标向上金叉失败，然后重新回落蓄势调整，但股价没有出现大幅下跌，很快 KDJ 指标又向上并构成有效的金叉，在图表上出现一个反转向上的曲线风洞。此时可以逢低买入，随后股价出现反弹行情。

经过一波反弹行情后，股价在高位出现震荡。当 KDJ 指标即将出现死叉时，却又拒绝死叉，股价再次回升。但多头未能有力地将股价拉起，很快 KDJ 指标向下构成有效死叉，在图表上出现一个反转向下的曲线风洞。此时构成卖出信号，随后股价出现一波快速下跌走势。

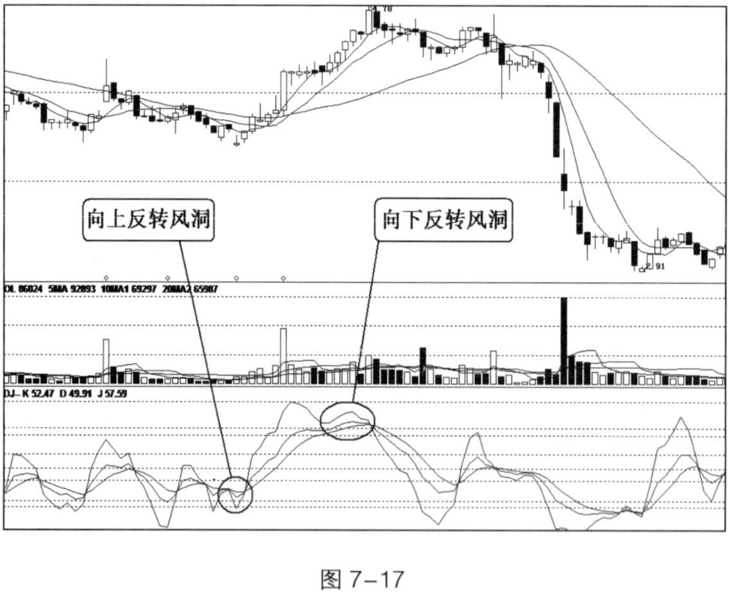

图 7–17

（2）两次交叉。当 KDJ 指标在低位（最好是弱势区 0 ~ 20 区域）两次形成金叉，代表个股涨势开始确认，短线可以买入。第一次出现金叉，只是一个关注信号，操作上不能在当天不顾一切地买进。后面第二次出现金叉时，可以快速买进，这样安全性比较高。这个方法主要是教大家捕捉大黑马的机会，实盘中要多加验证。

如图 7-18 所示，中恒集团（600252）。该股经过大幅调整后，股价在底部渐渐企稳。不久 KDJ 指标出现第一次金叉，但股价仍然遭到庄家的打压，从而使 KDJ 指标金叉无效，随后又出现死叉。之后随着股价的企稳回升，KDJ 指标在低位出现第二次金叉，表明真正的底部信号出现。此时构成较好的买入信号，随后股价步入牛市上涨行情。

图 7-18

相反，当 KDJ 指标在高位 80 线附近出现两次死叉时，表明短期内大盘或个股跌势已经确认，操作上应当果断卖出，以规避不确定的风险。这个方法主要是教大家利用 KDJ 指标规避大跌。

如图 7-19 所示，宁波联合（600051）。该股经过一波上涨行情后，在高位出现震荡走势。KDJ 指标第一次出现死叉后，股价并没有直接下跌，反而维持向上震荡的态势。但此时上涨力度明显减弱，显示多头已经力不从心。很快，KDJ 指标在高位出现第二次死叉，表明真正的顶部信号出现。此时构成较好的卖出信号，随后股价出现快速下跌。

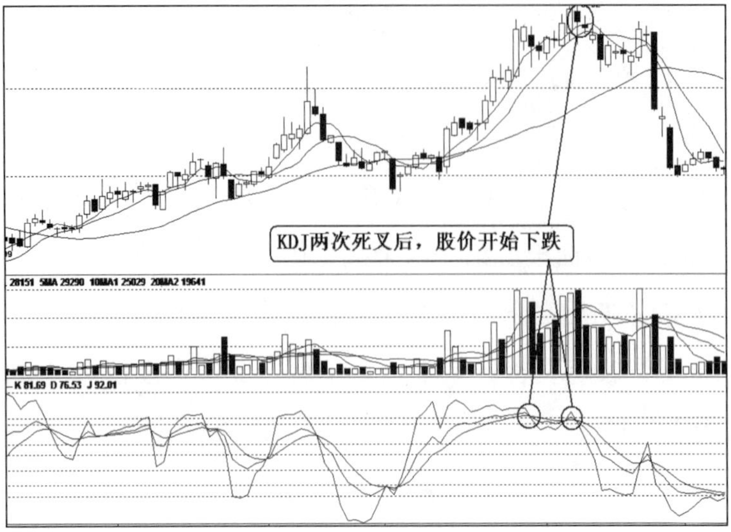

图 7–19

4. 持股持币

（1）持股待涨信号。当 KDJ 曲线向上突破 80 线以后，如果 KDJ 曲线一直运行在 80 线以上区域（以 K 线为基准），则意味着股价处于强势上涨行情中，这是 KDJ 指标发出的持股待涨信号，也是该指标的轧空信号。如果股价同时依托中短期均线上行，这种持股信号更加明显，此时投资者应坚决短线持股待涨，不要以为 KDJ 指标已经进入 80 线以上而动摇持股信心。

如图 7–20 所示，西南药业（600666）。该股受利好消息影响，股价出现跳空上涨，连续出现多个一字涨停。同期 KDJ 指标快速向上穿越 80 线，到达超强势区域。此时股价继续强势上涨，均线系统也呈现多头排列，盘面强势特征十分明显。面对这种极端行情，应坚定持股不动。

（2）持币观望信号。当 KDJ 曲线向下突破 20 线以后无法反弹，其后一段时间持续运行在 20 线以下区域（以 K 线为基准），则意味着股价处于极度弱势下跌行情之中。这是 KDJ 指标发出的持币观望信号，也是该指标的追杀信号。如果股价受到空头排列的均线压制，这种持币观望信号更加明显，此时投资者应坚决持币观望。

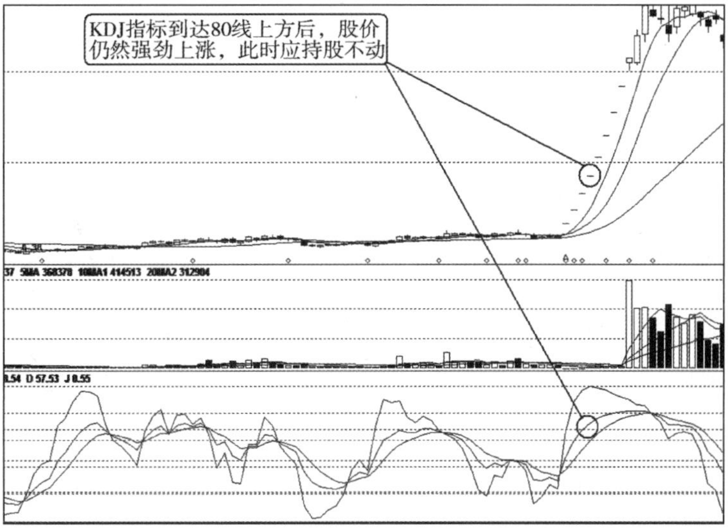

图 7-20

如图 7-21 所示，尖峰集团（600668）。该股进入下跌通道以后，股价持续下跌，期间没有出现像样的反弹行情，说明市场处于极度弱势的下跌行情之中。同期 KDJ 指标快速向下穿越 20 线，到达超弱势区域，此时股价继续强势上涨，均线系统呈现空头发散，盘面弱势特征非常明显。实盘中遇到这种走势时，投资者应以持币观望为主，不要盲目抄底。

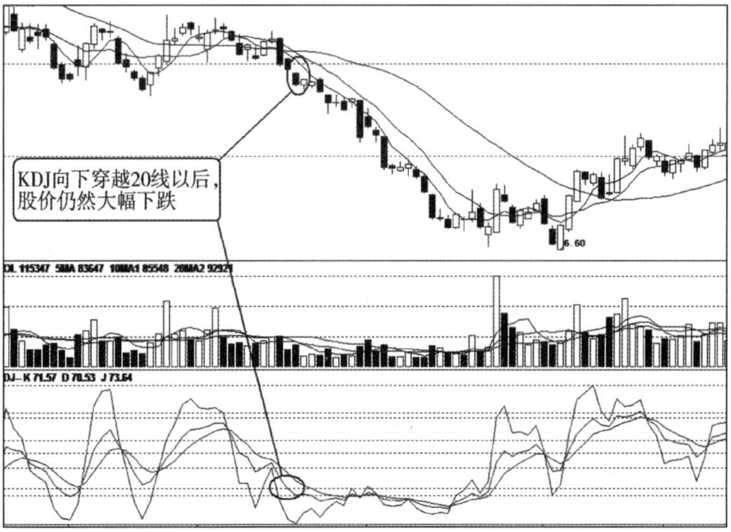

图 7-21

5. 洗盘信号

KDJ 指标从底部金叉向上，股价从低位启动后出现小幅上涨，KDJ 指标快速进入强势区。由于庄家洗盘手法怪异，J 线、K 线快速回调，跌破 D 线形成死叉，D 线走平或基本维持原来的向上趋势。

在随后的 3~5 个交易日内，J 线、K 线再次快速金叉 D 线（第二次金叉），D 线持续上行，在图形上形成一个“萝卜坑”，这也是很好的买入点。

实际操作中，第二次金叉介入的意义比第一次金叉更大，也具有更大的上涨力度和上涨空间。通常大牛股、大黑马启动前，都会出现这种图形，投资者可在实盘中加以验证。

如图 7–22 所示，零七股份（000007）。股价见底后向上涨升，产生一轮小幅升势。KDJ 指标低位发生金叉后，继续向上发散。经过一段时间的反弹后，庄家主动展开洗盘换手，股价出现小幅回落，此时 KDJ 指标快速形成死叉。J 线、K 线在 D 线之下短暂停留后，再次快速金叉 D 线，形成一个“萝卜坑”，表明洗盘整理结束，构成良好的买入点。此后该股不断向上震荡走高，股价累计涨幅较大。

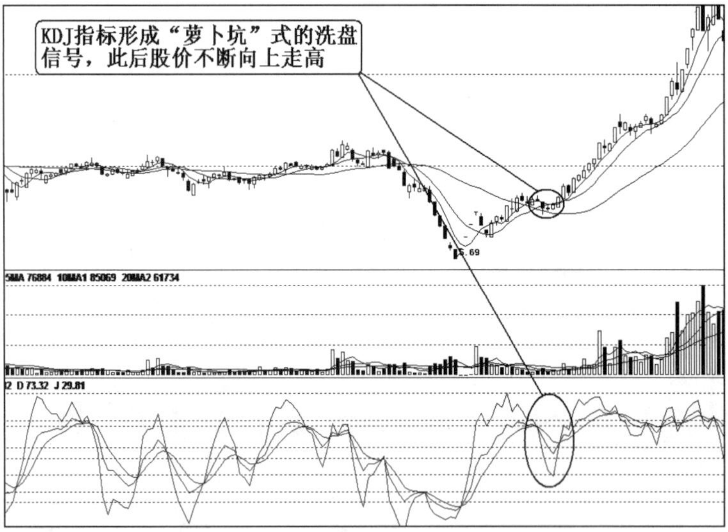

图 7–22

6. 周期分析

（1）日、周、月、分钟（主要是 60 分钟）。KDJ 指标参数在 10 以下，研判使用周期为 3 天左右（从金叉到死叉或死叉到金叉为 3 天时间）。KDJ 指标参数在 50 以下，研判使用周期为 10 天左右。KDJ 指标参数在 50 以上，研判使用周期为 20 天左右。

（2）涨势的大体周期。日线 KDJ 是短中期指标，最多维持 15 天 ~1 个月。周线 KDJ 是中期指标，维持时间为 1~3 个月（一旦有效金叉，1 个月内基本会上涨，但涨幅难以确定）。月线 KDJ 是长期指标，维持时间一般为 3~5 个月。

（3）除权除息后，KDJ 指标没有研判意义，起码要等 3 个月以后，才具有新的研判价值。

（4）均线先行原则。股价一旦被长期均线压制，KDJ 指标再怎么金叉，一般也只能做短线操作，切莫做中长线投资，这是使用 KDJ 指标的前提。股价在长期均线之下且远离均线时，KDJ 指标金叉，预示股价有超跌反弹的可能，可以做短线操作。在空头市场中，操作方法亦然。

7. 日线、周线 KDJ 的应用

日线 KDJ 指标是一个敏感指标，变化快，随机性强，经常发生虚假的买卖信号，使投资者无所适从。根据其发出的买卖信号进行买卖时，如果运用周线 KDJ 与日线 KDJ 共同金叉选股法，可以过滤掉许多虚假买入信号，捕捉到高质量的成功买入信号。

利用周线 KDJ 与日线 KDJ 共同金叉选股法，可以选择的买点有如下几种。

第一种买入法：提前买入法。

实际操作中，往往会碰到这样的问题，由于日线 KDJ 的变化速度比周线 KDJ 快，当周线 KDJ 金叉时，日线 KDJ 已经提前几天金叉，股价也上升了一段，买入成本已抬高。激进的投资者可提前买入，以求降低成本。

提前买入法要满足以下条件。

（1）收周阳线，周线 K、J 两线勾头上行，将要金叉（未金叉）。

（2）日线 KDJ 在这一周内发生金叉，金叉当日收出放量阳线（若日线 KDJ 金叉，当日成交量大于 5 日均量更好）。

第二种买入法：金叉买入法。

周线 KDJ 刚金叉，日线 KDJ 已经金叉，说明股价已经进入强势，此时买入

的可靠性较高。

第三种买入法：周线 K、D 两线“将死不死”买入法。

这种方法要满足以下条件。

（1）周线 KDJ 金叉后，股价回档收周阴线，然后重新放量上行。

（2）周线 KDJ 将要死叉，但没有真正发生死叉，其中的 K 线重新张口上行。

（3）日线 KDJ 金叉。

用该方法买入股票，可以捕捉到快速强劲的上升行情。

五、KDJ 指标的缺憾及克服方法

任何一种技术指标都有其缺陷和局限性，一个指标很难包打天下，需要辩证地看待指标的使用问题。

（1）当日线 KDJ 指标出现高位（或低位）钝化时，应观察 K 线与 D 线的相对关系，是保持多头排列（K 线在 D 线之上），还是已经呈现空头排列（K 线在 D 线之下）；是 K 线与 D 线在高位钝化后出现金叉，还是在低位钝化后出现死叉。

根据 KDJ 指标值的应用功能，无论日线 KDJ 指标值在何位置，金叉总是短线买入信号，因此高位钝化后 KDJ 指标金叉时，即使不敢追涨买入，至少也应继续持仓等待。这时如果固守理论上超买区会随时产生回档的观念而贸然放空，是断断要不得的。

反之亦然。当低位钝化后 KDJ 指标再行死叉，表明行情仍有下探的空间。如果此时囿于理论上在超卖区随时会产生反弹的观念而买入，可能仍要吃套牢之苦。所以，对于低位钝化后出现的 KDJ 指标死叉，即使不敢放空杀跌，至少也应该持币等待一下做多信号。

（2）如果难以从日线 KDJ 钝化后的相互位置关系来进行分析，不妨细细品味 60 分钟和 30 分钟走势图，根据分钟线的指标特点来把握最佳进出场点。毕竟分钟线中指标的变化频率，要比日线指标的变化快得多，要使 30 分钟、60 分钟 KDJ 指标产生钝化并非易事。况且，即使它们一路钝化下去，还有频率更快的 15 分钟和 5 分钟指标，总有一个可以找到突破口。

（3）钝化问题。KDJ 指标是技术分析人士经常使用的一种指标，其优点在于反应敏感，能给出非常明显的买卖信号，如黄金交叉进货，死亡交叉出货等。只要看信号买卖就可以了，使用者易于掌握。但是 KDJ 指标又有非常明显的不足，比如它的反应过于敏感，使用者往往不是进货太早被套牢，就是出货太早踏空行情。

另外，就是 KDJ 指标的低位钝化和高位钝化问题。很多 KDJ 指标的使用者，常常抱怨 KDJ 指标的骗线问题，使用起来经常会有上当受骗的感觉，认为 KDJ 指标是庄家故意拿来骗人的，实际上是因为大家没能把握好钝化的问题。

经过多年的实盘操作，总结出如下经验方法，可以比较有效地解决 KDJ 指标钝化和骗线的问题。

第一，放大法。KDJ 指标非常敏感，经常给出一些杂波。这些信号容易误导投资者，误认为产生买卖信号，导致操作失误。如果放大一级来确认这个信号的可靠性，会有较好的效果。

比如，在日 K 线图上出现 KDJ 指标低位金叉时，可以把它放大到周线图上去观察。如果周线图上也是在低位产生金叉，那么这个信号的可靠性高，可以大胆去操作。如果周线图上显示是在下跌途中，那么日线图上的金叉可靠性一般，有可能是庄家制造的骗线，这时可以采取观望的态度。

第二，形态法。KDJ 指标非常敏感，给出的信号经常超前，可以通过 KDJ 指标的形态来辅助找出正确的买卖点。

比如，等 KDJ 指标在低位形成双重底（W 底）、三重底和头肩底形态时再进货。在较强的市场里，等 KDJ 指标在高位形成双重顶（M 头）、三重顶和头肩顶时，出货信号的可靠性将加强。

第三，数浪法。KDJ 指标和数浪相结合，是一种非常有效的方法。在 K 线图上，经常能够清晰地分辨出上升形态的 1 浪、3 浪、5 浪。在上涨过程中，往往在第 1 子浪时，KDJ 指标就发出死叉信号，这时可以不考虑这个卖出信号，因为它很可能是一个错误信号或是一个骗线信号。当股价运行到第 3 子浪时，可加大对卖出信号的重视程度。当股价运行到明显的第 5 子浪时，如果 KDJ 指标给出卖出信号，通常是非常准确的。

当股价刚刚结束上升行情开始下跌时，在下跌的第 1 子浪，同样不考虑 KDJ 指标的买进信号。当股价下跌到了第 3 子浪或第 5 子浪时，才考虑 KDJ 指标的买入信号。尤其是下跌到第 5 子浪后，KDJ 指标给出的买进信号较为准确。

第四，趋势法。当股价进入一个极强或极弱市场时，一般会形成单边上升或单边下跌走势。

在单边下跌走势中，KDJ 指标会多次发出买入信号或低位钝化信号。投资者按买入信号操作，很可能会因过早入场被套牢。有的在极低的价位进货，结果股价继续下跌，低了还可以再低。

要有效解决这个问题，可以在 K 线图中加一条下降趋势线。在股价没有向上突破下降趋势线前，KDJ 指标发出的任何一次买入信号都不予考虑。只有当股价向上突破下降趋势线后，再考虑 KDJ 指标的买入信号。

在单边上升走势中，股价经常会在高位发出卖出信号，按此信号操作，很可能会丢失一大段行情利润。为了避免这个问题，可以在日 K 线图中加一条上升趋势线，在股价没有向下跌破上升趋势线前，不考虑 KDJ 指标给出的卖出信号。一旦股价向下跌破上升趋势线，可以按照 KDJ 指标给出的卖出信号进行抛售。

第八章 /
相对强弱指标（RSI）

一、RSI 指标简介

1. RSI 指标概要

中文全名	相对强弱指标
英文全名	Relative Strenth Index
指标热键	RSI
指标属性	超买超卖型技术指标
指标应用	中线、短线技术指标
原始参数	6、12
波动范围	0~100 之间

2. RSI 指标基本原理

相对强弱指标（RSI）是根据供需平衡原理发展出来的技术分析工具，由美国证券技术分析大师威尔斯·威尔德（ Welles Wilder）提出并设计，最早应用于欧美期货市场。

RSI 指标主要通过比较一段时间内收盘指数或收盘价的涨跌变化情况，分析测量多空双方买卖力量的强弱程度，从而判断未来的股价走势。其最大的优点是提前提示买卖双方的力量对比，因而其变化往往先于行情变化，能够相对测量股价的强与弱，根据“择强汰弱”的原则，为投资者过滤弱势股，选择强势股。

RSI 指标还可以显示市场是买方占优势，还是卖方占优势，以减少投资者定性判断市场走势的主观性。作为一种进出股市的依据，该指标具有重要的参考价值。

股市的力量永远来自多空两个方面。多强空弱，股价必涨无疑；空强多弱，股价必跌无疑。这种格局的形成，取决于买卖双方的意愿程度。在某一瞬间，买方愿意以此价或更高的价位买入，卖方愿意以此价或更低的价位卖出，于是该交易价格便在这一瞬间产生。

通常而言，股民的买入意愿和卖出意愿是不均衡的。若卖出意愿强于买入意愿，要想卖出股票，就必须降低价位才能成交，从而造成股价下跌；相反，若买入意愿强于卖出意愿，要想买入股票，就必须提高价位才能成交，从而使股价看涨。

二、认识 RSI 指标

1. RSI 指标精髓

RSI 指标是波动于 0~100 之间的超买超卖指标。相对其他中长线指标而言，该指标在盘中波动速度快，所以适合中短线波段操作。

该指标在图表上有两条曲线（有的软件有三条曲线），分别是快线 RSI（白色）和慢线 RSI（黄色）。50 线为强弱分界线，当 RSI 指标值大于 50 时，说明市场处于多头市场；当 RSI 指标值小于 50 时，说明市场处于空头市场。如图 8–1 所示。

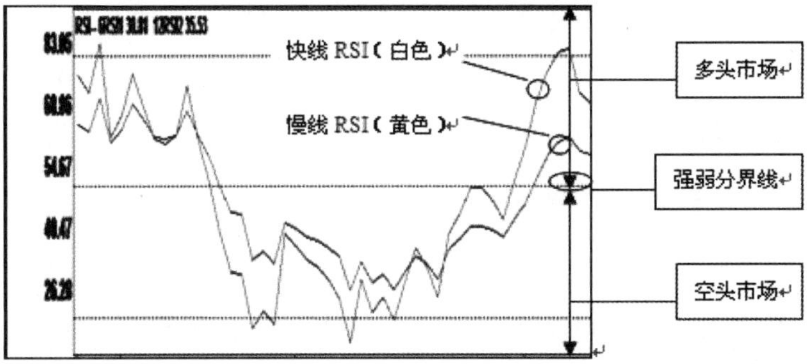

图 8–1

RSI 指标的变动范围在 0~100 之间，常态分布在 30 ~ 70 之间，其中大多数时间波动于 40 ~ 60 之间，超过 80 或者低于 20 的机会很少。其数据区域划分与 KDJ 有相当的一致性，也以每 20 作为一个间隔，将这些数值划分为五个区间。

80~100 为超强势区，买气过于强盛，为短线卖出信号。

60~80 为强势区，股价仍有上涨动力，为持股或买入信号。

40~60 为整理区，说明市场处于盘整走势，短期买卖信号不明显。

20~40 为弱势区，股价仍面临技术压力，为观望或减仓信号。

0~20 为超弱势区，说明短线有反弹要求，可以逢低买入。

在通用股票交易软件中，有三条蓝色的虚线，分别是 80 超买线、50 强弱分界线和 20 超卖线。如图 8–2 所示。

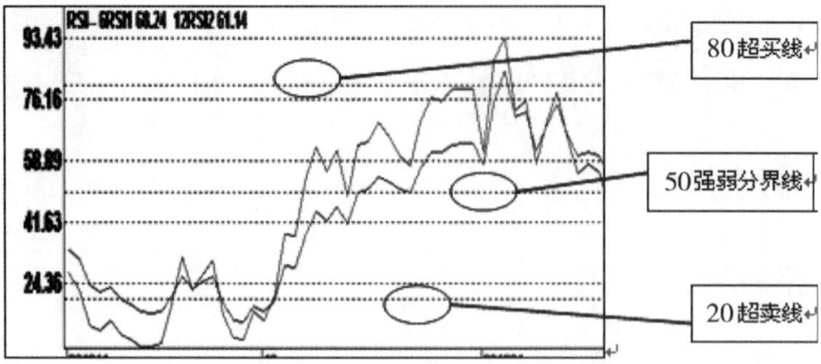

图 8-2

这里的“超强、强、弱、超弱”只是相对的分析概念，是一个相对的区域。也可以把它们取值为 30、50、70 或 15、50、85。另外，不同股票或 RSI 指标取值参数不同，都会使 RSI 的取值大小和研判有所不同，后面再详加介绍。

一般而言，RSI 指标数值中的 80 线和 20 线为超买超卖区的分界线。

（1）当 RSI 指标值超过 80 时，表示整个市场力度过强，多方力量远大于空方力量。双方力量对比悬殊，多方大胜，市场处于超买状态，后续行情有可能出现回调或转势，此时投资者可卖出股票。

（2）当 RSI 指标值低于 20 时，表示市场上卖盘多于买盘，空方力量强于多方力量。空方大举进攻后，市场下跌的幅度过大，已处于超卖状态，股价可能出现反弹或转势，投资者可适量建仓，买入股票。

（3）当 RSI 指标值处于 50 左右时，说明市场处于整理状态，短期方向不明确，投资者可以观望。

（4）对于超买超卖区的界定，投资者应根据市场的具体情况而定。在一般市道中，RSI 指标数值在 80 以上就可以称为超买区，20 以下就可以称为超卖区。

在特殊的涨跌行情中，RSI 指标超卖超买区的划分要视具体情况而定。比如，在牛市中或对于牛股，超买区可定为 90 以上；在熊市中或对于熊股，超卖区可定为 10 以下。

需要说明的是，这是相对于参数设置较小的 RSI 而言的，如果参数设置大，则 RSI 很难到达 90 以上和 10 以下。

如图 8-3 所示，亚星化学（600319）。该股见顶后持续下跌，不断创出调整新低，RSI 指标也随之下行，表明盘面非常之弱。2018 年 2 月 7 日，6 日 RSI 线低于 10，正常情况下这时会有一波反弹行情出现，但该股走势大出意料，股价继续杀跌，经过弱势盘整后，从 7 月初开始出现大幅下跌走势。

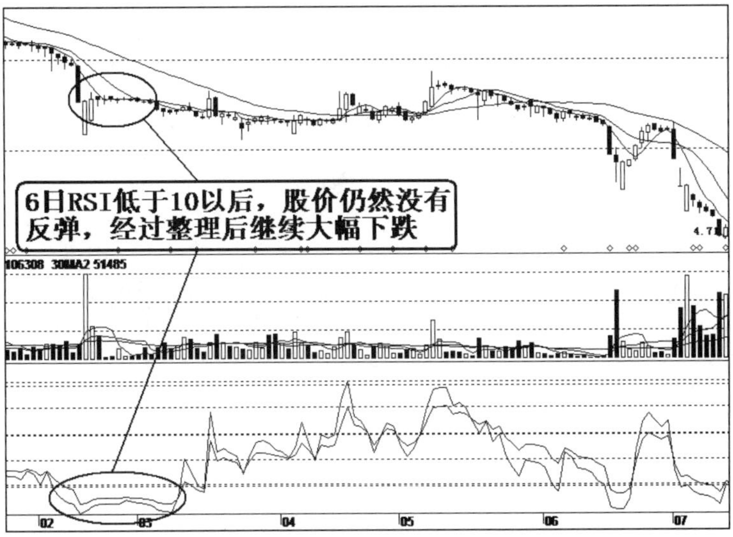

图 8-3

如图 8-4 所示，亚夏汽车（002607）。该股反弹结束后，股价再次回落到前期低点附近企稳盘整，庄家在此阶段吸纳了大量的低价筹码。2018 年 5 月 23 日，股价跳空一字涨停，此时 RSI 指标迅速上行，6 日 RSI 线到达 90 以上。通常情况下，RSI 指标到达超强势区域后会有一个回调的过程，但该股打开一字板后，仍然保持强势上涨。

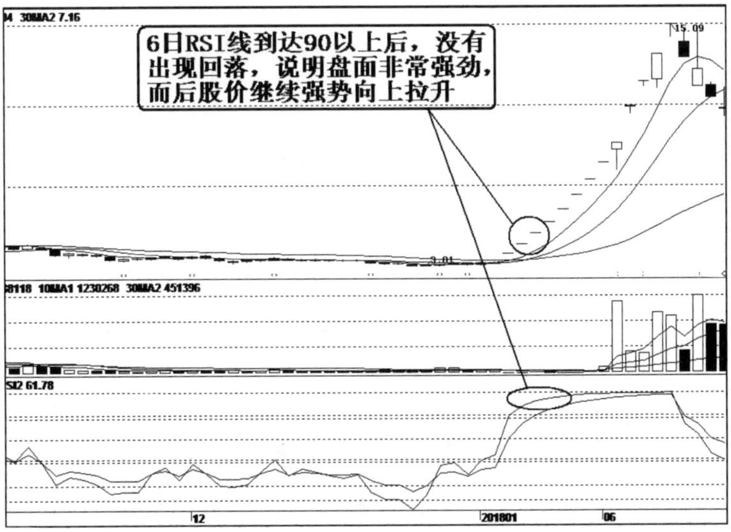

图 8-4

需要注意的是，超买或超卖本身并不构成买卖信号。有时行情变化得过于迅速，RSI 指标会很快超出正常范围，这时 RSI 指标显示的超买或超卖往往就失去了其作为出市、入市警告信号的作用。

比如在牛市初期，RSI 指标往往会很快进入 80 以上的区域，并在此区域停留相当长一段时间，但这并不表示上升行情将要结束，恰恰相反，它是一种市场强势的表现。只有在牛市末期或熊市当中，超买才是比较可靠的入场信号。同样，在跌势初期也是如此。

基于这个原因，一般不宜在 RSI 指标进入非常区域就采取买卖行动，最好是等 RSI 指标进入超买超卖区，然后又回到正常区域时，在价格走势方面得到确认的情况下，再采取实际的买卖行动。

2. RSI 指标的基本特征

目前，在股市技术指标应用方面，除了移动平均线（MA）外，RSI 指标属于使用最普遍的技术指标之一，因为它有许多的优点。

（1）强弱界限明显。RSI 指标波动于 0~100 之间，这使投资者能够准确地知道 RSI 指标在什么时候是顶部，什么时候是底部，从而推测股价的顶部和底部。

坐标系中的 50 线是 RSI 指标的强弱分界线，上方是强势区，表明市场处于多头状态；下方是弱势区，表明市场处于空头状态。一般认为，当 RSI 值大于 80 时，表示市场处于超买状态；小于 20 时，表示市场处于超卖状态。

（2）具有先期预知性。由于 RSI 指标提前揭示了买卖双方的力量对比，因而其变化往往先于行情的变化。它的精巧之处在于，有时尽管股价仍在上涨，但上涨速度已趋于缓慢，股价还未回落之时，RSI 指标却已开始回落。同样，在股市下跌过程中，当下跌速度已趋于缓慢，但股价尚未回升时，RSI 指标已开始转强，并发出买入信号。

RSI 指标的图形变化早于其他指标，变化速度也快于股价变动速度，所以 RSI 指标是先期指标，具有良好的预测作用。比如，股价尚在整理阶段，RSI 指标已完成整理，且呈反转形态，随后股价将突破整理区。

（3）RSI 指标的支撑和阻力作用较为明显。在 RSI 指标图形中，曾经出现过的最高点具有较强的反压作用，曾经出现过的最低点具有较强的支撑作用。当股价上涨或下跌时，遇到支撑位或阻力位后，大多会产生反弹或回落行情。

（4）RSI 指标具有单一性。当 RSI 指标处在极高或极低位置时，可以不考虑其他因素而单方面采取行动，这一点在众多技术指标中是不多见的。比如，如果指数或股票的 RSI 指标值达到 95 以上时，应考虑出货；如果 RSI 指标低于 5 时，则应坚持分批建仓。

（5）在多头市场中，如果价格回档，多头的第一道防线为 50 线，第二道防线为 40 线，第三道防线为 30 线。具体来说有以下三条细则。

第一，若股价回档，RSI 指标未能突破第一道防线 50 线，说明多头力量强劲，股价再度向上时会超越原先的高价，RSI 指标也极容易创出新高。

第二，若行情回档，RSI 指标突破多头第二道防线 40 线，那么待股价再度上升时，除非急速上涨，超越先前的最高价，否则 RSI 指标不会同时配合股价再创新高，表明多头力量已不如以前那样强大。

第三，若行情回档，RSI 指标连续突破多头第一道、第二道防线，回落至多头的第三道防线 30 线左右才止跌回稳，那么待股价再度上涨时，由于 RSI 指标的起点太低，即使股价再创新高，RSI 指标也可能穿越不了常态分布区域的上界线 70 线，或是勉强穿越，但距先前 RSI 指标最高值仍有相当差距。这种情况表明多头力量后劲不足，是大势反转下跌的前兆。

空头市场中，如果股价反弹，空头的第一道防线是 50 线，第二道防线是 60 线，第三道防线是 70 线，具体也有三条细则。这一点与多头市场中的价格回档产生的情形相反，可参阅上述内容，这里不再赘述。

另外，在多头市场中，RSI 指标每次因股价回档盘整所形成的低点密集区域，也是多头的一道防线；在空头市场中，股价反弹盘整阶段 RSI 指标所创出的高点，也是空头的一道防线。

（6）从图形形态看，RSI 指标的形态比 K 线图上的形态更为清晰。从其头肩形、三角形、双重顶底等形态中，较易判断买进与卖出点。如果 RSI 指标在 80 线附近出现头肩顶或 M 头形态时，应卖出股票；如果 RSI 指标在 20 线附近呈现头肩底或 W 底形态时，则应买进股票。

（7）RSI 指标与股价经常出现背离现象。当股价创新高而 RSI 指标不能创高时，称为顶背离；当股价创新低而 RSI 指标不能创新低时，称为底背离。背离现象能够提示良好的买卖时机，顶背离是卖出信号，底背离是买入信号。

（8）在转势过程中，RSI 指标的变化非常明显。在多头市场上升初期，RSI 指标比股价升得快，斜率陡峭，很快就进入强势区。但到达 70 线以上后，股价仍大幅上升，而 RSI 指标却上升较慢，甚至出现顶背离现象。

在空头市场开始的初期，RSI 指标比股价下跌得快，下降陡直，很快就进入弱势区。但到达 30 线以下后，股价仍大幅下跌，而 RSI 指标却下降缓慢，甚至出现底背离现象。

（9）在多头市场里，RSI 指标超过 70 线以后，若股价回档，RSI 指标很难再低于 30 线（至多跌至 30 线附近）。一旦回到 30 线以下，即使股价再创新高，RSI 指标一般也很难再创新高。在空头市场里，RSI 指标低于 30 线是常见的情况，一般很难达到 70 线以上。如果 RSI 指标反弹至 70 线附近，则会见顶回落。

（10）在多头市场里，RSI 指标回落幅度越大，说明第二轮涨幅越大；在空头市场里，RSI 指标反弹的幅度越大，说明下一轮跌幅越大。

三、RSI 指标买卖法则

RSI 指标的研判，主要围绕 RSI 的取值、长期 RSI 和短期 RSI 交叉情况及 RSI 曲线形状等展开。一般的分析方法主要包括 RSI 指标的取值范围大小、RSI 数值的超卖超买情况、长短期 RSI 线的位置及交叉等方面。

1. RSI 线的位置原则

（1）当 RSI 指标大于 80 时，为短期超买状态，预示短期股价有回调整理要求；当 RSI 指标小于 20 时，为短线超卖状态，暗示股价短期有见底企稳反弹要求。

如图 8–5 所示，连云港（601008）。该股庄家完成震荡整理后，出现一波持续拉高行情。RSI 指标突破 50 强弱分界线后，继续强势上行，其值大于 80，显示短期出现超买状态，股价有回调整理要求。

随后股价冲高，遭到获利盘的抛压出现回落调整。经过持续向下的调整走势，RSI 指标重回 50 强弱分界线之下，并继续下行，其值小于 20，表明短期出现超卖状态，股价有反弹要求。在买盘逢低介入后，股价出现反弹走势。不久，当

RSI 指标又到达 80 线以上超买区域时，出现同样的调整走势。

（2）RSI 指标以 50 为强弱分界线，大于 50 时，视为多头强势市场；小于 50 时，视为空头弱势市场。

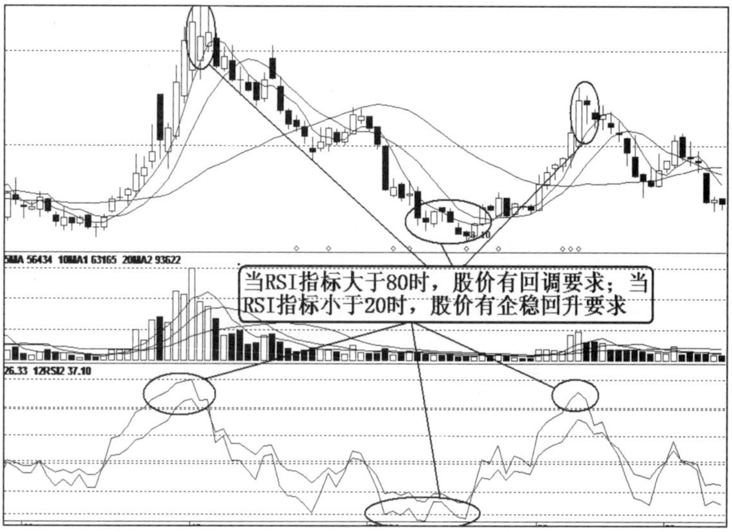

图 8-5

如图 8-6 所示，天津磁卡（600800）。在长时间的底部震荡过程中，该股 RSI 指标基本在 50 强弱线之下运行。当庄家吸纳了大量的低价筹码后，股价渐渐向上回升。此时，RSI 指标向上突破 50 强弱分界线，维持在强势区域运行，股价出现一波上涨行情。不久，当 RSI 指标向下跌破 50 强弱分界线后，股价也出现了一波下跌走势。之后，RSI 指标又向上穿越 50 强弱分界线，股价也随之向上盘升走高。

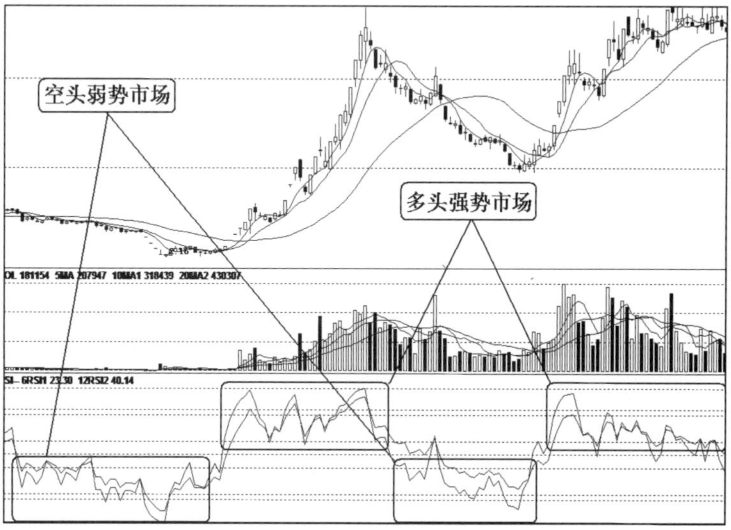

图 8-6

（3）当短期 RSI 指标值大于长期 RSI 指标值时，说明市场多头占据优势，买入或持股；当短期 RSI 指标值小于长期 RSI 指标值时，说明市场空头占据优势，卖出或观望。

如图 8–7 所示，万鸿集团（600681）。该股庄家基本完成派发计划后，大幅向下打压股价，不断创出调整新低。短期 RSI 指标值小于长期 RSI 指标值时，市场空头占据明显优势，股价没有任何止跌企稳迹象。直到 RSI 指标到达 20 以下超卖区后，才出现超跌反弹行情。当短期 RSI 指标值大于长期 RSI 指标值时，市场多头重新占据优势，股价进入回升状态。

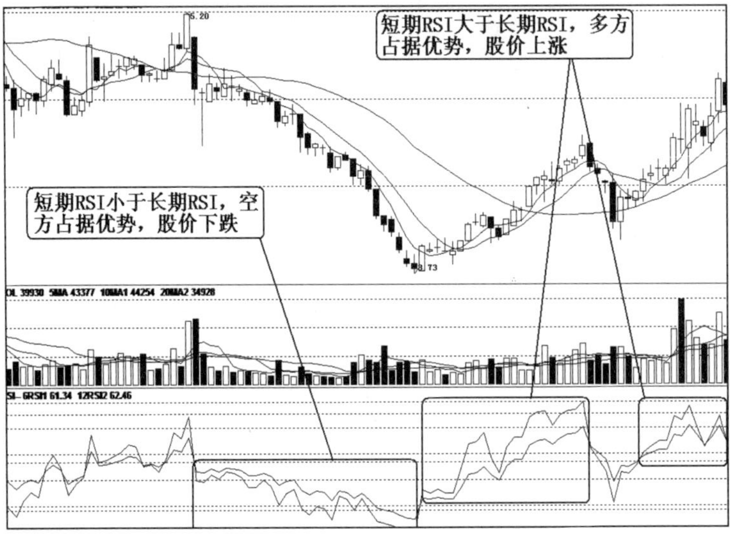

图 8–7

2. RSI 线的交叉原则

短期 RSI 指标是指参数相对较小的 RSI，长期 RSI 指标是指参数相对较大的 RSI。比如，6 日 RSI 和 12 日 RSI 中，6 日 RSI 即为短期 RSI 指标，12 日 RSI 即为长期 RSI 指标。当 RSI 指标的长、短两条曲线发生交叉时，可以作为研判行情的依据。

RSI 指标的交叉信号可以分为两种：黄金交叉和死亡交叉。

（1）黄金交叉。当短期 RSI 线在低位向上突破长期 RSI 线时，为 RIS 指标的黄金交叉，为买入信号。一般而言，股价经过一段时间的下跌后，在底部区域，6 日 RSI 线与 12 日 RSI 线形成金叉，表明空方能量减弱，多方能量逐步增强。如果量价齐升，配合理想，移动平均线支持多头信号，应立即介入。这与 KDJ 指标的功能是完全相同的。在应用中，既然是短线行为，就不必拘泥于 RSI 短线与 RSI 长线金叉所处的绝对空间位置（高位、中位和低位）。

如图 8-8 所示，长川科技（300604）。股价见顶后一路向下调整，庄家在低位大量吸纳低价筹码。在建仓末期，经过一轮快速杀跌后，股价企稳回升。2018 年 2 月 8 日，6 日 RSI 线向上金叉 12 日 RSI 线，股价开始向上盘升，成交量逐渐温和放大，量价配合理想。不久，在移动平均线系统中，5 日均线向上金叉 10 日均线，再次向上金叉 30 日均线，30 日均线开始上行，构成中短线买入点。

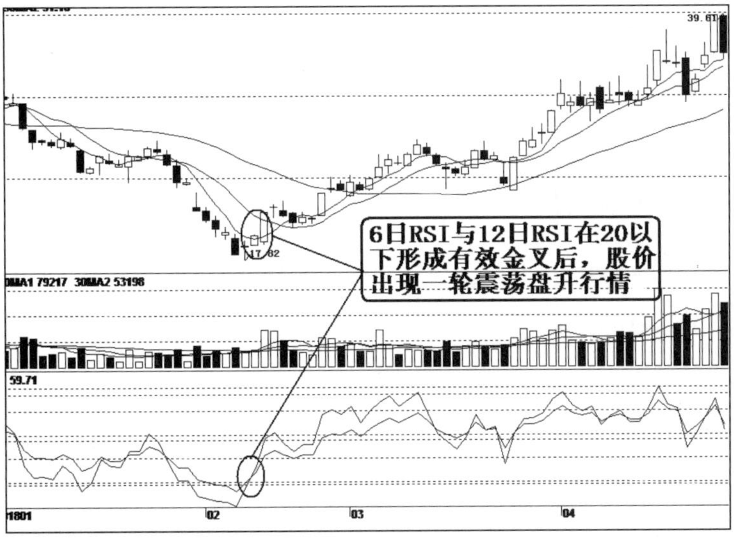

图 8-8

（2）死亡交叉。当短期 RSI 线在高位向下突破长期 RSI 线时，为 RSI 指标的死亡交叉，为卖出信号。一般而言，股价经过一段时间的上涨后，在高位区域，6 日 RSI 线与 12 日 RSI 线形成死叉，其死叉信号不受绝对空间位置影响，表明多方能量减弱，空方能量逐步增强，行情涨势接近尾声。此时无论成交量放大与否，均构成卖出信号。如果移动平均线支持空头信号，则卖出信号更加可靠。

如图 8-9 所示，金亚科技（300028）。该股经过长时间的下跌调整后渐渐企稳，形成横盘整理，但多头并无做多意愿。2018 年 5 月 25 日，短期 6 日 RSI 线快速向下死叉长期 12 日 RSI 线后，RSI 指标继续下行到 50 以下的弱势区域，表明盘面已经进入弱势区。此后，股价回落到 30 日均线附近作短暂的整理，接着出现一轮大幅跳水行情。

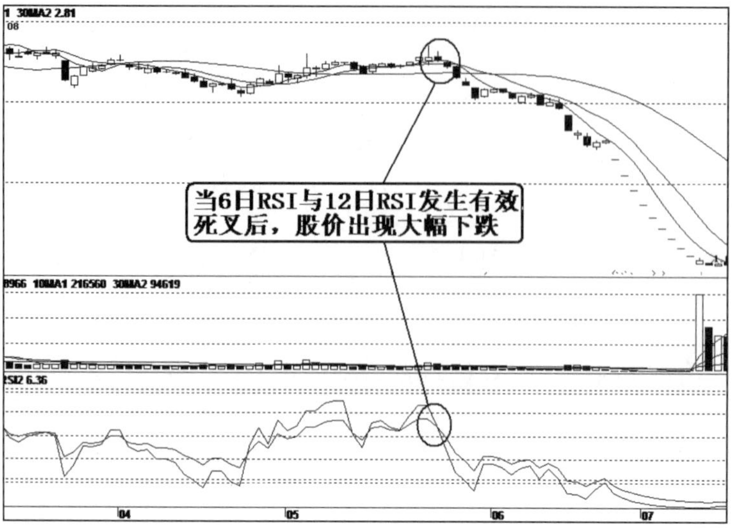

图 8–9

3. RSI 线的形态法则

RSI 指标在高位盘整或低位横盘时出现的各种形态，也是判断行情、决定买卖行动的一种分析方法。注意，RSI 曲线顶部反转形态对行情研判的准确性要高于底部形态。

（1）当 RSI 曲线在高位（80 线以上更佳）形成头肩顶、双重顶（M 头）或三重顶等高位反转形态时，意味着股价上升动能已经衰竭，有可能出现长期反转行情，投资者应及时卖出股票。如果股价走势曲线也先后出现同样的形态，则可靠性更高。股价下跌的幅度和过程可参照头肩顶、双重顶（M 头）或三重顶等顶部反转形态研判。

如图 8–10 所示，中国平安（601318）。该股经过大幅炒作后，庄家获利非常丰厚，不断在高位实施减仓动作，造成股价震荡不稳。股价小幅下跌后，再次出现向上拉升行情，但上涨动力明显不足，随后股价再次形成调整。2018 年 1 月 25 日，K 线高位收出大阴线，6 日 RSI 线向下死叉 12 日 RSI 线，在超买区形成 M 头形态，表明行情由强势市场转为弱势市场，从而构成卖出信号。

通常 M 形所处的位置越高，形成的时间越靠后，其形态效果越可靠。如果出现在大幅上涨后的高位区域，其顶部形态更加可靠。

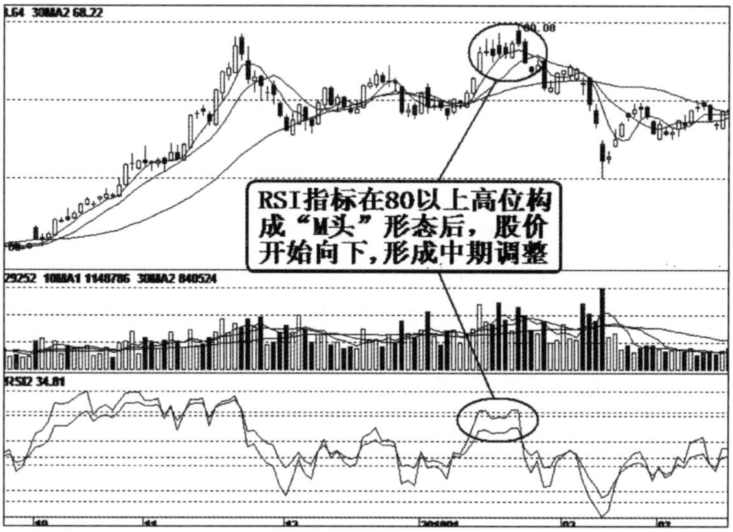

图 8-10

（2）当 RSI 曲线在低位（20 线以下更佳）形成头肩底、双重底（W 底）或三重底等低位反转形态时，意味着股价下跌动能已经减弱，有可能构筑中长期底部，投资者可逢低分批建仓。如果股价走势曲线也先后出现同样的形态，则见底的可能性更大。股价上涨幅度及过程，可参照头肩底、双重底（W 底）或三重底等底部反转形态的研判。

如图 8-11 所示，智动力（300686）。股价出现大幅下跌走势，庄家见机入场建仓，吸纳了大量的低价筹码。建仓计划完成后，股价出现回升走势，经过短暂的洗盘后，底部成功探明。2018 年 2 月，RSI 指标在底部构成一个标准的 W 底形态，指标处于 20 线以下，位置较低，表明股价下跌空间已经不大，是一个理想的买入信号。此后股价渐渐向上走高，形成震荡盘升行情。

通常 W 底形所处的位置越低，形成的时间越靠后，其形态效果越可靠。如果出现在大幅下跌后的低位区域，其底部形态更加可靠。

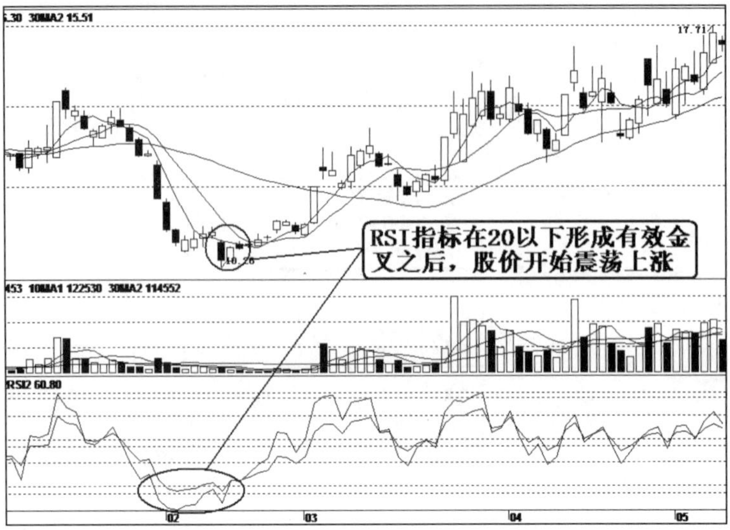

图 8-11

4. RSI 线的背离法则

RSI 指标的背离法则，是指 RSI 指标曲线走势与股价 K 线图走势向相反方向运行。

RSI 指标的背离分为顶背离和底背离两种。

（1）底背离信号。当股价下跌一定幅度后，不断创出近期新的低点，而 6 日 RSI 不但不创新低，反而一浪比一浪高。RSI 指标与股价形成底背离，表明股价的下跌为非理性所致，或庄家刻意打压所为，多头可以逢低买入。当 6 日 RSI 向上金叉 12 日 RSI 时，为最佳买入点。

若连续两次出现底背离，形成 W 底形态时，应大胆介入，短线成功率较高。底背离所处的位置越低，形成的时间越靠后，其形态效果越可靠。如果底背离信号出现在股价大幅下跌后的低位区域，其信号的准确性较高。

如图 8-12 所示，海航创新（600555）。股价从高位开始一路下跌，不断创出调整新低。在跌势末期，股价仍不断向下调整，出现一波比一波低的走势，而同期的 RSI 指标却形成一浪比一浪高的走势，指标与股价形成底背离走势。

不久股价放量向上突破，RSI 线继续向上运行，并穿过 50 强弱分界线，形成强大的支撑作用，在底部构成 W 底形态，产生强烈的买入信号。此时成交量持续温和放大，股价一举突破均线系统的压制，移动平均线渐渐转为多头排列，支持多头信号，其买入信号进一步明确。其后该股产生一波较大的中级上涨行情，累计涨幅较大。

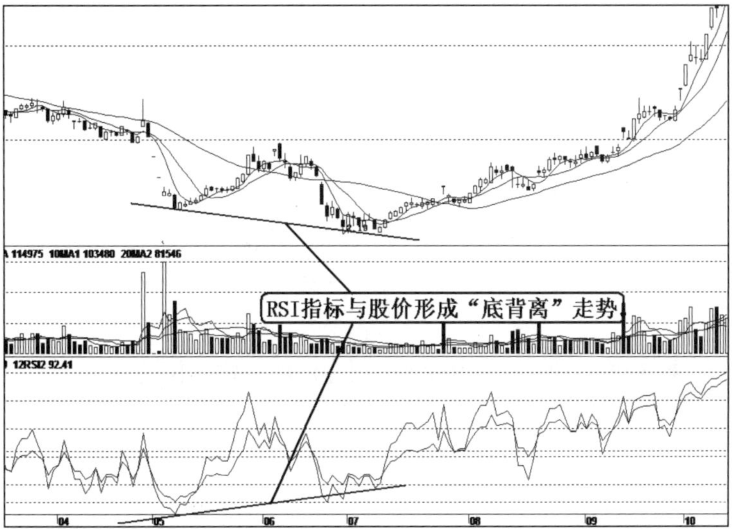

图 8–12

（2）顶背离信号。当股价上涨一定幅度后再创新高，而6日RSI不但不创新高，反而不如前期高点数值大。RSI指标与股价形成顶背离，表明股价上涨为虚涨声势，通常是庄家刻意拉抬出货导致的，是中短线卖出信号。当6日RSI向下死叉12日RSI时，为第二次卖出时机。

若连续两次出现顶背离，形成M头形态时，应坚决做空，这是最后的卖出机会。顶背离所处的位置越高，形成的时间越靠后，其形态效果越可靠。如果顶背离信号出现在股价大幅上涨后的高位区域，其信号的准确性更高。

如图8–13所示，人民网（603000）。股价强劲盘升，一浪比一浪高，不断创出新的高点，而同期6日RSI线却未能同步上升，反而出现一波比一波低的走势。指标与股价形成顶背离现象，表明股价续涨极为困难，最后股价终于选择向下。

不久，6日RSI线向下有效死叉12日RSI线，移动平均线也同步形成死叉走势，投资者此时应全面抛空，该股后市出现向下阴跌的调整走势。

注意，RSI与MACD、KDJ等指标的背离现象研判方法一样。在RSI指标的背离中，顶背离的研判准确性要高于底背离。当股价在高位，RSI在80线以上出现顶背离时，可以认为股价即将反转向下，投资者可以及时卖出股票。股价在低位，

RSI 也在低位出现底背离时，一般要反复出现几次底背离才能确认，并且投资者只能做战略建仓或短期投资。

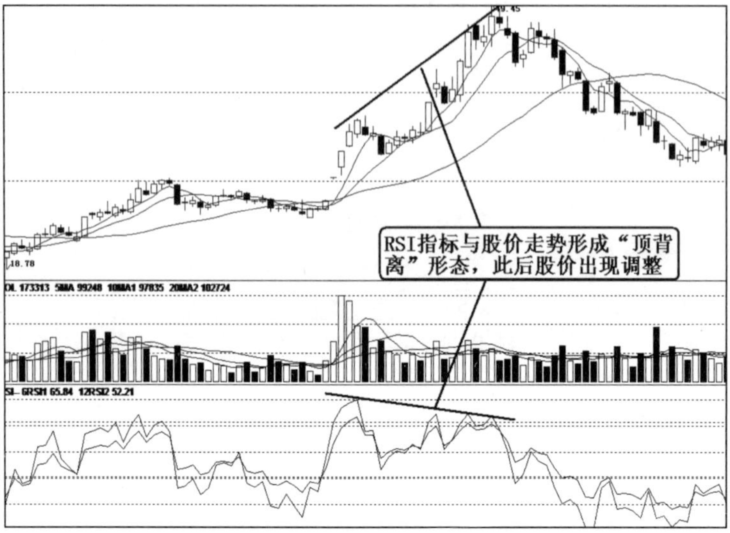

图 8-13

四、RSI 指标实盘应用技巧

在实盘操作过程中，对于 RSI 指标应重点把握四点。①关注 RSI 指标趋势线的突破（向上或向下）情况；②注意 RSI 指标和移动平均线的突破（向上或向下）情况；③把握某种技术形态的形成与完成；④把握一个完整信号的产生与终结。

1. 突破信号

将 RSI 指标的两个连续峰顶连成一条直线，就会形成一条压力线。当 RSI 指标向上突破其高点连线时，为买进信号；相反，将 RSI 指标的两个连续低点连成一条直线，就会形成一条支撑线。当 RSI 指标跌破其低点连线时，为卖出信号。

（1）向上突破。在股价较近一段运行时间内，RSI 指标的两个或两个以上高点（RSI 值接近）形成一条压力线，股价上涨触及压力线时，通常遇到较强的压力而向下回落。某日若 RSI 指标发力向上，成功突破压力线，则后市上涨机会增大。如果成交量持续放大，移动平均线支持多头信号，这时可以大胆买入，成功做一把中短线行情。

如图 8-14 所示，桂冠电力（600236）。股价在底部震荡过程中，RSI 指标形成多个相对高点。将这几个高点连成一条直线，就构成一条压力线。RSI 指标每次触及该压力线时，均出现短线回落走势。

在调整末期，庄家在底部做了一个空头陷阱，形成最后一跌。经短期调整后，不久 RSI 指标成功突破压力线，股价也向上突破 30 日均线的压力，5 日均线金叉 10 日均线后继续上行，再次与 30 日均线形成金叉，随后 10 日均线也金叉 30 日均线，30 日均线出现上行，均线系统向多头发散，形成较好的买入时机。

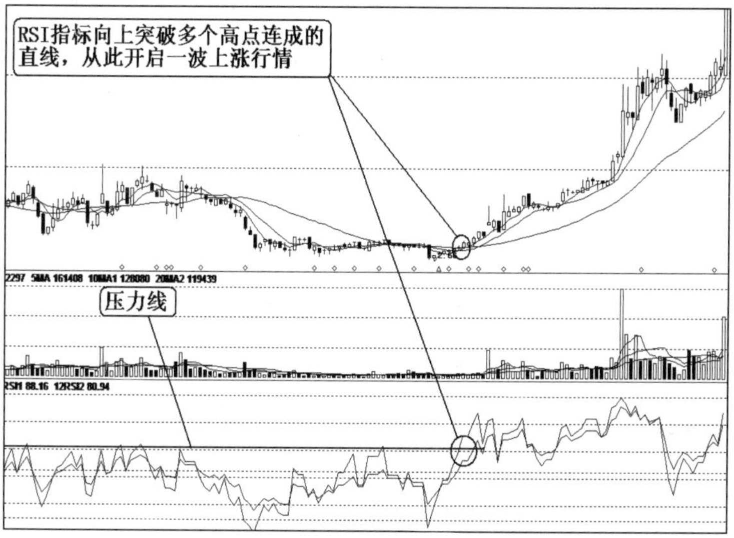

图 8-14

（2）向下突破。在股价较近一段运行时间中，RSI 指标的两个或两个以上低点（RSI 值相近）形成一条支撑线，股价回落到该支撑线附近时，通常会遇到支撑而企稳反弹。某日若 RSI 指标向下有效跌破这条支撑线，则后市下跌机会增大。如果移动平均线趋向空头信号，则是卖出信号。

如图 8-15 所示，通葡股份（600365）。股价经过洗盘整理后再次震荡上涨，此时 RSI 指标产生多个低点，低点之间的指标值十分接近。将这几个低点连接成一条直线，就形成一条明显的支撑线，股价每次回探到支撑线附近时，均出现一定幅度的上升走势。

最后，这条支撑线被强大的空方击破，股价出现见顶回落。在均线系统中，5 日均线死叉 10 日均线后继续下行，随后 10 日均线也转为下行，从而构成短线卖出信号。

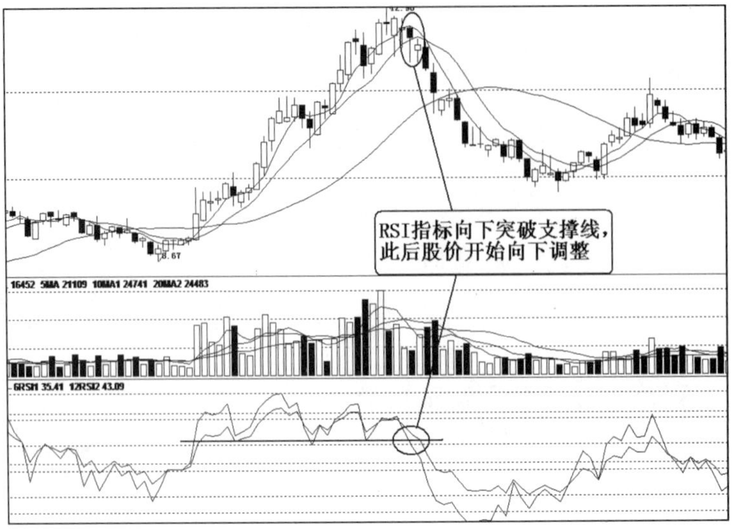

图 8-15

2. 支撑信号

在一轮持续涨升的多头行情中，RSI 图形中各回档低点一般呈一底高于一底的走势。连接两个或两个以上相邻的低点并向右上方延伸，便会形成一条下档支撑线。如果支撑线角度不是太陡，其支撑作用将十分有效。空头的反击一般难以突破此支撑线，因此支撑线附近是一个较好的买入点。这条支撑线一旦被有效跌破，则表明市场即将转为弱势行情，应及时卖出做空。

如图 8-16 所示，西部黄金（601069）。在该股的上升行情中，股价稳步向上盘升，RSI 指标呈现一底高于一底的走势，几个低点呈一条斜向上的趋势线。该趋势线角度不陡，其支撑作用十分明显，股价几次回调到支撑线附近时，均获得强大的支撑而回升，此时每个低点都是买入的时机。若能波段操作，收益更丰。

2018 年 4 月 13 日，股价真正见顶回落后，这条支撑线才被强大的空方突破，股价形成头部，先前买入的投资者此时可以卖出做空。此后，RSI 曲线回升到上升趋势线附近时受阻回落，同期股价反弹到前期高点附近时遇阻下跌。

3. 压力信号

在一轮持续跌势的空头市场里，RSI 指标的两个或两个以上高点形成一条向右下方延伸的反压趋势线。当 RSI 指标接近该反压线时，多头的反攻一般难以突破此压力线，转而掉头向下。此时虽然股价还在上涨，RSI 指标却冲关无力而回落，暗示股价有可能出现新一波跌势，因此压力线附近是一个较好的卖出点。

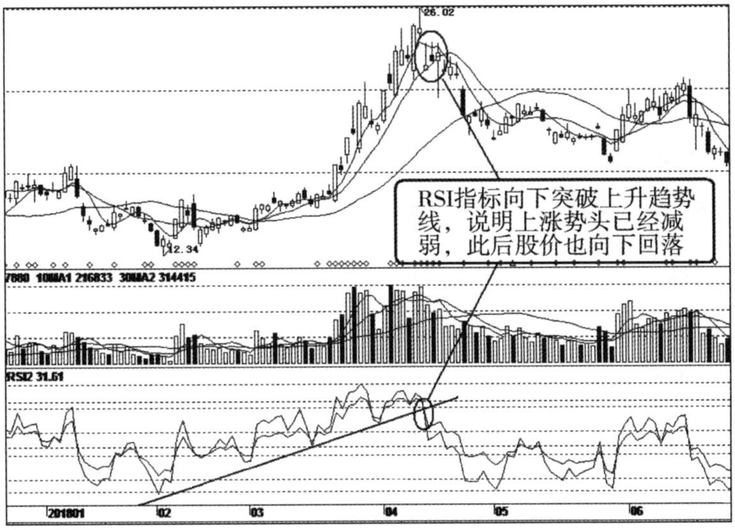

图 8-16

如果股价发力向上，有效突破反压趋势线，则预示跌势即告结束，市场即将转为强势行情，此时可以介入做多。

如图 8-17 所示，至纯科技（603690）。该股反弹结束后再次出现下跌，在下跌过程中，RSI 指标产生多个高点，且高点一个比一个低。将这些高点连接起来，就形成一条明显向右下方延伸的反压趋势线。趋势线的角度并不陡峭，每次 RSI 线上升到该反压线附近时，均遇到强大的压力，因能量有限而无力冲破反压线，因此每一个高点（反压线附近）都成为卖出点。

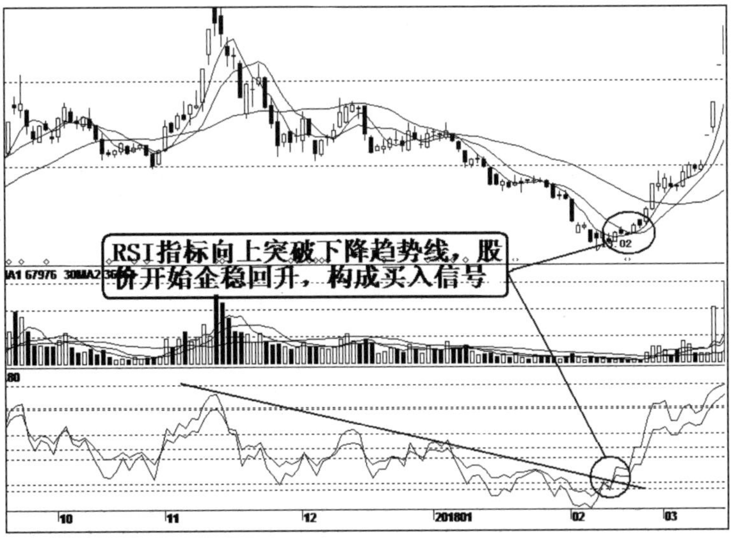

图 8-17

直到股价真正探明底部后，这条反压线才被强大的多方力量有效突破，股价才转跌为升，从而形成买入信号。

4. 交叉信号

（1）拒绝死叉。股价上涨一段时间后进入调整阶段，股价出现回落，RSI 指标随之下行。当 6 日 RSI 线下滑到 50 强弱分界线附近时企稳并向上，或者碰触到 12 日 RSI 线后两线拒绝死叉。之后，6 日 RSI 线反转向上，12 日 RSI 线继续向上，表明回档洗盘结束，市场仍然处于强势上涨之中，这是中短线买入机会。

如图 8–18 所示，九典制药（300705）。股价经过充分调整后，RSI 指标也处于超卖区，反弹行情一触即发。2018 年 3 月 20 日，股价开始向上拉高，RSI 指标随之上升，穿过 50 强弱分界线。庄家操盘手法老到，构筑小平台进行洗盘换手。

3 月 29 日，当 6 日 RSI 线向下即将与 12 日 RSI 线构成死叉时，第二天 6 日 RSI 线反转掉头向上，两线拒绝死叉，成交量再次放大，表明洗盘整理结束。同时均线支持多头信号，形成中短线买入点。

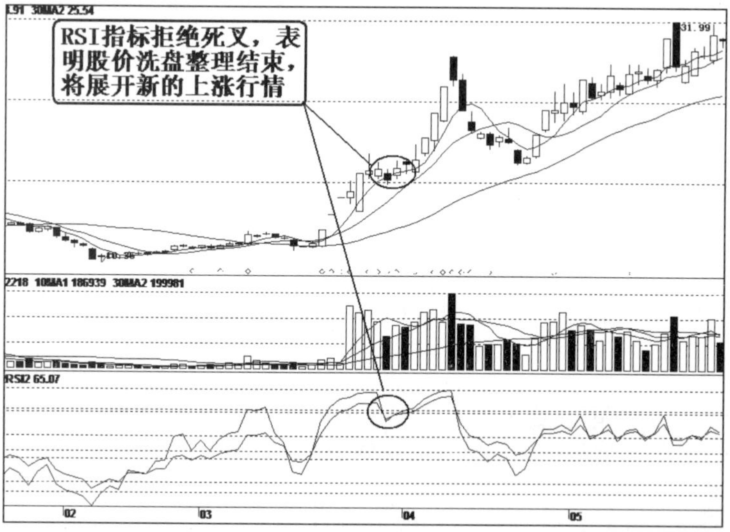

图 8–18

（2）拒绝金叉。在股价下跌过程中出现反弹，RSI 指标随之上行。当 6 日 RSI 线向上到达 50 强弱分界线附近时受阻回落，或者触碰到 12 日 RSI 线时两线拒绝金叉，6 日 RSI 线反转掉头向下，12 日 RSI 线继续向下，表明反弹受阻，市场仍然处于弱势之中，从而构成卖出信号。

如图 8-19 所示，海王生物（000078）。该股反弹结束后，股价再次陷入弱势行情。2018 年 6 月 15 日，当 6 日 RSI 线向上即将与 12 日 RSI 线形成金叉时，两线却拒绝金叉，6 日 RSI 线重新掉头下行，从而使股价再次陷入盘跌走势。

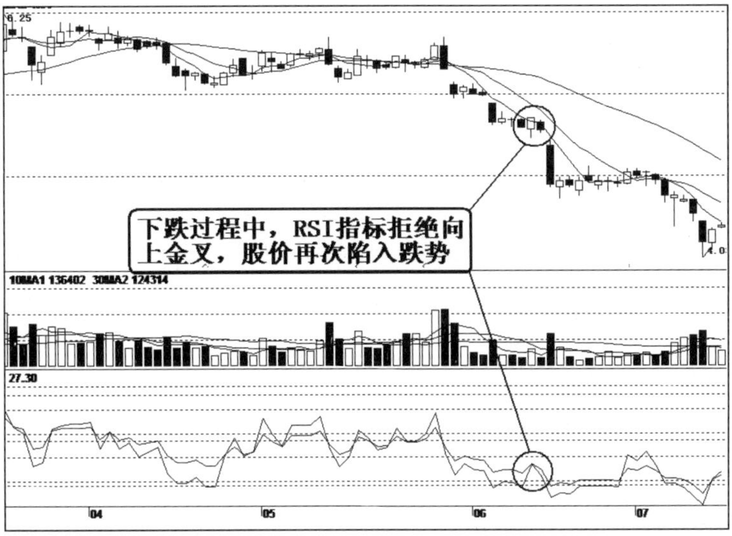

图 8-19

五、RSI 指标的缺憾及克服方法

1. RSI 指标的缺憾

股市中并无完美的预测工具。虽然 RSI 指标对判断中短线行情有十分惊人的效果，但其也有自身的缺陷。

（1）背离走势的滞后性。出现背离现象，通常暗示多空双方的力量对比正在悄悄发生变化，股市行情即将出现重大转势。但是，有时出现顶背离或底背离之后，股价并不会马上下跌或上涨，有时甚至要等到背离出现两三次后，才会出现真正的反转走势。

（2）RSI 指标是通过收盘价计算的，当一天内行情波幅很大，上下影线很长时，RSI 指标的涨跌不足以反映该时段的真正行情波动情况。

（3）RSI 指标计算周期的随意性。对周期 N 天的设定，每一位投资者均带有一定程度的个人偏好。从理论上讲，N 可以选择 1 ~ 99 内的任意天数。但如果周期设定太短，指标反应比较敏感，容易引起上窜下跳，可靠性差；反之，如果周期设定太长，指标信号反应过于迟缓，经常会错过买卖良机。

（4）在出现大涨大跌行情时，RSI 指标容易产生钝化，使投资者过早买入或卖出，造成被套或少赚的风险。

2. 克服缺陷的方法

（1）当日线 RSI 指标与行情进入钝化盲区时，可以通过观察分钟图 RSI 曲线的走势情况（30 分钟、60 分钟 RSI 线）来进一步化解盲区走势的判断，这一点与化解 KDJ 指标的盲区钝化原理是一致的。

（2）应配合其他技术分析方法进行研判方才奏效。比如，在股价盘整期间，应放弃使用 RSI 指标，转而观察 DMI 指标中的 ADX 是否已经走出泥潭。在极端涨跌行情中，可以参考 VR 和 ROC 等技术指标。

（3）除了分析基本面和其他技术指标之外，也可以查看成交量。庄家震荡洗筹时，成交量缩小，持续时间较短，而出货时成交量往往会放大。

（4）为了确认 RSI 指标是否进入超买超卖区，或是否穿越了 50 强弱分界线，应尽量使用长期 RSI 线，以减少骗线的发生。如短期 RSI 线下穿 50 强弱分界线，但长期 RSI 线没有下穿，则说明其上升走势并未改变，下穿 50 线的短期 RSI 为骗线，股价后期逐波上涨可以证实这一点。

3. RSI 指标应用技巧

RSI 指标在应用中存在一些缺憾。譬如，当行情发展趋向极端的持续上涨或持续下跌时，RSI 指标进入超买或超卖区域后出现钝化，容易发出错误信号。再如，当股价长期盘整时，RSI 指标会围绕 50 线来回穿梭，使人无所适从。为了克服这些缺点，投资者在长期实践中摸索出了一些方法。

（1）日线和周线分析相结合。周线 RSI 时段相对较长，发出的信号比日线 RSI 稳定一些，两者配合应用，能过滤掉日线 RSI 发出的错误信号。

应用方法：如果周线 RSI 与日线 RSI 同时发出买入信号，就是两者产生的较佳共振买点；如果周线 RSI 与日线 RSI 同时发出卖出信号，就是两者产生的较佳共振卖点；如果周线 RSI 与日线 RSI 发出的信号恰恰相反，日线信号就可能是错误信号，不要急于按日线 RSI 信号操作，应继续观察或参考其他指标。

（2）RSI 与 KDJ、MACD 等技术指标结合运用。这几个指标都是常用且重要的技术分析辅助指标，它们各有所长，也各有所短。三者配合使用，可以弥补单个指标存在的某些缺憾。具体应用方法如下。

第一，利用 KDJ 指标反应敏锐这一特性捕捉买卖时机，但不要急于操作，而是再用 RSI 指标检验一下 KDJ 指标发出的信号。如果检验结果一致，表明信号可靠性高。

第二，观察到 KDJ 指标和 RSI 指标信号一致后，应再用 MACD 指标检验一次，以进一步求证中线指标是否支持。这样就可以免受短期指标虚假信号的迷惑，为操作多加一份“保险”。

第三，在某一时段里，如果个股RSI、KDJ、MACD三项指标同时发出买入信号，则可在股价回档时大胆介入，其短线成功率极高，套牢的概率很低。

第四，在某一时段里，如果个股RSI、KDJ、MACD三项指标同时发出卖出信号，要毫不犹豫地做空，即便是割肉也要卖出，以免蒙受更大的经济损失。

（3）周线 RSI 和日线 MACD 结合。周线 RSI 和日线 MACD 是研判大盘强弱的有效指标。实盘中周线 RSI 和日线 MACD 配合使用研判大盘走势的应用方法如下。

第一，如果股价创出新高，而周线 RSI 和日线 MACD 这两项指标没有同步创出新高，就形成了顶背离，出现这种形态应卖出股票。

第二，如果股价创出新低，而周线 RSI 和日线 MACD 这两项指标没有同步创出新低，就形成了底背离，出现这种形态可买入股票。

第九章 /

威廉指标（W%R）

一、W%R 指标简介

1. W%R 指标概要

中文全名	威廉指标
英文全名	Williams%Rate
指标热键	W 或 WR
指标属性	超买超卖型技术指标
指标应用	短线技术指标
原始参数	10（可以设置三条不同参数的曲线）
波动范围	0~100 之间

2. W%R 指标基本原理

威廉指标简称为 W%R 指标，全称为威廉超买超卖指标，是美国著名投资专家拉瑞·威廉在 1973 年创立的。它通过一定时期内市场最高价、最低价和收盘价的变化关系，用以反映市场强弱和超买超卖现象，从而显示出有效的买卖信号，是用来分析市场短期行情走势的技术指标。

威廉指标的理论基础是摆动原理，利用摆动点来度量股市的超买超卖现象。同时利用价格变动的相对位置，预测循环期内的高点与低点，研判市场人气的强弱特征，从而分析预测股价的变动趋势，并发出有效的投资信号。

W%R 指标和 KDJ、RSI 指标一样，都属于超买超卖型指标，但同时又具有强弱性质。其分析的侧重点在于强和弱这两个方面，以强弱的角度去研判行情，因此有人将其纳入强弱类指标范畴。

二、认识 W%R 指标

W%R 指标计算过程比较简单，就是周期天数内最高价与最后一日的收盘价的差，与周期天数内最高价与周期天数内最低价的差的比值。

W%R 指标随行情变化在 0~100 之间上有一条天线（80 线），下有一条地线（20 线），中间有一条强弱分界线（50 线）。有的股票交易分析软件上，W%R 指标的 0 线置于顶部，100 线置于底部（如钱龙分析软件），如图 9–1 所示。

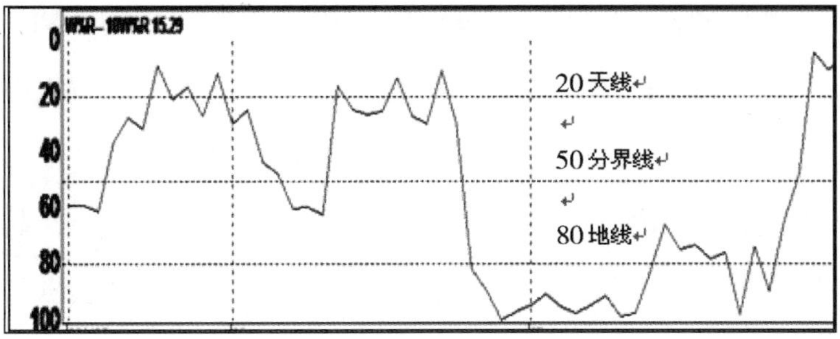

图 9–1

目前，一般通用股票交易软件中有两种制作方法。一种方法是 0 值在上方，100 值在下方，W%R 的值越小，市场买气越强；反之，其值越大，市场卖气越强。

另一种方法是 100 值在上方，0 值在下方，W%R 的值越小，卖气越强；反之，其值越大，市场买气越强。

无论用哪种方法来分析，50 中轴线（强弱分界线）的位置都是一样的，分析结果也是相同的。这一点读者了解即可。

目前使用最广泛的钱龙分析软件（升级后），是以前一种方法编制的图形。现以该软件为例进行分析研究，如图 9–2 所示。

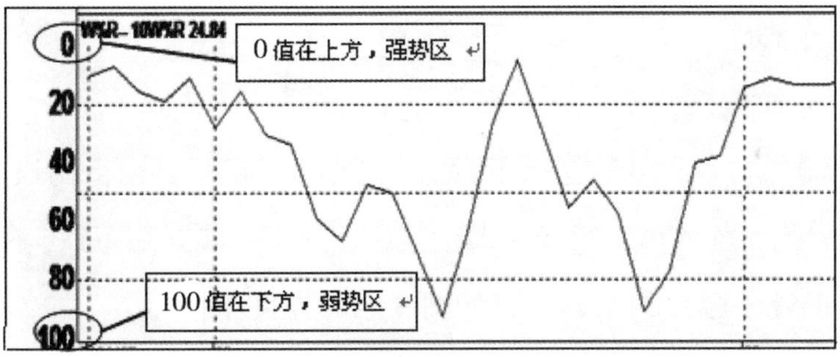

图 9–2

W%R 指标分布规律：理论上可将 W%R 的取值（0 ~ 100）划分为 5 个不同区间：0 ~ 20 为超强势区，20~40 为强势区，40~60 为盘整区，60~80 为弱势区，80~100 为超弱势区。

三、W%R 指标应用法则

1. W%R 指标的一般应用法则

（1）W%R 指标有一条买入线（即“地线”）和一条卖出线（即“天线”）。

一般认为，当 W%R 值高于 80 时，属于超卖状态，表明行情即将见底，因此 80 线这条线称为“买入线”；相反，当 W%R 值低于 20 时，属于超买状态，表明行情即将见顶，因此 20 线这条线称为“卖出线”。

如图 9-3 所示，中国船舶（600150）。从该股走势图可以看出，A、B、C、D 这 4 个位置的 W%R 值均低于 20，为短线超买信号，可以短线卖出。1、2、3、4、5 这 5 个位置的 W%R 值均高于 80，为短线超卖信号，可以短线买入。

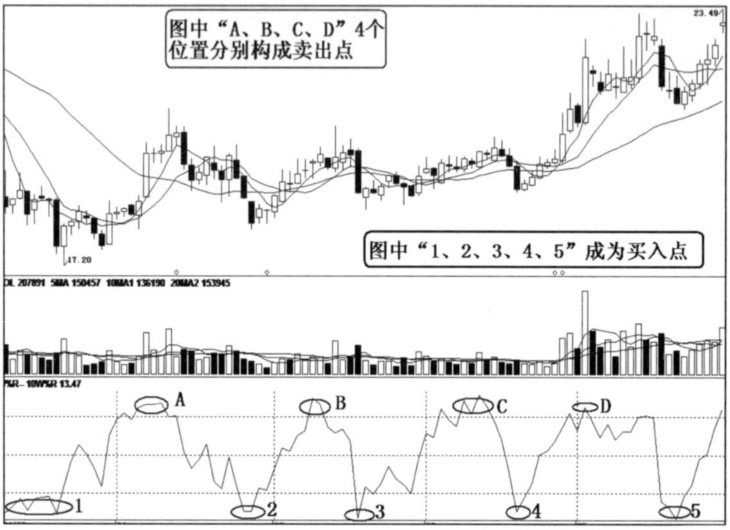

图 9-3

（2）很多时候，当行情进入超买后，还会继续超买；当行情进入超卖后，还会继续超卖。因此，当 W%R 指标进入超买区，行情并非立即下跌。在超买区波动，只是表明行情仍处于原来的市道中，如图 9-4（左图）所示。

同样，当 W%R 指标进入超卖区，行情并非立即上升。在超卖区波动，也只是表明行情仍处于原来的市道中，如图 9-4（右图）所示。

由此可见，只有当 W%R 指标突破超买区或超卖区后，才能形成一个完整的信号。

（3）W%R 指标以 50 线为中轴线，分为上下两个区域，上方为强势区，下方为弱势区。一般而言，当 W%R 指标向下击穿 50 强弱分界线时，市场由强转弱，是卖出信号；相反，当 W%R 指标向上突破 50 强弱分界线后，可以确认为由弱转强，是买入信号，如图 9-5 所示。

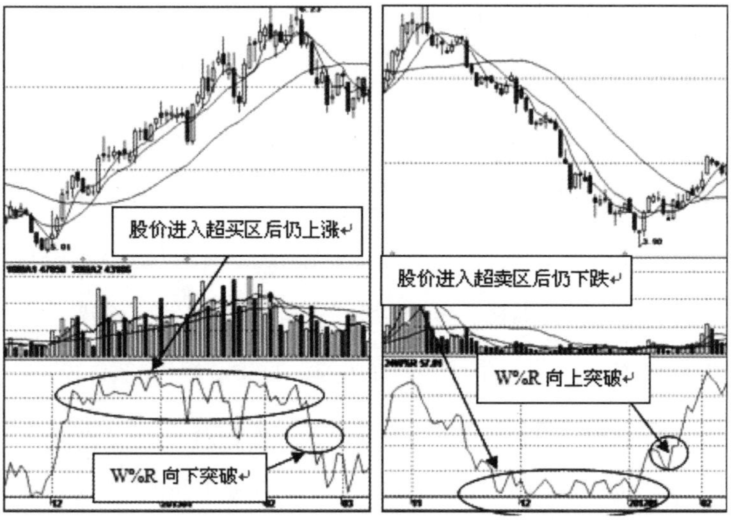

图 9-4

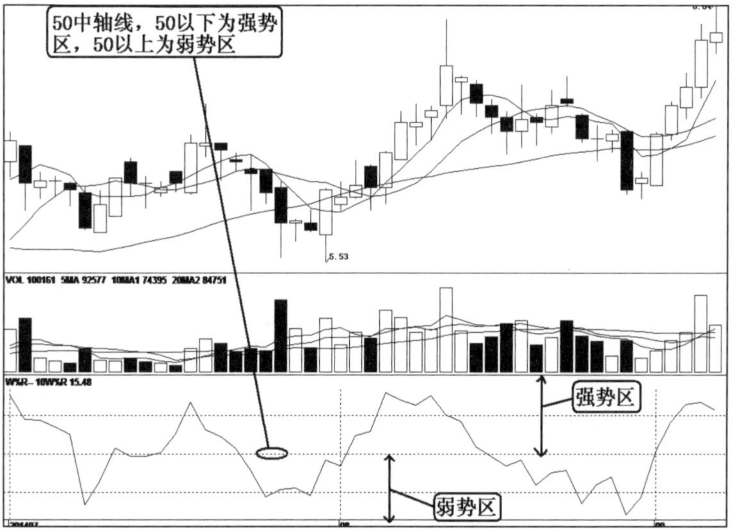

图 9-5

（4）W%R 是一项辅助性指标，通常来说，当 KDJ、RSI、MACD 等技术指标尚未完全钝化失真的情况下，仅作为对上述指标可信度再行确认的一种辅助手段。而且只有当 KDJ、RSI 指标的短线作用基本丧失（日线、分时线都呈现高位或低位钝化，却又未出现顶背离和底背离状态，产生这种情况只有一种可能：连续的涨停板或跌停板），而 MACD 指标又显示单一行情（多或空）将持续很长一段时间，成交量指标暂时也由于量能的连续极度缩减而无法辨别趋势的方向（在涨跌停板制度下，成交量大幅度缩减的事实是天经地义的。连续涨停板时，市场惜售而成交量减小；在跌停板时，因无人接盘，成交量也会大幅度减小）等情况下，亦即当前几项重要的技术分析工具都无法对行情趋势作出较为清晰的判断时，W%R 指标的作用才得以显现。此时其快速多变的特征正好发挥敏捷的优势，在行情扑朔迷离之际为投资者指点迷津。

（5）由于 W%R 指标的敏捷性较强，因此是一个短期技术指标。一旦发出买卖信号，应速战速决。当 W%R 指标连续向上碰顶（0 线）4 次，股价向下回调的几率大，因此第 4 次碰顶是一个相当好的卖点；反之，当 W%R 指标向下触底（100 线）4 次时，股价向上反弹的几率大，因此第 4 次触底是一个相当好的买点。

如图 9–6 所示，强生控股（600662）。从该股走势图可以看出，当 W%R 曲线撞顶 4 次后，预示股价反弹将要结束，构成短线卖出信号。当 W%R 曲线触底 4 次后，暗示股价有反弹要求，构成短线买入信号。

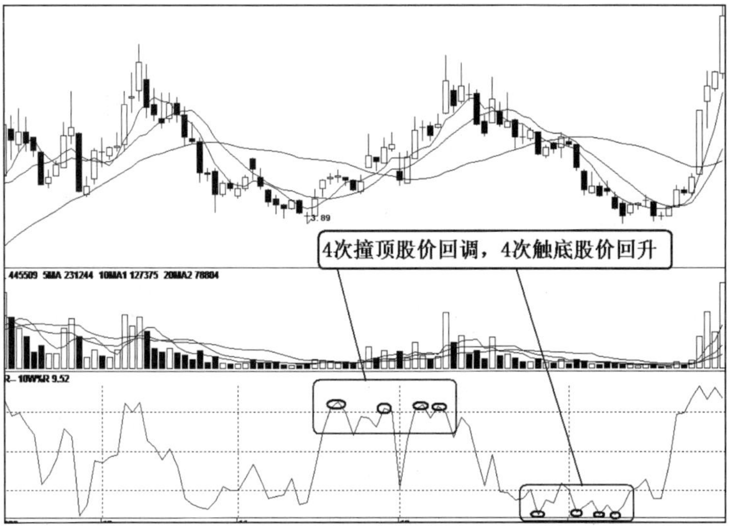

图 9–6

（6）W%R 指标具有背离功能，其运用法则与其他指标的背离法则一样。如果指标在顶部或底部多次冲顶或触底，形成局部的多重顶或多重底，则是潜在的转势信号，短线应提高警惕。

2. 不同交易软件的分析方法

在钱龙股票交易软件分析系统中，W%R 指标的研判分为动态系统中的研判和静态系统中的研判两种方法。

第一，动态系统中的 W%R 指标研判。在钱龙软件动态分析系统中，W%R 指标是由三条 W%R 曲线组成的，投资者可以把它们分别设定为短期、中期、长期 W%R 曲线，比如 6 日 W%R、14 日 W%R 和 20 日 W%R 等。

其主要分析方法如下。

（1）当短期 W%R 曲线在低位由下向上突破中期 W%R 曲线时，表明股价短期弱势行情即将结束，投资者应密切关注股价未来几天的行情变化。

（2）当短期 W%R 曲线向上突破中期 W%R 曲线后，又突破长期 W%R 曲线时，一般称为黄金交叉，说明股价已经由弱势行情转为强势行情，投资者应坚决短线买入。

（3）当短期 W%R 曲线由下向上分别突破中期 W%R、长期 W%R 曲线后，短期 W%R 曲线和长期 W%R 曲线同时向上攀升，而中期 W%R 曲线消失，表明股价进入强势拉升阶段，投资者可逢低买入股票或一路持股待涨。

（4）当短期 W%R 曲线和长期 W%R 曲线进入超买区并撞击顶部（0 线）时，只要股价还在上涨，投资者仍可持股观望。

（5）当短期 W%R 曲线在高位由上向下突破长期 W%R 曲线时，如果股价也同时下跌，则意味着指标形成死亡交叉，表明股价短期的强势拉升行情即将结束，投资者应及时逢高卖出股票。

（6）当短期 W%R 曲线在高位由上向下突破长期 W%R 曲线后，如果短期 W%R 曲线和长期 W%R 曲线又先后突破超买线（20 线）时，表明股价的短期强势拉升行情已经结束，投资者应坚决卖出股票。

（7）当短期 W%R 曲线和长期 W%R 曲线同时向下运行，而中期 W%R 曲线开始出现并且也向下运行时，表明股价短期的弱势行情已经开始，投资者应逢高卖出或持币观望。

（8）当短期 W%R 曲线和中长期 W%R 曲线从高位下跌到平衡线（50 线）以下，并在 50~100 线之间运行时，表明股价的弱势行情特征明显，投资者应坚决持币观望。

第二，静态系统中的 W%R 指标研判。在钱龙软件静态分析系统中，W%R 指标是由两条 W%R 曲线组成的，分别是短期 W%R 曲线和中期 W%R 曲线。

其主要分析方法如下。

（1）当短期 W%R 大于中期 W%R 时，属于多头市场；当短期 W%R 小于中期 W%R 时，则属于空头市场。

（2）当短期 W%R 曲线在低位向上突破中期 W%R 曲线时，一般为 W%R 指标的黄金交叉,为中短期买入信号;当短期W%R曲线在高位向下突破中期W%R曲线时，一般为 W%R 指标的死亡交叉，为中短期卖出信号。

（3）当短期 W%R 曲线从下向上突破中期 W%R 曲线后，两条曲线同时向上运行时，表明股价强势依旧，可一路持股待涨或逢低买入；当短期 W%R 曲线从上向下突破中期 W%R 曲线后，两条曲线同时向下运行时，表明股价弱势依旧，应一路持币观望或逢高卖出。

3. W%R 指标最佳参数及买卖决策

（1）如果取 6 日为 W%R 指标短期参数，则当指标数值小于 15 时，可认为短期超买，是短线卖出信号；如果取 6 日为 W%R 指标短期参数，则当指标数值大于 85 时，可认为短期超卖，是短线买入信号。

（2）如果取 20 日为 W%R 指标中期参数，则当指标数值小于 20 时，就可认为中期超买，是中线卖出信号；如果取 20 日为 W%R 指标中期参数，则当指标数值大于 80 时，就可认为中期超卖，是中线买入信号。

（3）如果取 70 日为 W%R 指标长期参数，则当指标数值小于 10 时，就可认为长期超买，是长线卖出信号；如果取 70 日为 W%R 指标长期参数，则当指标数值大于 90 时，就可认为长期超卖，是长线买入信号。

四、W%R 指标实盘应用技巧

W%R 指标和其他技术指标相比，具有反映敏捷的特点，比较适合短线投资分析。它的构造也比较简单，在股市分析软件上，有的是由短、中、长等 3 条不同周期的曲线组成，有的是由一条 W%R 曲线组成。

为了使 W%R 指标的研判更直观明了，一般选用一条 W%R 曲线来分析，其研判方法主要集中在 W%R 曲线所处的位置以及运行方向上。

下面就以 24 日 W%R 指标为例，来讲解 W%R 指标的买卖和观望指示功能。

1. 买入信号

当 W%R 曲线在 50 线附近盘整了较长一段时间以后，一旦 W%R 曲线由下向上突破 50 这条线，同时股价也放量突破中长期均线，则意味该股中期强势行情即将开始。这是 W%R 指标发出的中线买入信号，投资者可以逢低跟进。

或者，当 W%R 曲线从 50 线（或 40 线）附近快速向上飙升，股价也依托短期均线向上扬升时，一旦 W%R 曲线向上突破 20 这条线，则意味着该股短期强势行情即将开始。这是 W%R 指标发出的短线买入信号，投资者可以短线买进。

如图 9–7 所示，海王生物（000078）。该股经过长时间的下跌调整后，股价出现渐渐企稳的迹象。2018 年 2 月 22 日，W%R 指标从超卖区一举向上突破 50 中轴线，同日 5 日均线金叉 10 日均线。股价在短期均线之上获得企稳后，开始向上震荡走高，构成买入信号。

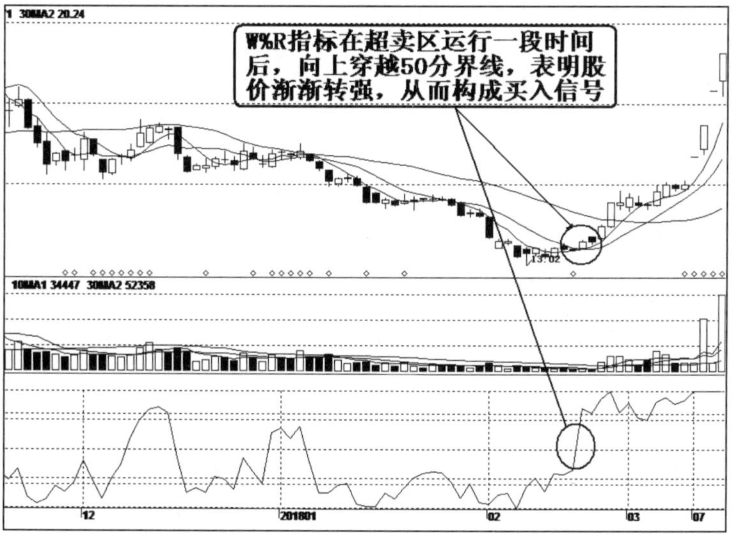

图 9–7

2. 卖出信号

当 W%R 曲线从 20 线上方向下滑落时，一旦 W%R 曲线接着又向下突破了 40 线，同时股价也跌破中长期均线，则意味着该股短期强势行情可能结束。这是 W%R 曲线发出的短线卖出信号，投资者应及时卖出。

或者，当 W%R 曲线从上向下缓慢跌破 50 线这条线时，如果股价也同时跌破了中期均线，则意味着该股中期弱势行情已经开始，这是 W%R 指标发出的中线卖出信号。如果是前期大涨过的股票，这种卖出信号更加准确。

如图 9–8 所示，光大证券（601788）。该股经过快速下跌后，出现向上反弹行情，随后受“乌龙指”事件的利空影响，复牌后股价以“一”字形跌停，同日 W%R 曲线向下突破 50 强弱分界线，从而构成卖出信号，此后股价渐行渐弱。

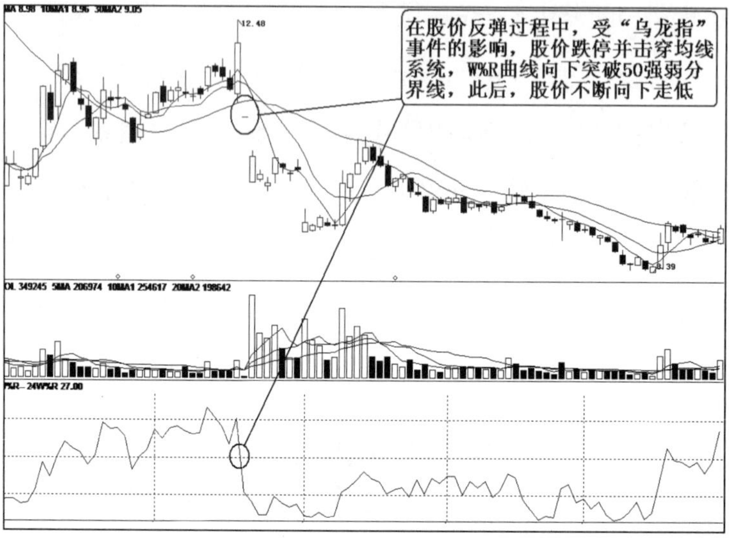

图 9–8

3. 持股信号

当 W%R 曲线一直运行在 20 线附近，同时股价也依托中短期均线强势上攻，表明股价是处于极强势的上涨行情中。这是 W%R 指标发出的短线持股待涨信号，投资者应坚决持股待涨。

如图 9–9 所示，成飞集团（002190）。庄家成功完成建仓计划后，突然发动上涨行情，W%R 曲线一举向上突破 50 强弱分界线，然后一直在 20 线上方运行，同时股价依托 10 日均线强势上攻。这种情况说明盘面强势特征明显，此时投资者应持股不动。直到 W%R 指标向下击穿 50 强弱分界线后，盘面才渐渐陷入盘整走势。

4. 观望信号

W%R 曲线向下突破 50 线以后，一直运行在 50 线下方，同时股价也被中短期均线压制下行，表明股价中期弱势趋势形成。这是 W%R 指标发出的持币信号，投资者应坚决持币观望。

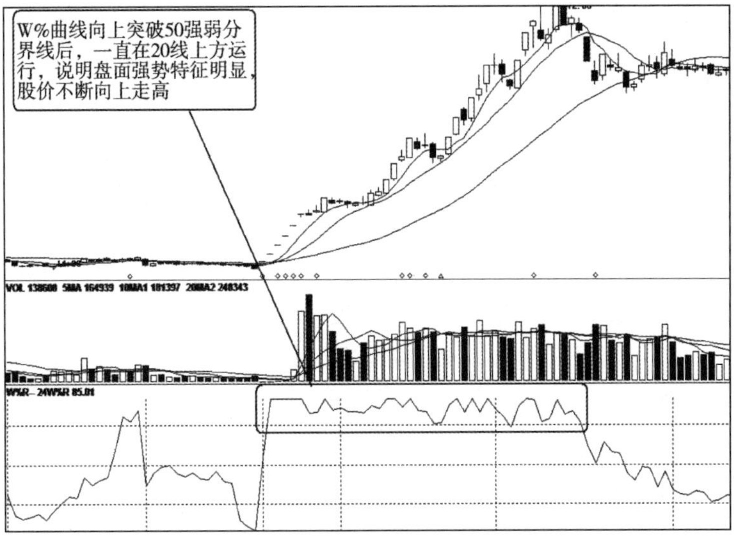

图 9-9

如图 9-10 所示，劲嘉股份（002191）。股价反弹结束后再次向下滑落，W%R 曲线向下突破 50 线，经过回抽确认后再次下行。同时股价也被中短期均线不断向下压低，说明股价中期弱势趋势形成，此时投资者应以观望为佳。

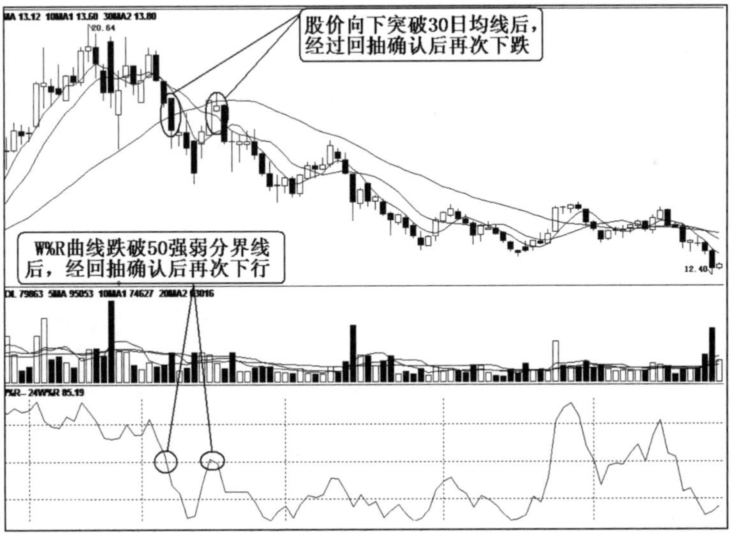

图 9-10

5. 碰撞信号

对指标撞顶和碰底的研判，是 W%R 指标独有的分析方法。由于 W%R 指标能较准确地提示超买超卖，判断市场强弱转化，可以测量一段时间内的股价高点和低点，提示有效的买卖信号，因此对 W%R 指标的撞顶和碰底研判，有利于投资者进行短线买卖决策。

当 W%R 线从低位上升到指标超买区后，经过一段时间的运行，曲线连续几次碰撞顶部 0 线，从而形成短线卖出点。当曲线几次碰顶后出现下降，并有效突破 50 线时，预示股价短线可能下跌。

或者，W%R 线从高位下降到指标超卖区后，经过一段时间的运行，曲线连续几次碰撞底部 100 线，从而形成短线买入点。当曲线几次碰底后出现上升，并有效突破 50 中轴线时，预示股价短线可能上涨。

在 W%R 指标的一般研判法则中，大家已经知道，0~20 和 80~100 是 W%R 指标的超买超卖区，但这并不意味着当 W%R 指标曲线进入超买超卖区后就要卖出和买入。只有当 W%R 曲线从高位向下突破超买线（20 线），或从低位向上突破超卖线（80 线）时，才能作出买卖决策。在具体实盘中，为了提高分析预测的准确程度，在此引进并深入诠释 W%R 指标撞顶和碰底的分析原则。

（1）W%R 指标撞顶。指标撞顶的分析原则，是指 W%R 曲线从低位上升到指标超买区（0~20）后，经过一段时间的运行，曲线连续几次撞及指标的顶部（0 线），局部形成多重顶的形态，从而构成一个相当好的中短线卖点。

这时投资者要密切注意指标的走势，当曲线完成几次撞顶后开始下跌，并向下突破 W%R 指标的重要买卖线之一的超买线（20 线）时，预示股价可能短线下跌，投资者应短线及时卖出股票。

W%R 指标撞顶的分析周期。W%R 指标的参数不同，也应采取不同的分析方法。参数越大，撞顶的可能性越小，次数也越少；参数越小，撞顶的可能性越大，次数也越多。从实盘来看，W%R 指标参数可分为短期日参数、中期日参数和周参数等三种有效的研判参数，这三种参数的 W%R 指标有不同的分析意义。

一是短期日参数的分析。W%R 指标的短期日参数主要是指 10 日以下的分析参数，如 3 日、6 日、9 日等。短期日参数的 W%R 指标一般适用于“4 次撞顶”的研判法则。

以 6 日参数为例，当 W%R 曲线在超买区内 4 次撞及 0 线，并局部形成四重顶形态以后，如果股价前期累计已经有不小的升幅，当 W%R 曲线向下突破超买线时，投资者应及时短线离场观望。

二是中期日参数的分析。W%R 指标的中期日参数主要是指 20 日以下的分析参数，如 12 日、14 日、20 日等。中期日参数一般适用于“2 次撞顶”（最多 3 次撞顶）的研判法则。

以 14 日参数为例，当 W%R 曲线在超买区内 2 次（或 3 次）撞及 0 线，并局部形成双重顶（或三重顶）后，如果股价前期累计已经有不少升幅，当 W%R 曲线向下突破超买线时，投资者应短线及时离场观望。

三是周参数的分析。W%R 指标的周参数主要是指 10 周以下的分析参数，如 3 周、6 周、9 周等。W%R 指标的周参数不能取得过大，因为一周交易一般包含 5 个交易日，因此 N 周参数就相当于 5N 日参数，如 3 周就是 15 日。如果周 W%R 指标选择的参数过大，其指标信号就会过于迟钝，无法起到预示短期顶部的功能。如果指标选择的参数过大，其曲线就存在没撞顶就回头向下的可能，从而使指标撞顶的研判法则失去意义。

W%R 指标周参数适用于“1 次撞顶”的研判。以 6 周参数为例，当 W%R 曲线在超买区内撞及 0 线后一直在超买区内运动时，投资者可以观望。一旦 W%R 曲线向下突破超买线时，投资者应坚决短线离场观望。

这里需要指出的是，对于短线急升的股票，如果 W%R 指标在一次触顶后就往下突破，也不一定要局限于其指标曲线几次见顶的分析原则。只要 W%R 曲线向下突破超买线，就可短线卖出。

如图 9–11 所示，合肥城建（002208）。该股庄家在底部吸纳了大量低价筹码后，成功探明了底部区域，股价渐渐向上回升。从 2018 年 3 月 2 日开始，股价出现加速上涨。W%R 线从下向上突破 50 中轴线并到达 0 线。之后 W%R 指标在超买区波动，多次出现碰撞顶部 0 线的情况，但股价仍然保持强劲的上涨势头。

3 月 30 日，W%R 线首次回落到 50 中轴线，得到短暂的支撑后有所弹升。4 月 3 日再次回落时有效击穿了 50 中轴线后，指标线不能弹升，而是继续向下，表明向下突破有效，从而构成卖出信号。

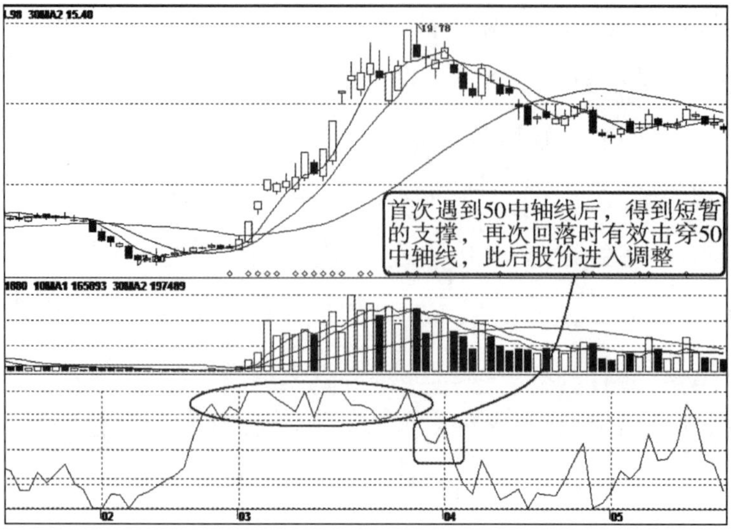

图 9-11

图 9-12 是图 9-11 的周线走势图。在该股同期的周 K 线走势图中，W%R 线上穿 50 中轴线到达顶部 0 线后，没有做太久的停留即向下回落，构成 1 次撞顶的完整信号，表明 W%R 指标向下突破有效。该信号的准确性较高，后市该股出现了较大的下跌调整走势。

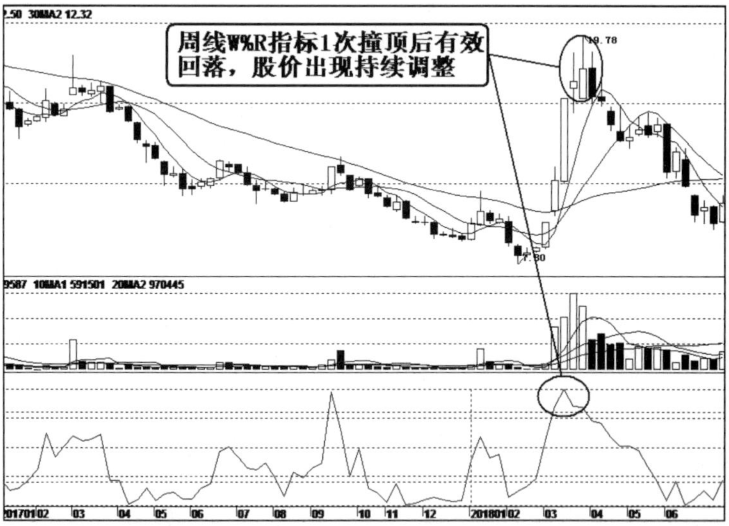

图 9-12

（2）W%R 指标撞底。指标撞底的分析原则，是指 W%R 曲线从高位回落到指标超卖区（80~100）后，经过一段时间的运行，曲线连续几次撞及指标的底部（100 线），形成局部的多重底形态，从而构成一个比较好的中短线买点。

这时投资者还应及时注意指标的走势。当曲线完成几次撞底后开始上升，并向上突破 W%R 指标的重要买卖线之一——超卖线（80 线）时，预示股价短线可能上涨，投资者应及时逢低买入股票。

指标撞底的分析周期跟指标撞顶一样。从实盘来看，W%R 指标的研究参数也可以分为短期日参数、中期日参数和周参数等三种，这三种参数的 W%R 指标有不同的分析意义。

一是短期日参数分析。W%R 指标短期日参数主要是指 10 日以下的分析参数，如 3 日、6 日、9 日等。短期日参数的 W%R 指标一般适用于“4 次撞底”的研判原则。

以 6 日参数为例，当 W%R 曲线在超买区内 4 次撞及 100 线，并形成局部四重底以后，如果股价前期累计跌幅很大，当 W%R 曲线向上突破超卖线时，投资者应及时买进股票，做一波反弹行情。

二是中期日参数分析。W%R 指标中期日参数主要是指 20 日以下的分析参数，如 12 日、14 日、20 日等。中期日参数适用于“2 次撞底”（最多 3 次撞底）的研判。

以 14 日参数为例，当 W%R 曲线在超卖区内 2 次（或 3 次）撞及 100 线，并局部形成双重底（或三重底）以后，如果股价前期累计已经有不少跌幅，当 W%R 曲线向下突破超买线时，投资者应及时短线买入股票。

三是周参数分析。W%R 指标周参数主要是指 10 周以下的分析参数，如 3 周、6 周、9 周等。跟撞顶分析一样，用来研判撞底的周参数也不能取得过大。W%R 指标选择参数过大，其信号过于迟钝，无法起到预示短期底部的功能。如果选择参数过大，W%R 曲线就存在没撞底就掉头向上的可能，从而使指标撞底的研判失去意义。

W%R 指标周参数适用于“1 次撞底”的研判。以 6 周参数为例，当 W%R 曲线在超卖区内撞及 100 线并形成 1 次底后，一直在超买区内运行，投资者可以观望。一旦 W%R 曲线向上突破超卖线，投资者应及时买入股票。

如图 9–13 所示，大西洋（600558）。这是该股的周 K 线走势图，从图中可以看出，该股连续出现几次单独的 W%R 曲线撞底现象，随后股价均出现一定幅度的上涨。可见，周 K 线与日 K 线的分析方法是不一样的。

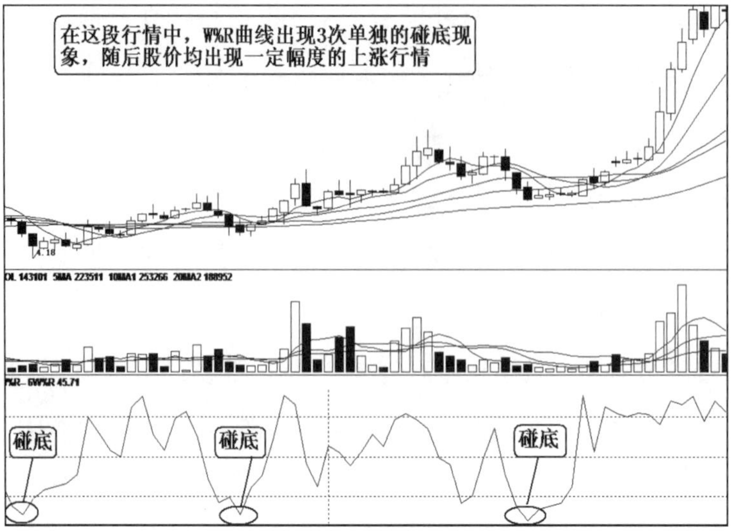

图 9-13

五、W%R 指标的缺憾及克服方法

W%R 指标是一种研究股价波动幅度大小的技术指标，充分考虑了股价随机波动对趋势的影响，因而对市场的反应比较灵敏，往往会先于股价出现反转波动，具有先于行情的性质。同时，W%R 指标将当前市场价格与周期内的高低点进行比较，显示现价在价格区域中的位置，从而直观地反映市场买卖气势及强弱度。

1. W%R 指标的缺憾

W%R 指标的缺憾在于敏感性较强，指标波动频率过快，频繁发出买卖信号，产生误差和骗线的机会较多。过多的信号和较高的误差率，造成投资者不敢轻易使用它。

在实盘操作中，W%R 指标过于侧重短线。经过仔细研究发现，这并非是指标设计上的错误，仅仅是参数设置上过于偏重短线。时间参数设置上，大家普遍采用一些随意性的参数，如 5、10、20 等，也有的设置成 6、12 等，都未认真考虑市场本身的运行规律。

过短的时间参数，是造成指标过分侧重短线和极度敏感的重要原因。但是，随意延长时间参数，又会使 W%R 指标丧失原有的应用价值。

2. 克服缺憾的方法

第一，对 W%R 指标进行改进。为了弥补 W%R 指标的缺陷，但又不失 W%R 指标原有的特性，最佳的方案是设置三条 W%R 指标线。这三条线的参数分别设置为 13、34、89。根据参数的不同，分别设置成短线 13 日 W%R、中线 34 日 W%R 和长线 89 日 W%R。

改进后的 W%R 指标应用技巧如下。

（1）改进后的 W%R 指标超买超卖研判技巧。13 日 W%R 指标线低于 80 线，表示市场处于短线超卖状态，行情即将见短期底部；13 日 W%R 指标线高于 20 线，表示市场处于短线超买状态，行情即将见短期顶部。

34 日 W%R 指标线和 13 日 W%R 指标线同时低于 80 线，表明市场处于中线超卖状态，行情即将见中期底部；34 日 W%R 指标线和 13 日 W%R 指标线同时高于 20 线，表示市场处于中线超买状态，行情即将见中期顶部。

13 日、34 日和 89 日三条 W%R 指标线全部低于 80 线，表示市场处于极端超卖状态，行情即将见长期底部；若三条 W%R 指标线全部高于 20 线，表示市场处于极端超买状态，行情即将见长期顶部。

（2）三线合一及其脉冲现象的研判技巧。当三条 W%R 指标线都进入超买超卖区时，常常会产生三条线黏合成一条线的情况。这种现象发生的次数不多，但一旦出现，股价就会产生重大转折。

三条线在超卖区合一，可以确认为接近历史性的大底区域；三条线在超买区合一，可以确认为接近历史性的头部区域，这时往往会产生三线合一的脉冲现象。在超买区三线合一时，不一定一次冲顶就形成头部顶端，有时会经过多次冲击后才到达头部的最尖峰。

（3）改进后的 W%R 指标趋势研判技巧。13 日 W%R 指标线较为敏感，反映在图形上常常剧烈波动，往往不具备研判趋势的作用。

34 日 W%R 指标线可用于中期趋势判断。当 34 日 W%R 指标线向上运行时，表示中期趋势向好；当 34 日 W%R 指标线向下运行时，表示中期趋势向淡。

89 日 W%R 指标线可用于长期趋势判断。当 89 日 W%R 指标线向上运行时，表示长期趋势向好；当 89 日 W%R 指标线向下运行时，表示长期趋势向淡。

依据34日W%R指标线和89日W%R指标线研判趋势，对于短线操盘的作用非常大。当34日W%R指标线和89日W%R指标线都提示后市向淡时，坚决不能进行任何短线操作；当仅仅是34日W%R指标线提示后市向好时，可适量参与短线操作；当34日W%R指标线和89日W%R指标线均提示后市向好时，可以大胆积极地参与短线操作。以34日W%R指标线和89日W%R指标线的趋势研判作为短线操盘的依据，可以提高短线交易的成功率。

第二，在使用W%R指标过程中，应结合其他技术指标进行综合分析，如RSI、MACD、DMI等技术指标。同时，当W%R线突破或跌破50中轴线时，亦可用以确认RSI指标信号是否正确。

大家如能正确应用W%R指标，发挥其与RSI指标在研判强弱市场及超买超卖现象方面的互补功能，可以得出对大势走向较为准确的判断。

第十章 /
布林线（BOLL）

一、BOLL 指标简介

1. BOLL 指标概要

中文全名	布林线
英文全名	Bollinger Bands
指标热键	BOLL
指标属性	压力支撑型技术指标
指标应用	中线技术指标
原始参数	20
波动范围	无固定波动区间

2. BOLL 指标基本原理

布林线（BOLL）也叫布林带，是美国证券分析家约翰·布林格（John Bollinger）提出来的行情价格频带分轨，是根据统计学中的标准差原理，设计出来的一种非常实用的技术指标。通常可由上轨（压力线）、中轨（行情平衡线）、下轨（支撑线）三条轨道线组成，属于通道式指标或路径式指标。

在众多技术分析指标中，BOLL 指标属于比较特殊的一类。绝大多数技术分析指标，都是通过数量的方法构造出来的，它们本身不依赖趋势分析和形态分析，而 BOLL 指标却与股价的形态和趋势有密不可分的联系。

BOLL 指标中的“股价通道”概念，正是股价趋势理论的直观表现形式。BOLL 指标利用股价通道来显示股价的各种价位。当股价波动很小，处于盘整时，股价通道就会变窄，这可能预示着股价波动处于暂时的平衡期；当股价波动超出狭窄的股价通道上轨时，预示股价异常激烈的向上波动即将开始；当股价波动超出狭窄的股价通道下轨时，同样也预示股价异常激烈的向下波动即将开始。

布林线的主要功能有四个：一是可以指示支撑和压力位置；二是可以显示超买、超卖状态；三是可以指示趋势；四是具备通道功能。

布林线、布林极限、布林极限宽三者构成一组指标群，俗称布林指标“三件套”，合并使用效果甚佳。

布林线也是一项较为实用的技术分析指标，既可独立应用，也可以与其他技术指标相互参考使用。

二、认识 BOLL 指标

布林线指标由两部分组成。第一部分是构成通道的三条轨道线，分别为上轨、中轨和下轨，并在电脑上明确标出各自的数值。

一般情况下，价格线在上下轨道组成的带状区间游走，其带状宽度具有变异性，随着股价波动幅度的大小变化而自行调整。当波带变窄时，激烈的价格波动随时有可能产生；若高低点穿越波带边线又立刻回到波带内，则会有回档产生。也正是因为它的灵活性和顺应趋势的特点，BOLL 指标成为市场上最受欢迎的技术指标之一。

第二部分是股价 K 线图（也叫美国线或价格线），由股价在通道内的位置判断股价的运行趋势及阻力与支撑。

在通用的股票交易软件上，BOLL 指标一共由 4 条线组成，即上轨线、中轨线、下轨线和价格线（K 线）。其中白色线为上轨线，深蓝色线为中轨线，黄色线为下轨线，中间叠加一幅蓝色的价格线（K 线）。一般而言，上轨线又叫压力线，中轨线又叫价格平均线，下轨线又叫支撑线。如图 10–1 所示。

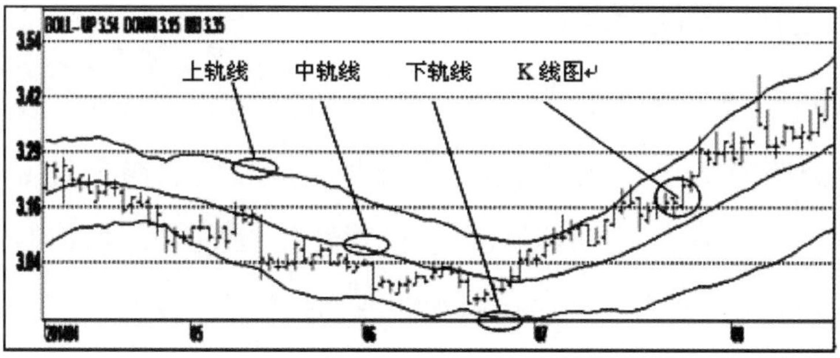

图 10–1

BOLL 指标作为跟踪趋势的技术指标是很有效的，应用起来也很方便。

BOLL 指标上轨、中轨、下轨这三条轨道线的技术意义如下。

（1）在 BOLL 指标中，上轨、中轨、下轨线所形成的股价通道，其移动范围是不确定的，通道上下限会随着股价的上下波动而变化。正常情况下，股价会始终在股价通道内运行。如果股价脱离通道运行，则意味着行情处于极端状态。

（2）在 BOLL 指标中，股价通道的上下轨显示股价安全运行的最高价位和最低价位。中轨线和下轨线可以对股价的运行起到支撑作用，而上轨线和中轨线有时则会对股价的运行起到压力作用。

（3）一般而言，股价在 BOLL 中轨线上方运行时，表明股价处于强势趋势；当股价在 BOLL 中轨线下方运行时，表明股价处于弱势趋势，如图 10-2 所示。

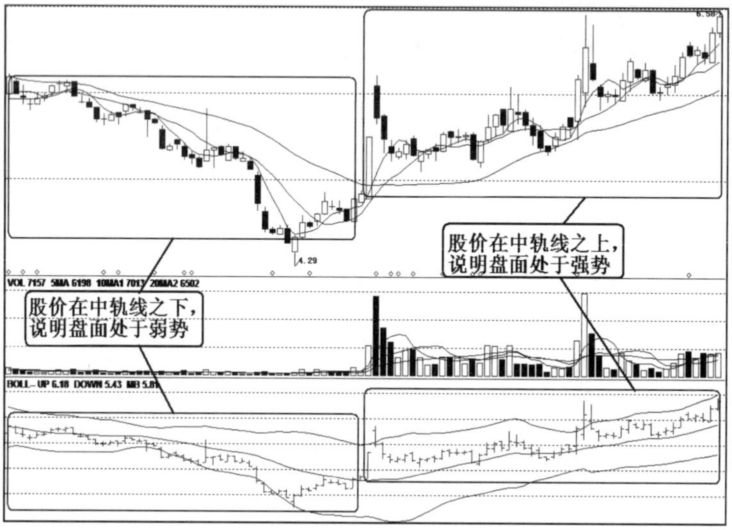

图 10-2

三、BOLL 指标应用法则

（1）当 BOLL 指标的上轨、中轨、下轨线同时向上运行时，表明盘面强势特征非常明显，短期内将继续上涨，投资者应坚决持股待涨或逢低买入。相反，当 BOLL 指标的上轨、中轨、下轨线同时向下运行时，表明市场弱势特征非常明显，短期内将继续下跌，投资者应坚决持币观望或逢高卖出。

（2）当 BOLL 指标的上轨线向下运行，而中轨线和下轨线却还在向上运行时，表明股价处于整理态势。如果股价是处于长期上升趋势时，则表明是上涨途中的强势整理，投资者可以持股观望或逢低短线买入，如图 10-3（左图）所示。如果股价是处于长期下跌趋势时，则表明是下跌途中的弱势整理，投资者应以持币观望或逢高减仓为主，如图 10-3（右图）所示。

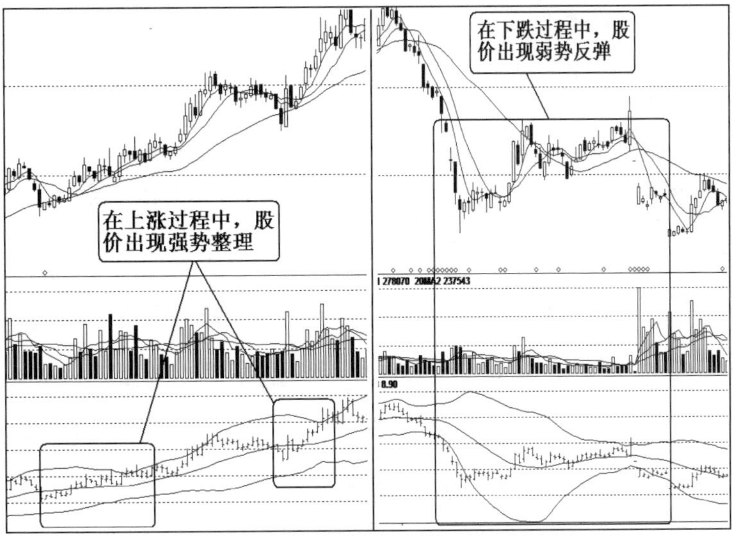

图 10–3

（3）当 BOLL 指标的上轨、中轨、下轨线几乎同时处于水平方向横向运行时，则要看股价目前的走势情况来进行具体判断。

一是如果股价前期一直处于长时间的下跌行情中，BOLL 指标的三条轨道线出现横向移动时，表明股价处于构筑底部阶段，投资者可以开始分批少量建仓。一旦三条轨道线向上发散，可以加大买入力度。

二是如果股价前期处于小幅上涨行情中，BOLL 指标的三条轨道线出现横向移动，表明股价处于上升阶段的整理行情，投资者可以持股待涨或逢低短线吸纳。一旦三条轨道线向上发散，则可短线加码买入。

三是如果股价刚刚经历一轮大跌行情时，BOLL 指标的三条轨道线出现横向移动，表明股价处于下跌阶段的整理行情，投资者应以持币观望和逢高减磅为主。一旦三条轨道线向下发散，则坚决清仓离场。

（4）当价格线从 BOLL 指标中轨线之下向上突破中轨线时，说明盘面出现强势特征，股价将开始上涨，投资者应以中长线买入股票为主。当价格线从 BOLL 指标的中轨线之上向上突破 BOLL 上轨线且量能充沛，说明盘面强势特征已经确立，股价可能短线大涨，投资者应以持股待涨或短线买入为主。

（5）当价格线向上突破 BOLL 指标上轨线以后，其运行方向继续向上时，如果 BOLL 指标的上轨、中轨、下轨线的运动方向也同时向上，则预示股市强势特征依旧，股价短期内还将上涨。投资者应坚决持股待涨，直到价格线的运动方向开始有掉头向下的迹象时，才密切注意行情是否转势。

（6）当价格线突破 BOLL 指标的上轨线运行了一段时间后，如果价格线的运行方向开始掉头向下，且 BOLL 指标的上轨线运行方向也开始向下，则预示股价短期的强势行情可能结束，投资者应及时短线卖出股票，特别是那些短线涨幅很大的股票。相反，当价格线在 BOLL 指标下轨线运行了一段时间后，如果价格线的运行方向有掉头向上的迹象，且 BOLL 指标的下轨线由向下转为走平或向上，则表明股价短期内将止跌企稳，投资者可以少量逢低建仓。

（7）当价格线从 BOLL 指标的中轨线上方向下突破中轨线时，预示股价前期的强势行情已经结束，将要进入弱势区域，投资者应减仓应对调整或可能出现的下跌。如果 BOLL 指标的上轨、中轨、下轨线同时向下，则可确认跌势形成，应及时卖出股票。

（8）当价格线向下跌破 BOLL 指标的下轨线并继续向下时，表明股价处于极度弱势行情，投资者应以持币观望为主，尽量不要买入股票。

（9）当价格线一直处于BOLL指标的中轨线上方，并和中轨线一起向上运行时，表明股价处于强势上涨过程中，只要价格线不跌破中轨线，投资者可以一路持股。

如图 10–4 所示，中航重机（600765）。股价向上突破 BOLL 指标的中轨线后，一直站稳于中轨线之上。中轨线也缓缓上行，股价均线系统也向多头发散，成交量温和放大，说明股价处于强势上涨过程中。这时投资者可以坚定持股，直到股价有效跌破中轨线时再选择逢高退出。

相反，当价格线一直处于 BOLL 指标的中轨线下方，并和中轨线一起向下运行时，表明股价处于弱势下跌过程中。只要价格线不向上反转突破中轨线，稳健的投资者都可一路观望（短线抢反弹除外）。

如图 10–5 所示，南通科技（600862）。股价见顶后向下震荡走跌，股价处于 BOLL 指标中轨线之下，中轨线也缓缓下行，同时股价均线系统向空头发散，成交量不断萎缩，说明盘面处于弱势下跌过程中。经过一波反弹行情后，股价再次出现下跌行情，盘面产生同样的现象，投资者遇到这种盘面走势时，应以观望为主。

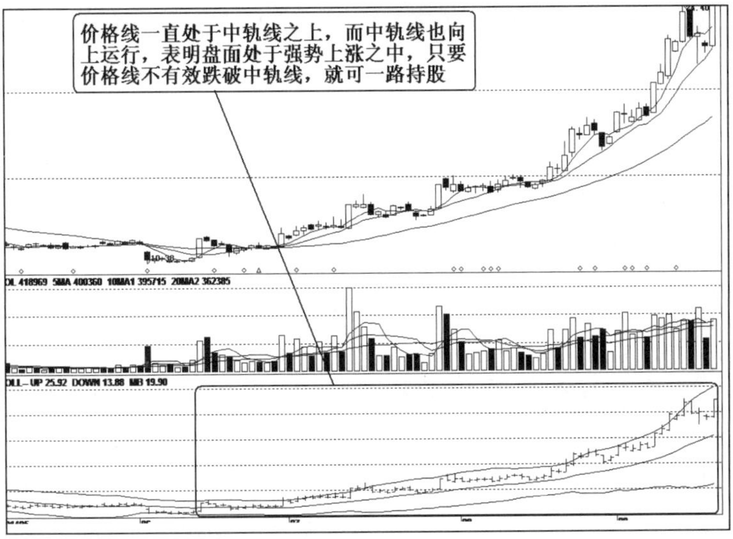

图 10-4

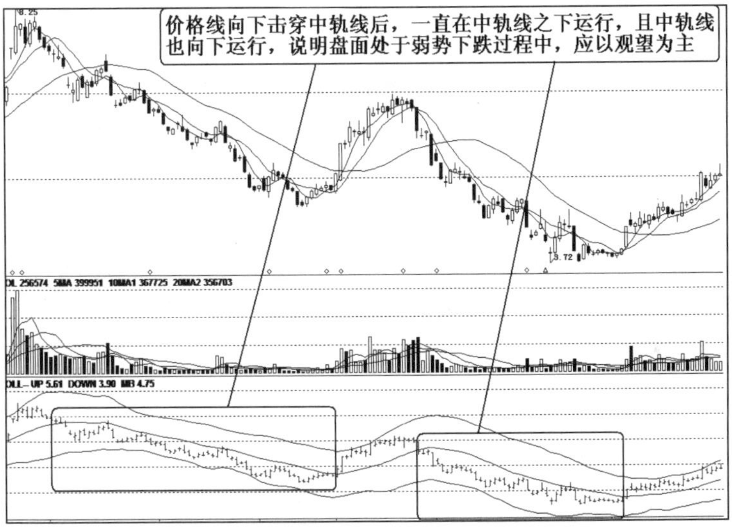

图 10-5

（10）当价格沿着 BOLL 指标的上轨线运行时，市场为单边上涨行情，该情况下一般为爆发性行情。持有多单的投资者此时一定要守住，只要价格不脱离上轨线区域，就可耐心持有。相反，当价格沿着 BOLL 指标的下轨线运行时，市场为单边下跌行情，该情况一般为一波快速下跌行情。此时只要价格不向上脱离下轨线，持有空单的投资者就应坚决观望。

（11）BOLL 指标通道的缩口状态。当价格经过一段时间的上涨和下跌后，会在一个范围内进入震荡休整，震荡的价格区域会越来越小，BOLL 指标通道表现为上轨、中轨、下轨三条轨道收缩。此状态为大行情来临前的预兆，应密切关注盘面变化。

（12）BOLL 指标通道缩口后的突然扩张状态。在 BOLL 指标通道缩口状态下，经过一段时间的震荡整理后，BOLL 指标通道突然扩张，意味着一波爆发性行情已经来临，从此之后行情便会进入单边行情。在这种情况下，可以根据股价的突破方向积极调整自己的仓位，顺应行情操作。

四、BOLL 指标实盘应用技巧

运用 BOLL 指标选股，主要是观察 BOLL 通道开口大小。对那些开口逐渐变小的个股，应多加留意。因为 BOLL 线开口逐渐变小，代表股价的涨跌幅度逐渐变小，多空双方力量趋于一致，股价将会选择突破方向。开口越小，股价突破的力度就越大，因此将 BOLL 通道开口和收口的形态称为“喇叭口”形态。

根据 BOLL 指标上轨线和下轨线的运行方向和所处的位置不同，喇叭口分为开口型喇叭口、收口型喇叭口和紧口型喇叭口三种类型。

开口型喇叭口形态经常出现在个股短期内暴涨或暴跌行情的初期；收口型喇叭口形态经常出现在个股转势行情（暴跌或暴涨行情之后）的初期；紧口型喇叭口形态则经常出现在股价大幅下跌或上涨的末期。

1. 开口型喇叭口

股价经过长时间的底部整理后，BOLL 指标的上轨线和下轨线逐渐收缩，上轨、下轨线之间的距离越来越小。随着成交量逐渐放大（涨停惜售除外），股价突然出现向上的急速飙升行情，此时 BOLL 指标的上轨线也同时急速向上扬升，而下轨线却加速向下运行。这样 BOLL 指标的上轨、下轨线之间就形成了一个类似于大喇叭的特殊形态，一般把 BOLL 指标的这种喇叭口称为开口型喇叭口。

开口型喇叭口是一种显示股价短线大幅向上突破的形态，形成于股价经过长时间的低位横盘筑底之后的向上变盘走势。BOLL 指标上轨、下轨线出现方向截然相反而力度却很大的走势，预示着多头力量逐渐强大，空头力量逐步衰竭，股价短期将处于大幅拉升行情之中。

形成开口型喇叭口形态，必须具备两个条件。其一，股价要经过长时间的中低位横盘整理，通常整理的时间越长，上下轨线之间的距离越小，未来涨升的幅度越大；其二，BOLL 指标开始开口时，要有明显的大成交量出现。

开口型喇叭口形态的确立，以价格线（或 K 线）向上突破上轨线、股价带量向上突破中长期均线为准。出现开口型喇叭口形态，投资者如能及时短线买进，一定会获利丰厚。

如图 10–6 所示，姚记扑克（002605）。股价在低位出现长时间的横盘整理，BOLL 指标上轨、下轨线之间的距离渐渐缩小。不久，股价放量向上突破底部盘区，BOLL 指标开口迅速向外扩张，此后股价出现一波上涨行情。

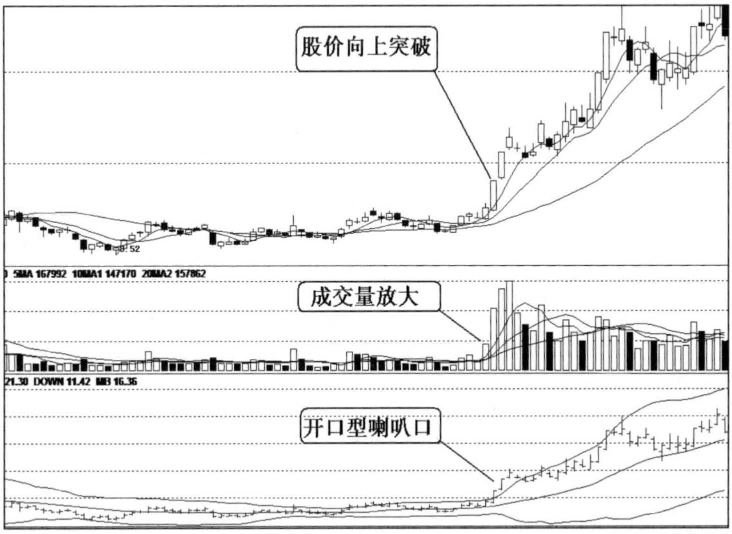

图 10–6

BOLL 指标在高位出现向下开口型的喇叭口形态，其盘面现象和操作策略与上述情况完全相反。

如图 10–7 所示，日照港（600017）。该股经过一段时间的横盘整理后，股价出现向下破位走势，均线系统出现空头发散。BOLL 指标的喇叭口向下迅速张口，说明股价将要出现大跌，此后股价出现一波下跌走势。

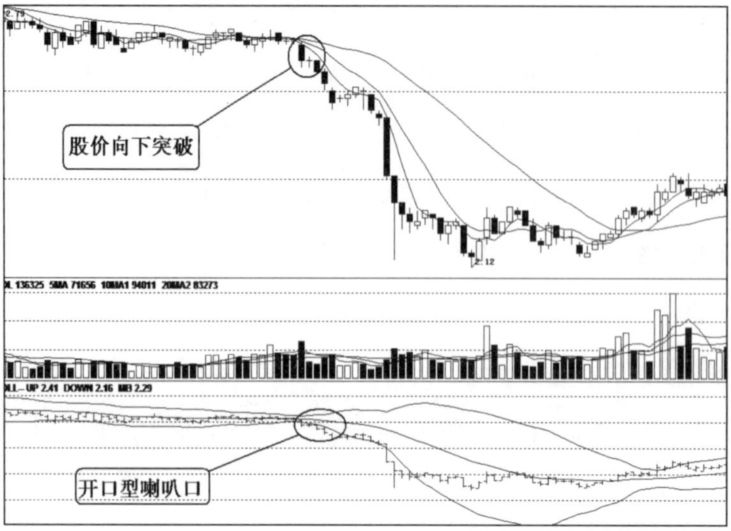

图 10-7

2. 收口型喇叭口

当股价经过短时间的大幅拉升后，BOLL 指标的上轨线和下轨线逐渐扩张，上轨、下轨线之间的距离越来越大。随着成交量的逐步减少，股价在高位出现了急速下跌行情，此时 BOLL 指标的上轨线开始急速掉头向下，而下轨线还在加速上升，这样 BOLL 指标的上轨、下轨线之间的形状，就变成一个类似于倒向大喇叭的特殊形态，一般把 BOLL 指标的这种喇叭口称为收口型喇叭口。

收口型喇叭口是一种显示股价短线大幅向下突破的形态，形成于股价经过短时期的大幅拉升后，面临向下变盘时出现的一种走势。BOLL 指标的上轨、下轨线运行方向截然相反，而且力度很大，预示空头力量逐渐强大，多头力量开始衰竭，股价将进入短期大幅下跌的行情。

形成收口型喇叭口形态，虽然对成交量没有要求，但必须具备一个条件，即股价前期出现过大幅的短线拉升。通常拉升的幅度越大，上下轨线之间的距离越大，未来下跌幅度越大。

收口型喇叭口形态的确立，以 BOLL 指标的上轨线开始掉头向下，股价向下跌破短期均线为准。出现收口型喇叭口形态时，投资者如能及时卖出，则能保住收益，减少较大的下跌损失。

如图 10-8 所示，东方银星（600753）。股价经过成功炒作后，累计涨幅已超过 150%，庄家在高位不断兑现获利筹码，导致多头上攻力量渐渐衰竭，成交量开始萎缩。不久，BOLL 指标的上轨线开始回落，而下轨线还处于上行状态，这时 BOLL 指标的喇叭口呈现收缩形态，说明涨势已近尾声。随后股价渐行渐弱，出现中期调整。

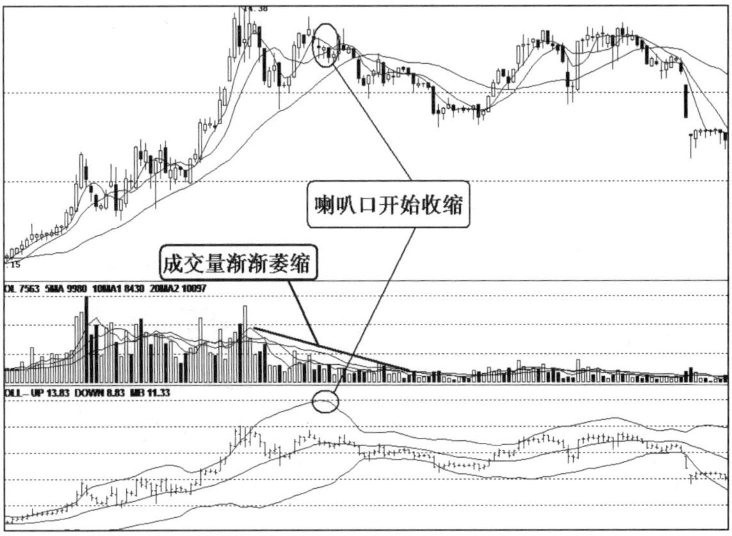

图 10–8

在大幅下跌后的低位，BOLL 指标出现收口型喇叭口形态，说明股价企稳回升，其盘面现象和操作策略与上述情况完全相反。它的必备条件就是股价前期出现过大幅下跌，反弹时得到成交量的积极配合，否则股价的反弹幅度将受到限制。

如图 10–9 所示，凯乐科技（600260）。该股经过充分的调整后，庄家进行打压建仓。经过一波快速下跌后，股价渐渐企稳盘整。BOLL 指标的张口渐渐收缩，说明股价调整已近尾声，此时可以逢低分批吸纳，随后股价向上稳步走高。

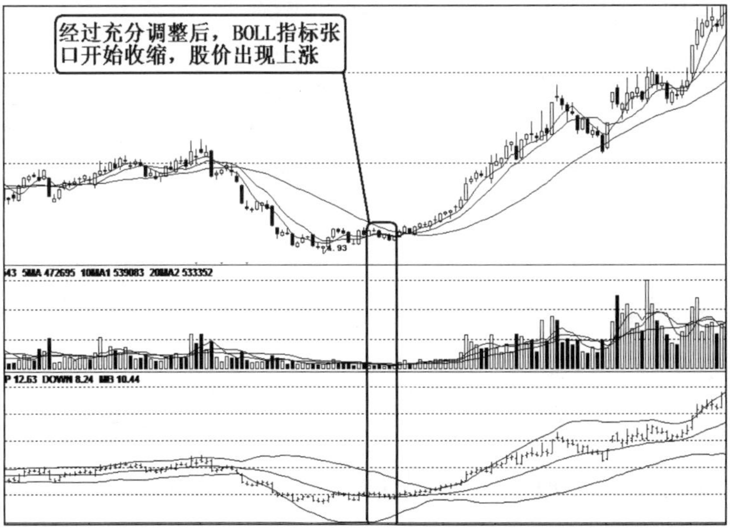

图 10–9

3. 紧口型喇叭口

当股价经过长时间上涨后，BOLL 指标的上轨、下轨线向中轨线逐渐靠拢，上轨、下轨线之间的距离越来越小。随着成交量越来越小，股价在高位出现反复振荡。此时 BOLL 指标的下轨线还在向上运行，而上轨线却在缓慢下行。这样 BOLL 指标上轨、下轨线之间的形状，就变成一个类似于倒着的小喇叭的特殊形态，该形态将会持续一段时间，所以把 BOLL 指标的这种喇叭口称为紧口型喇叭口。

在上涨过程中形成紧口型喇叭口，显示股价经长期上涨后，形成盘头形态。紧口型喇叭口形成于股价长期大幅上涨后，是一种面临下跌调整的走势。

如图 10–10 所示，长江通信(600345)。股价经过大幅上涨后，市场跟风盘稀少，多方攻势渐渐收敛，股价在高位出现震荡走势。BOLL 指标的上轨、下轨线之间渐渐收缩，呈现紧口型喇叭口形态。持续一段时间后，股价选择向下突破，随后股价渐渐走弱。

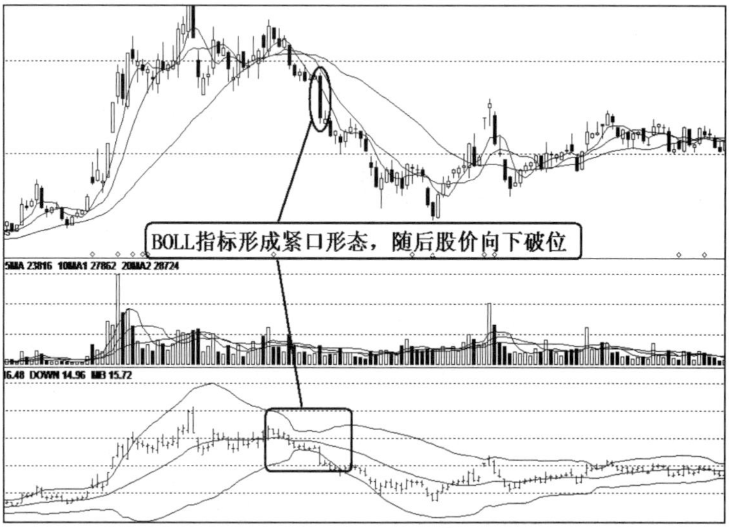

图 10–10

在实盘操作中，BOLL 指标出现紧口型喇叭口形态时，要重点关注其突破方向。大家知道，突破包括两个方向：向上突破和向下突破。一旦向下突破，应及时离场；如果向上突破，则可以跟进。

如图 10–11 所示，营口港（600317）。股价经过两波大幅上涨行情后，在高位出现横盘震荡走势，BOLL 指标出现紧口型喇叭口形态。在高位出现这种形态，股价是否一定向下突破呢？未必如此。不久，股价放量向上突破，脱离整理盘区。

BOLL 指标的价格线向上穿越上轨线，说明新的上涨攻势已经形成。随后股价出现新一波快速上涨行情，让不少投资者始料不及。

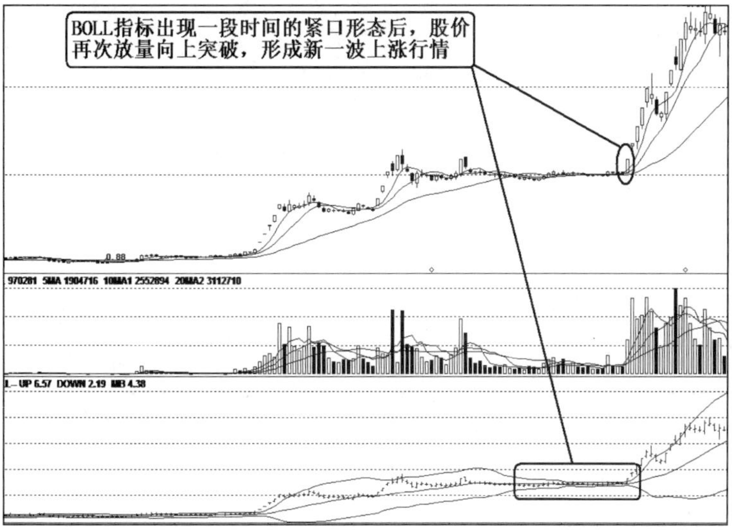

图 10–11

股价经过长时间的下跌后，BOLL 指标的上轨、下轨线向中轨线逐渐靠拢，上轨、下轨线之间的距离越来越小。随着成交量越来越小，股价在低位出现反复振荡，此时 BOLL 指标的上轨线还在向下运行，而下轨线却在缓慢上升，这样 BOLL 指标便又出现了紧口型喇叭口形态。

在下跌过程中形成紧口型喇叭口，显示股价将长期小幅盘整筑底。紧口型喇叭口形成于股价经过长期大幅下跌后，属于面临企稳回升的一种走势。BOLL 指标的上轨、下轨线逐步小幅靠拢，预示多空双方的力量逐步趋于平衡，股价将处于横盘整理行情中。

紧口型喇叭口形态的形成条件和确认标准比较宽松，只要股价经过较长时间的大幅下跌，成交量极度萎缩，上轨、下轨线之间的距离越来越小，就可以认定紧口型喇叭初步形成。出现紧口型喇叭口后，投资者既可以观望等待，也可以少量建仓。

如图 10–12 所示，酒钢宏兴（600307）。该股经过一段时间的下跌调整后，股价在底部渐渐企稳盘整。BOLL 指标的上轨、下轨线渐渐收窄，呈现紧口形态，说明股价下跌动力已经衰竭，并开始渐渐企稳。不久，股价向上突破底部盘区，成交量迅速放大，BOLL 指标中的价格线向上穿越其上轨线，随后股价震荡走高。

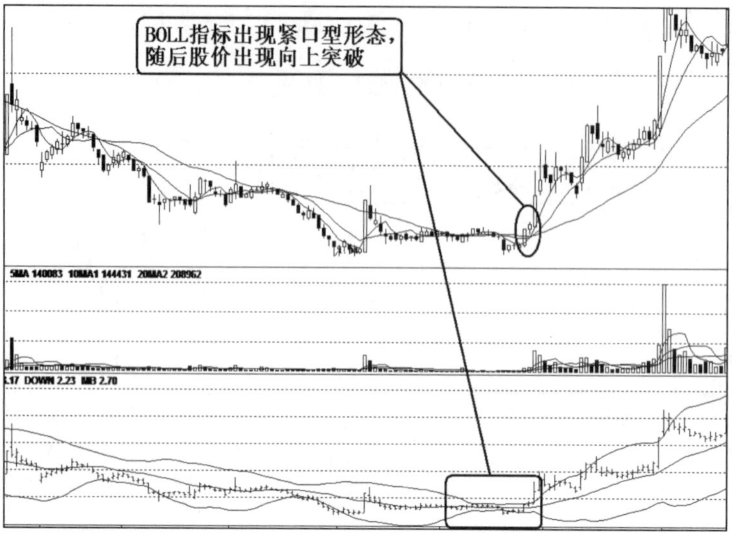

图 10-12

4. 预告信号

BOLL 指标对行情的发展具有神奇的预告作用。在股价盘整过程中，投资者通常最想知道的是股价要盘整到什么时候才会产生行情。如果太早买入股票，而股价又迟迟不涨，资金利用率就会降低，投资者还要承担股价调整的风险。BOLL 指标恰恰可以在这方面发挥其神奇的预告作用。

BOLL 指标可以像 KDJ、MACD 等指标那样，通过低位向上交叉作为买入信号，或通过高位向下交叉作为卖出信号。但这些指标都有一个缺点，就是在股价盘整的时候会失去作用或产生骗线，给投资者带来损失。那么怎样才能有一个比较明确的变盘信号呢？ BOLL 指标就能起到变盘的预告作用。

如图 10-13 所示，飞利信（300287）。从该股的日 K 线图中，可以得出如下盘面信息。

（1）BOLL 指标的价格线向上突破上轨线，且均线系统也已经或即将发出低位金叉信号，说明股价即将见底回升，进入一个中长期上升通道之中。这是 BOLL 指标发出的买入信号，此时投资者应及时买入股票。

（2）当 BOLL 指标的轨道经过很长一段时间的低位窄幅水平运行后，一旦价格线带量向上突破 BOLL 指标的上轨线，同时原本狭窄的 BOLL 通道突然开口向上，说明股价即将脱离原来的水平运行通道，进入新的上升通道之中，这也是

BOLL 指标发出的买入信号。

（3）当价格线向下突破 BOLL 指标的中轨线，且均线系统也在高位出现死叉时，说明股价即将见顶回落，进入一个中长期下降通道之中。这是 BOLL 指标发出的卖出信号，此时投资者应尽早清仓离场。

（4）当 BOLL 指标的轨道经过很长一段时间的高位窄幅水平运行后，一旦价格线向下突破 BOLL 指标的下轨线，同时原本狭窄的 BOLL 通道突然开口向下，说明股价即将脱离原来的水平运行通道，进入新的下降通道中，这也是 BOLL 指标发出的卖出信号。

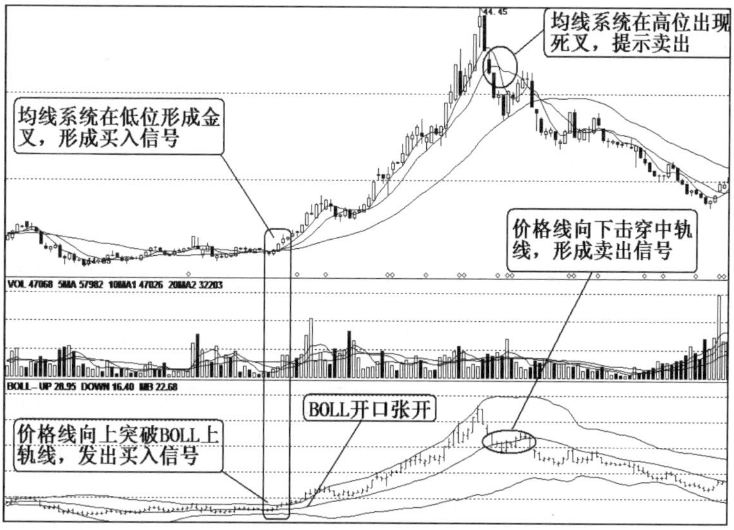

图 10-13

5. 超买超卖信号

（1）超买信号。当 BOLL 指标碰触上轨线时，一般遇有较强的压力，股价有产生强烈回档的可能。如果股价突破上轨线且连续 3 天收在上轨线之上，或冲出上轨线距离较远，而成交量又无法连续放出，那么股价有回归通道内的要求，投资者应在相应的上轨线附近顺势抛出筹码。

如图 10-14 所示，国瓷材料（300285）。从该股日 K 线走势图可以看出，BOLL 指标中的价格线曾经三次向上突破通道上轨线的压力，显示短期超买严重，有回归通道内的要求。同时，突破走势也得不到成交量的积极配合，所以股价短期出现回调，未能产生持续性的拉升行情。

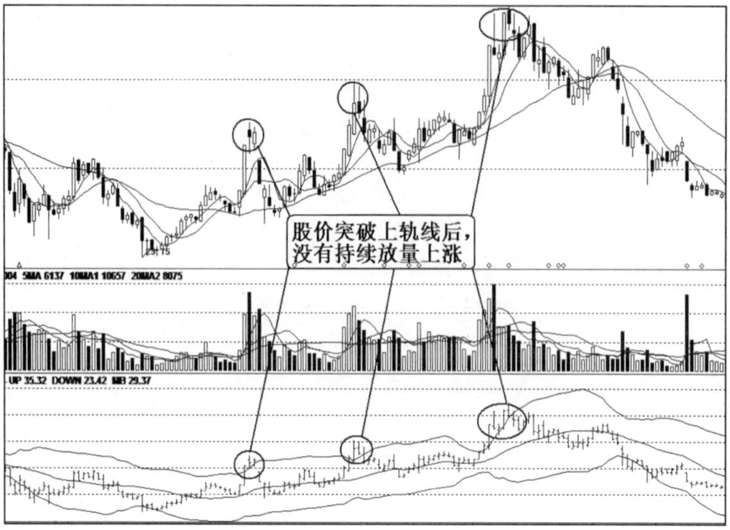

图 10–14

（2）超卖信号。当 BOLL 指标碰触下轨线时，一般遇有较强的支撑，股价有产生强烈反弹的可能。如果突破下轨线，且股价连续 3 天收在下轨线之下，或冲出上轨线距离较远，股价有回归通道内的要求。投资者应在相应的下轨线附近，考虑择机购入筹码。

如图 10–15 所示，尔康制药（300267）。股价在快速杀跌过程中，连续 7 天收于 BOLL 指标下轨线之下，价格线严重偏离正常轨道，有回归 BOLL 通道内的要求。投资者可在 K 线出现倒锤头形态时低点介入，做一波超跌反弹行情（短炒长炒视后市走势而定）。后来该股走出一波力度较大的上涨行情。

6. 支撑压力信号

（1）支撑信号。在一轮持续上涨行情中，当股价从上轨线向中轨线回档时，一旦在中轨线附近受到支撑并坚挺向上，中轨线便成为支撑带。对于在布林通道中轨线与上轨线之间运作的强势股，不妨以回抽中轨线作为低吸买点，并以中轨线作为重要的止盈、止损线。

如果 BOLL 指标中轨线经长期大幅上涨后在高位转平，并出现向下的拐点，且股价 2~3 日内均在中轨线之下运行。此时若股价回升受阻，其回升高点往往是逢高抛售的中短线卖出点。股价由上向下跌破中轨线时，股价有加速下跌之势，是清仓卖出信号。

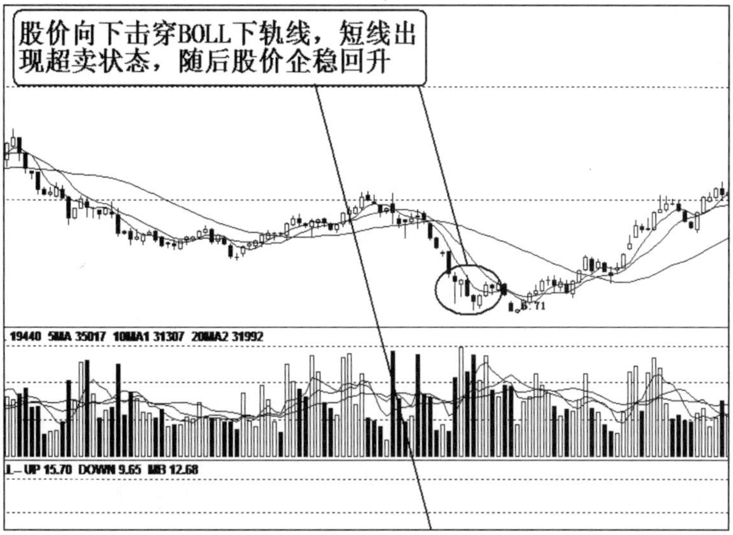

图 10–15

如图 10–16 所示，顺鑫农业（000860）。这是该股 2018 年 4 月至 6 月的走势图，从图中可以看到，股价开始缓缓盘升，价格线逐步向上，形成一条清晰可见的 BOLL 上升通道。期间股价多次在触及或冲破上轨线时遇阻回落，展开技术上的强势调整，成交量明显萎缩。每当价格线回档至 BOLL 指标中轨线附近，均获得较强的支撑。每次回调均构成短线最佳买入点，且每次介入均有一定的获利空间。如果常年盯着 BOLL 指标做波段操作，一般不会吃亏。

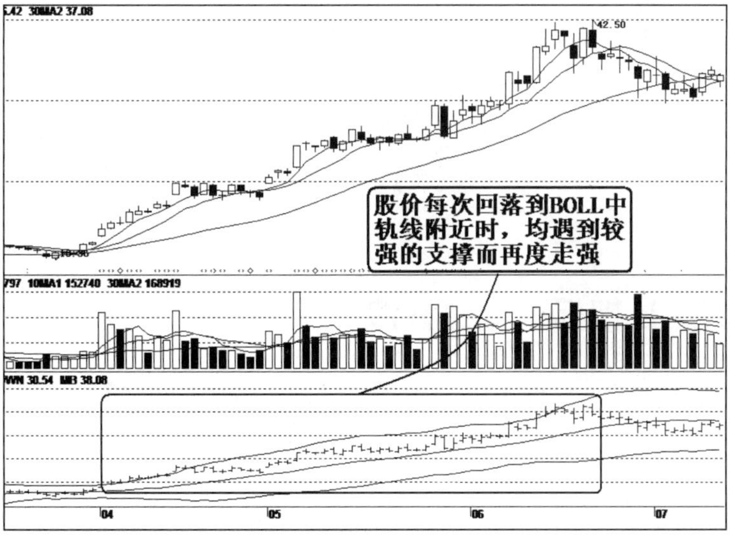

图 10—16

（2）压力信号。在一轮持续下跌行情中，当行情从下轨线向中轨线反弹时，一旦在中轨线附近受到压力，股价走势疲软，中轨线便成为压力带。对于在 BOLL 中轨线与下轨线之间阴跌的弱势股，不妨以反弹到中轨线附近作为高抛卖点。

如果 BOLL 指标的中轨线经长期大幅下跌后在低位转平，并出现向上的拐点，且股价 2~3 日内均在中轨线之上运行。此时若股价回调企稳，其回档低点往往是适量低吸的中短线买入点。股价由下向上突破中轨线时，有加速上扬之势，是加仓买进信号。

如图 10–17 所示，京东方 A（000725）。从该股 2018 年 3 月至 6 月的走势图中可以看出，股价见顶后逐波震荡走低，BOLL 中轨线缓缓下行，形成一条清晰可见的 BOLL 下降通道。期间股价多次反弹到中轨线附近时均遇阻回落，股价再创新低，显示中轨线附近压力较重，因此中轨线附近成为较好的止损位置。

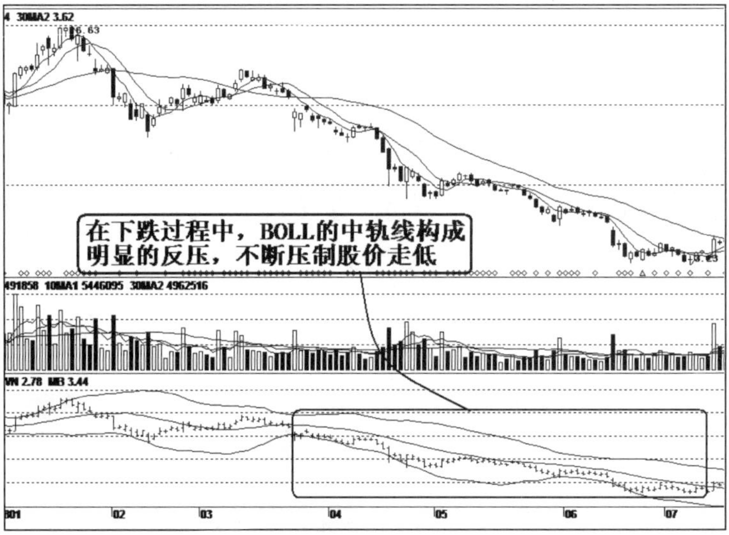

图 10–17

五、依据 BOLL 指标捕捉主升浪

BOLL 指标可以提示支撑和压力位置，显示超买和超卖情况，具有通道功能。在研判主升浪行情时，BOLL 指标也具有较好的效果。

股价长时间进行横盘整理，BOLL 指标的上轨线和下轨线逐渐收紧，两线之间的距离越来越小，值差接近 10 时，表示将要出现变盘，激烈的价格波动有可能随时产生。随着成交量逐渐放大，股价突然急速上涨，此时 BOLL 指标的上轨线急速向上运行，下轨线也同时向下运动。这样，BOLL 指标上下轨之间就形成了一个类似张口的喇叭形态。此时若股价连续穿越上轨线，则表示股价短期会有一定的升幅。

这种形态是股价经过长时间低位横盘筑底后，面临向上变盘时出现的一种走势。BOLL 指标的上下轨线出现方向截然相反而力度却很大的走势，预示多方力量逐渐强大，空方力量逐渐衰竭，股价短期将出现大幅拉升行情。

这种形态一般要具备两个条件：一是股价要经过长时间的横盘整理，通常整理时间越长，上下轨之间的距离越小，未来突破的力度和幅度越大；二是在 BOLL 通道开口的关键位置，无论涨跌都要有明显的大成交量出现，否则为疑似突破信号。

如图 10–18 所示，青松股份（300132）。股价经过小幅爬高后，出现横盘整理走势，BOLL 通道收窄多时，上轨、中轨和下轨线十分接近，上下轨线值差低于 10%。在均线系统中，5 日、10 日、30 日三条均线相互缠绕在一起，呈现黏合状态。这时投资者应密切关注盘面变化情况（不必过早介入），把箭拉在弦上，一旦向上突破，就可立即行动。

2018 年 4 月 9 日，一根大阳线向上拉起，BOLL 通道突然张开，成交量明显放大，均线系统向上发散，股价向上突破的信号已经明确，一轮升势行情已经来临，投资者此时可以不惜追涨杀入做多。此后，寂寞多时的骏马奋蹄而起，直奔向上。

由此可见，BOLL 通道收窄是暴风雨前的宁静，是黑马股启动前的信号，而 BOLL 通道开口放大则是最佳买入时机。想让资金翻倍，就应骑上这样的骏马！

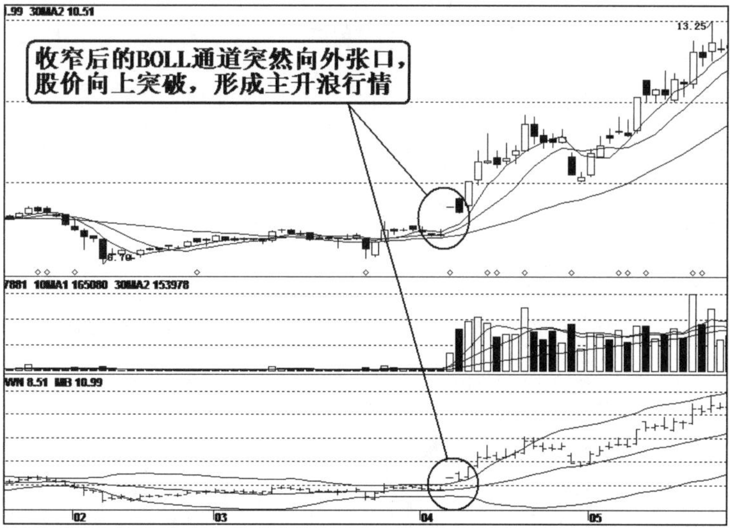

图 10–18

BOLL 是一个很神奇的指标，其上轨、中轨、下轨线，每个轨道线在不同的时候会构成不同的压力位、支撑位，需要注意其弱、强、超强三种力度。

使用 BOLL 指标时，应把握以下几个方面。

1. BOLL 窄轨情况

BOLL 指标的窄轨情况，应注意以下两种盘面走势。

（1）在向上的窄轨通道中，股价运行在 BOLL 窄轨的上轨和中轨线之间，这时上轨线构成弱压力，中轨线构成弱支撑，而下轨线构成强支撑。股价向下转折时会有震荡反弹，很难从上轨线附近直接跌穿下轨线。

通常趋势是从上轨线跌到下轨线，然后反弹到中轨线附近，再次下跌击穿下轨线，此时 BOLL 指标张口打开，表明下跌趋势形成。对于向上运行的窄轨，当股价突破上轨线，BOLL 通道张口打开时，往往意味着主升浪开始。

（2）在向下的窄轨通道中，股价运行在 BOLL 窄轨的中轨和下轨线之间，这时中轨线构成弱压力，下轨线构成弱支撑，上轨线构成强压力。对运行在窄轨下跌通道的个股来说，股价很难从下轨线附近直接上穿上轨线。

通常趋势的反转是从下轨线上攻到上轨线，然后回踩至中轨线附近，再次上攻击穿上轨线，此时 BOLL 通道张口打开，表明上升趋势形成。对于向下运行的窄轨，当股价击穿下轨线，BOLL 通道张口打开，往往意味着主跌浪开始。

2. 宽轨开口情况

BOLL 指标宽轨开口，也就是张口打开的情况，应注意以下几种盘面走势。

（1）对于张口向上打开的主升浪情况，股价运行在上轨线上方，是超强的攻击形态，往往是主升浪刚突破后的形态。其后回落，中轨线构成强支撑。再次向上，上轨线构成强压力。一个完好的主升浪上升通道，就是大开口形态，股价运行于中轨和上轨线之间。

（2）大张口向上并出现顶背离时，股价回落后，中轨线构成弱支撑，下轨线构成超强支撑，股价很难在张口收缩之前直接击穿下轨线。如果下跌力量很强，但当时张口很大，并且 BOLL 没有收口，触到下轨线后必然有反弹。反弹时，中轨线构成强压力。如果反弹很弱，其后下轨线只能构成弱支撑，这时往往就是趋势反转确立的标志。

（3）对于张口向下打开的主跌浪情况，股价运行在下轨线下方，是超强的下跌形态，往往是主跌浪刚突破后的形态。其后反弹，中轨线构成强压力。再次向下，下轨线构成强支撑。一个完好的主跌浪下跌通道，就是大张口形态，股价运行于中轨和下轨线之间。

（4）对于向下大张口并出现底背离时，股价反弹后，中轨线构成弱压力，上轨线构成超强压力，股价很难在张口收缩之前直接攻穿上轨线。如果上攻力度很强，但当时张口很大，并且没有收口，触到上轨线必然有回落。回落时，中轨线构成强支撑。如果回落很小，其后上轨线只能构成弱压力，这时往往就是趋势反转确认的标志。

3. 宽轨缩口情况

BOLL 指标宽轨缩口，也就是大张口收缩的情况，应注意以下两种盘面走势。

（1）无论张口向上或向下，上轨、下轨线只能构成弱压力、弱支撑，中轨线不构成支撑和压力，此时向上或向下发生行情的概率都较大。

（2）股价运行在上轨线之上，是超强攻击形态；运行在中轨和上轨线之间，是上升通道形态；运行在下轨和中轨线之间，是下跌通道形态；运行在下轨线下方，是超强下跌形态。

4. 几种特殊情况

在很多形态判断上，BOLL 指标有自己独特的优势，比如判断股价的支撑位和压力位，发生主升浪和主跌浪，顶背离和底背离，以及反转形态等。

这里分析一下发生主升浪的几种情况。

（1）股价横盘震荡或缓慢上行，BOLL 指标呈现平行窄轨，股价运行在 BOLL 指标的中轨和上轨线之间。某日突然股价跌破中轨线，但在下轨线处获得支撑。在此震荡数日后，上攻突破中轨线并触到上轨线附近时，遇到压力回踩中轨线时企稳，此时向上突破上轨线并发生大行情的概率非常大。这是经典的挖坑启动形态，也是经典的向上突破形态。

如图 10–19 所示，亚威股份（002559）。该股见底企稳后缓缓上行，BOLL

指标呈现窄轨通道，股价运行于中轨和上轨线之间。期间，股价几次跌破中轨线弱支撑，形成窄幅震荡走势，然后向上拉起，穿越中轨线弱压力，接近上轨线附近。之后，股价向上突破，放量涨停，BOLL 指标上轨线被突破，张口迅速打开，主升浪由此展开。

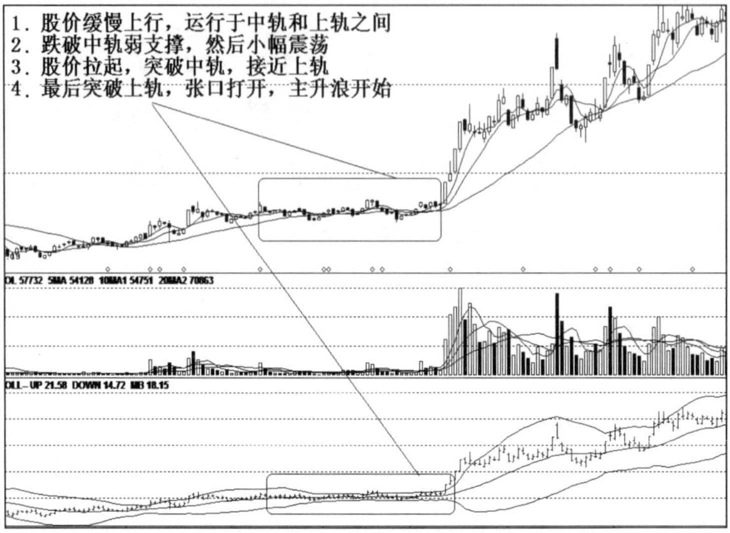

图 10–19

（2）股价横盘震荡或缓慢上行，BOLL 指标呈现平行窄轨，股价运行在 BOLL 指标的中轨和上轨线之间。某日股价突然加速上涨，突破上轨线的压力，BOLL 指标的张口（上、下轨）也呈打开的态势，此时出现加速上涨的概率较大。这是经典的加速上涨形态。

如图 10–20 所示，大同股份（300321）。该股成功见底后渐渐向上盘升，BOLL 指标长时间处于窄轨运行状态。股价在中轨和上轨线之间运行，多次试图突破上轨线压制，但均未成功。不久，股价放量上涨，BOLL 指标突破上轨线的压制，张口向外扩散，由此出现一波加速上涨行情。

（3）股价先出现一波快速上涨行情，BOLL 指标的开口也呈现打开状态，随后股价出现洗盘整理，BOLL 张口渐渐收缩，股价围绕中轨线震荡，多数时间处于中轨和上轨线之间。经过一段时间整理后，股价开始放量上涨，BOLL 指标突破上轨线的压制，此时有可能出现新一轮主升浪行情。这是经典的逐浪上涨形态。

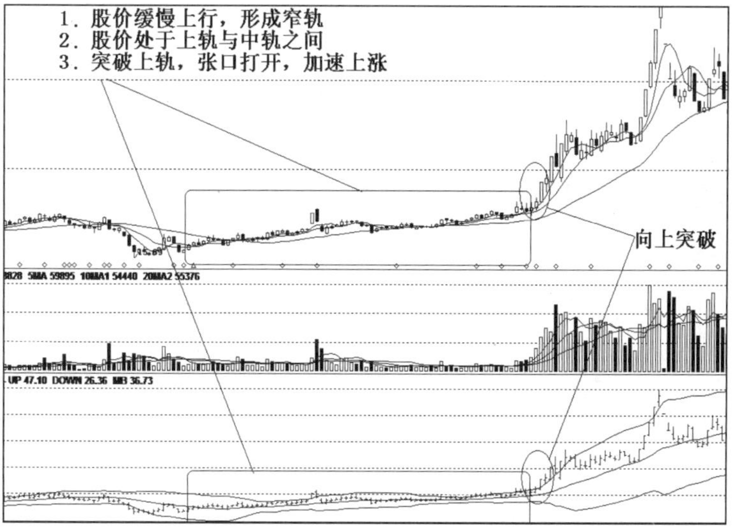

图 10-20

如图 10-21 所示，掌趣科技（300315）。庄家成功完成建仓计划后，股价快速脱离底部区域，BOLL 通道张口向外扩散。接着庄家开始洗盘整理，股价出现震荡走势，BOLL 通道张口开始缩窄，形成窄轨通道。经过一段时间的整理后，股价出现放量上涨走势，BOLL 通道向上突破上轨线的压制，此后股价出现新一波上涨行情。

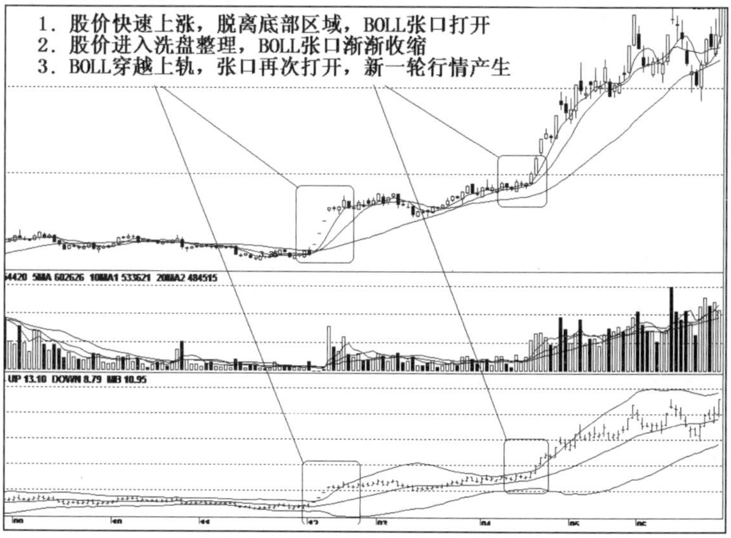

图 10-21

（4）对于上述 3 种刚进入加速上涨行情的个股，在首次从尖顶回落到中轨线附近时，往往是一个较好的买入机会，其后至少有一次上攻机会，这是短线操作非常奏效的技巧。

如果上攻力度强，能够再次攻击上轨线，则继续保持上升通道的完整性，此后回落到中轨线时仍可再次买入；如果上攻力度弱，股价与通道构成背离，则需及时出局。这是做上升通道强势股的方法，也是超短线操作的一大法宝，在盘升类个股中应用效果非常好。

如图 10–22 所示，长江投资（600119）。股价原先运行在一个缓慢的上升通道中，不久出现加速上涨走势，BOLL 通道渐渐变宽。之后股价每次回落到中轨线附近时，都是一个较好的买点。股价到达上轨线附近，也是短线减仓的高点。经过一段上涨行情后，股价在高位上攻力度减弱，此时应及时退出观望。

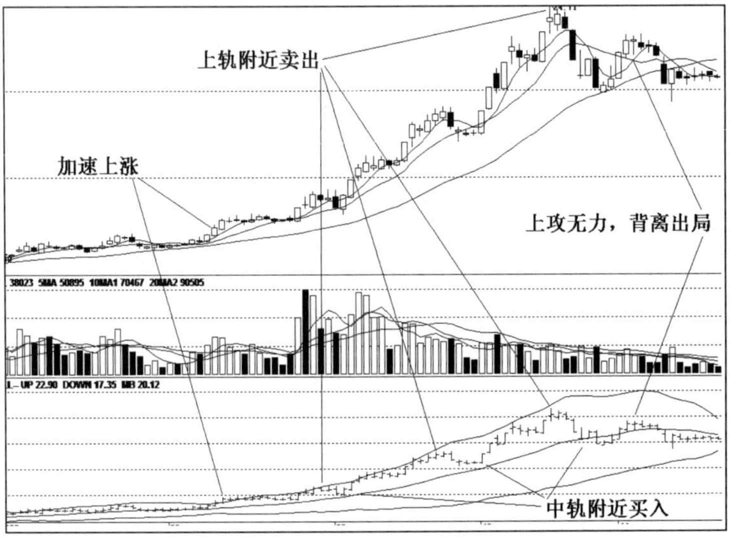

图 10–22

可以说，个股的主升浪大多数是在前 3 种情况下发生的，但很多时候其攻击力并不强，如果结合 MACD 指标、RSI 指标以及量能等因素来分析，准确率会大大提高。至于用 BOLL 指标来判断主跌浪，上面的情况反过来看就可以了。

5. 时间形态分析

（1）大周期（包含周期分界点）决定成就，也就是股价的空间；小周期（包含周期分界点）决定精度，也就是准确定位买卖点。

（2）小周期服从大周期。当小周期和大周期的走势趋向相反时，以上一级大周期的趋向为主导。小周期趋向多数只是做弱势抵抗，之后会服从大周期的趋向。

当然也有少数极端情况，小周期的趋向非常强，最终引起大周期的趋向改变。

（3）相邻周期的级别尤其是小周期级别分析同一只股票时，往往会得出相互矛盾的结论。这时如何选择准确的周期级别来判断行情转势，需要按照最近背离发生的位置来确定。背离发生在哪个级别，就用哪个级别来判断后续走势。

（4）当多个大小周期的趋向相同时，就产生了共振，这是最强大的时间形态。周期共振通常有三种。

一是多个大小周期同时出现，如 MACD 指标呈顶背离或者底背离，其后会产生大级别的反转。

二是多个大小周期同时出现加速启动或者突破形态，很可能就会产生主升浪或者主跌浪。

三是多个周期或者两个相邻的大小周期同时遇到 BOLL 指标压力或支撑时，此压力或支撑会很强大，可以选择离场或入场，这也是共振的一种形式。

（5）任意一个大小周期级别，都符合上述所讲的 BOLL 指标和 MACD 指标形态分析法则。

六、BOLL 指标的缺憾及克服方法

（1）BOLL 指标的超买和超卖功能（上轨、下轨线的支撑和阻力），只能运用在盘整行情或小幅波动行情中。通道的约束作用，在股价温和运行时尚有意义，若走势突然出现大幅震荡，BOLL 指标的指导意义不大。

克服方法：BOLL 指标既是压力支撑指标，又是超买超卖指标，它与 ROC、CCI、KDJ 等技术指标配合使用时，可以相互弥补盲点，应多参考上述指标的特性。比如，BOLL 指标与 KDJ 指标配合使用。

KDJ 指标是超买超卖类指标，BOLL 指标是支撑压力类指标，两者结合在一起的好处是：可以使 KDJ 指标信号更为精确，日 K 线指标体系中的 BOLL 指标，反映的往往是价格中期运行趋势。利用这两个指标来判定价格到底是短期波动还是中期波动，具有一定的作用，尤其适用于判断价格到底是短期见顶（底），还是进入了中期上涨（下跌）走势，具有比较好的研判效果。

（2）在盘整时，股价向上穿越上轨线产生回档，或向下穿越下轨线产生反弹，

反复来回穿越数次，且幅度都不大。在这种情况下，投资者依据 BOLL 指标操作，进进出出十分频繁，能赚回手续费就算不错了。

克服方法：带状区处于水平方向移动，而股价连续穿越上轨，即运行在中轨线上方，暗示未来将朝下跌方向前进，因而可以不必理会其不断穿越上轨线的现象。反之，不必理会下轨线这个买进信号。

（3）在一轮主升段行情中，BOLL 指标突破上轨线时，易犯卖早或买迟的错误。

克服方法：一看股性，从过去出现的类似情况，基本可知现在的走势，能够帮助投资者更好地把握时机；二看大势，如大市正处于上升阶段，股价突破上轨线之后，也不要急于出局，观察一段时间后再作定夺，如大市处于转淡阶段，建议还是先获利了结为好。

（4）在实盘操作中，投资者常常遇到两种最常见的交易陷阱：一是买低陷阱，投资者在所谓的低位买进之后，不仅股价没有止跌回升，反而不断出现下跌；二是卖高陷阱，股票在所谓的高点卖出后，股价却一路上涨，利润损失一大截。

克服方法：BOLL 指标认为，各类市场都是互动的，市场内和市场间的各种变化具有相对性，股价高和低都是相对的。在上轨线以上或下轨线以下，只反映该股股价相对较高或相对较低。投资者在作出投资决策之前，还需要综合参考其他技术指标，包括价量指标、心理类指标、类比类指标、市场间的关联数据等。总之，BOLL 指标中的股价通道，对预测未来行情走势起着重要的参考作用，它也是 BOLL 指标特有的分析手段。

（5）“逢高减磅”是一句比较抽象且笼统的口头语，客观地、量化地“逢高”卖出，才是技术分析和实战技巧中要解决的关键问题。在大盘平衡市中，个股不断轮动。此时在热门股中逃顶，在波峰中果断高抛，卖得有技术、讲艺术，才是实战操盘的精华之处。正确利用 BOLL 上轨线高抛这一颇为直观且胜算高的应用技巧，是实战逃顶的关键。

针对三类不同走势的个股，在 BOLL 指标上轨线附近高抛时，有如下三种博弈对策。

第一，以波段加速、末期急拉的个股。其 BOLL 带宽已过分张大，股价冲出上轨线 2~3 天，6 日乖离率大于 14，25 日乖离率大于 19 等远离均线的经验数值，可以辅助盘中主动高抛逃顶。一般而言，若股价上破 BOLL 上轨线 3 天或冲出上轨线过多，而成交量又无法连续放出，此时投资者要注意短线高抛了结。

第二，以减速、加速原理，对于第一波启动强劲有力，而后第二、第三波滞涨的个股，其股价上攻 BOLL 上轨乏力，股价较前期高点一顶比一顶高或略高，布林极限 BB 一顶比一顶低的现象，若股价触轨而与布林极限背离，BB 大于 100，股价出轨背离，则高抛的可靠性相对较高，这是这类滞涨个股波段逃顶的关键。此时通过 BOLL 指标的客观分析，可战胜实盘操作中“多赚”的贪念。

第三，对于 BOLL 带宽持久收缩而刚刚张口的启动黑马，以及对于 BOLL 出轨后能够连续在上轨线运行的非常黑马，投资者可依托中轨线和 5 日、10 日、30 日中短期均线的金叉助涨，以及价量盘口力道买入并守仓。在 14 日 CCI 指标有效击穿 +100 天线时，第一时间止盈减磅，兑现部分利润。以 SAR 破位，5 日、10 日、30 日均线死叉，BOLL 中轨线失守，作为黑马股的第二止盈点或清仓点。

七、布林极限（%BB）指标

布林极限（%BB）指标与布林极限宽（WID）指标一样，都是由 BOLL 指标派生出来的。主要作用在于辅助 BOLL 指标辨别买卖点的真伪，进一步确认 BOLL 指标发出的买卖信号的可信度。

%BB 指标的计算方法和随机指标（KDJ）类似，它的取值范围可以大于 100，也可以小于 0，常态波动于 0 ~ 100 之间，超出此范围之外，表明股价超越了 BOLL 指标上轨线或下轨线，有回档或反弹的要求。

%BB 指标位于系统副图中，它由一条 %BB 曲线和一条 %BB 的 N 天移动平均线组成，主要以背离、超买超卖信号作为买卖判断的依据。

%BB 指标的取值范围在 0 ~ 100 之间，它有以下几个主要特征。

（1）%BB 指标是一个辅助性指标，用来确认 BOLL 指标发出的信号是否真实。若与 BOLL 指标同步上升或下降，表明信号的真实性和准确性比较高，股价有延续原趋势运行的动力。

（2）具有超买超卖的特性。%BB > 100 时，表明市场出现超买现象，行情可能会出现回落，此时应提高警惕，择机卖出；%BB < 0 时，表明市场进入超卖

状态，股价有短期反弹的要求，此时应考虑买入。当指标数值在 0 ~ 100 之间上下波动时，表明市场属于常态运行。

（3）可以根据 %BB 指标与股价走势的背离现象判断行情是否反转，从而提前做好操作准备。

大家知道，当股价超越 BOLL 指标上轨线时，代表超买；股价跌破 BOLL 指标下轨线时，代表超卖。实际运用 BOLL 指标时，常常发现股价虽然超越其上轨线，却不一定回档，或者股价跌破其下轨线，却未见反弹的情况。这样可能造成卖出股票后，价格仍然持续上涨，或买进股票后股价持续下跌的状况，弄得投资者处境十分尴尬。这方面的盲点，让投资者对 BOLL 指标的使用产生了怀疑。

解决 BOLL 指标在趋势行情中的这个盲点，利用 %BB 指标的背离信号，可以确认股价向上突破 BOLL 上轨线时，是否可能形成短期头部，或者股价向下跌破 BOLL 下轨线时，是否可能形成短期低点。如果第二次价格波动时，无法让股价穿越 BOLL 上轨线或下轨线，这种情形显示股价的力量已经逐渐疲软，%BB 指标与股价产生背离现象，暗示股价反转在即。

八、布林极限宽（WID）指标

眼看 BOLL 指标通道开口逐渐缩小，大有到了“十月怀胎，一朝分娩”的时候，却不知道行情何时才能突破，也不知道向哪个方向突破，于是证券技术分析家又创造了布林极限宽指标，用以弥补布林指标的不足。

布林极限宽指标（WIDTH）热键为 WID，是由 BOLL 指标派生出来的，既是 BOLL 指标的辅助指标，又是相对独立的测市工具。它能够测量带状 BOLL 通道的上限和下限，距离中间平均线的宽度，从而判断行情是否将要启动。

WID 指标就是将 BOLL 的上限值与下限值的差同 BOLL 平均值的比值。一般来说，WID 指标缩小到一定数值时，股票随时有可能发生突破（上或下）。但是，该指标的临界点会随个股的不同而改变，所以最好观察一年来该指标的走势图，以确定指标的临界点。

在钱龙分析软件中，WID 指标为静态指标。在副图上，该指标由两条指标线组成：一条为 WID 曲线，另一条为 WID 的 N 天移动平均线 WIDMA。取值范围是 0 到无限大。以上证指数走势图为例，一般常态分布于 5~15，高于 15（在大多头市场里有时高达 30 以上）或低于 5，都属于超常态的超买超卖状态。

BOLL、%BB、WID 三者构成一组指标群，合并使用效果更佳。WID 指标有以下几个主要特征。

（1）WID 指标的主要作用在于辅助 BOLL 指标搜索即将发动行情的个股，及时为投资者提供精确的买卖信号。

（2）WID 指标的数据随个股不同而不同，不可一概而论，使用者应自行观察判定。

（3）根据 BOLL 指标原理，当开口缩小到一定数值面临突破时，有两种结果，即向上或向下。注意，无论向上或向下，WID 的值都是往上升的。若向上突破，WID 指标与股价是同步上升的；若向下突破，WID 指标与股价的趋势是背驰而行的，即 WID 线上升，股价下跌，这一点不同于平常所说的背离现象，应加以区别。

（4）一般情形下，当 WID 指标下跌至 4 左右时，股价随时有爆发大级别行情的变盘可能；当其值大于 15 时，有产生回档或反弹的可能。

（5）WID 指标具有预知性。由于该指标提供了明确的数据标准，当 WID 指标低于某一个数值时，它就提前悄悄地告诉你：我将要变盘了。对这类股票，投资者应特别留意。

（6）WID 指标值由小变大，意味着即时行情趋向上升或下跌；WID 指标值由大变小，则意味着上升或下跌行情渐告结束。

第十一章 / 宝塔线（TOW）

一、TOW 指标简介

1. TOW 指标概要

中文全名	宝塔线
英文全名	pagoda line
指标热键	TOW
指标属性	图表型技术指标
指标应用	中、长线技术指标
原始参数	无
波动范围	无固定波动区间

2. TOW 指标基本原理

宝塔线（TOW）是一种较特殊的技术指标，名为线，图形却与 K 线图相似。其标示方法是用红、绿实体（只计开盘价、收盘价，不计最高价、最低价）来表示股价的涨跌，可以配合股价走势图及移动平均线，一起研判未来行情走势。

宝塔线主要是应用趋势线原理，引入支撑区和压力区的概念，以确认行情是否反转。对于行情发展可能产生的变化方向不做主观的臆测，而是做客观的承认，这一点与其他指标是不同的。

宝塔线指标认为，如果一只股票价格的上升趋势已经确认，就应该买进股票并持股，不主动预测股价的高点在哪里。当股价在高位出现反转向下的征兆时开始小心，等到股价头部确认，出现卖出信号时，才做相应的卖出动作。

反之，如果一只股票的价格形成下跌趋势，就应卖出股票，离场观望，不去轻易预测底部在哪里。只是在股价由低位向上反转并出现买入信号时，才采取买入行动。

由此可见，宝塔线指标信奉的是“涨不言顶，跌不言底”的投资理念，告诉投资者不要刻意地去预测股价高点或低点的位置，而是等待出现可能的高点或低点，再采取相应的卖出或买入决策。

一般而言，按照宝塔线指标揭示的方法买卖股票，虽然没能在高点卖出股票或在低点买入股票而减少或损失部分获利，但这种方法能够有效地避免下跌行情，并且不会轻易错失涨升的机会，也不会在上升途中的盘整行情中被轻易震仓出局。因此，宝塔线指标比较适合操作稳健的投资者。

宝塔线指标的图形绘制方法比较特别，以红棒、绿棒表示股价涨跌，并且红绿棒之间有交黏更叠，故得名为“宝塔线”。有趣的是，在同一天时间里，宝塔线有可能出现一头红一头绿的现象。

一般而言，宝塔线绿翻红，表明市势向好，此为买入时机；反之，宝塔线红翻绿，表明市势向坏，此为卖出时机。宝塔线的红绿更叠信号，是由股价对最近的最高或最低价位线的突破与否决定的。

宝塔线与 K 线图不同。大势向上时，K 线图可能翻红翻绿频繁变化，而宝塔线可能一直是红的；反之，大势向下时，宝塔线可能一直是绿的。跟着宝塔线的翻红翻绿做买卖操作，是赢大波段，输小波段。宝塔线有时也会频繁地翻红、翻绿，这意味着大势方向不定。

二、认识 TOW 指标

1. TOW 的基本图形

宝塔线指标以不同颜色的棒线来区分股价的涨跌，以收盘价作为参照。当股价上涨时，画为红线（或白线）；当股价下跌时，画为绿线（或黑线）。主要通过棒线翻红或翻绿的变化情况，来研判股价未来的涨跌趋势。

宝塔线的优点在于可预知次日红绿变色的敏感位，买卖决策点位丝毫不含糊，看多看空也一目了然。无论是指数还是个股，它们的多空敏感位在开盘之前就已知道（答案唯一）。其规律是：如果昨天宝塔线是红的，以“昨顶端”为“今开端”，以“昨底端”为“今敏感”位；如果昨天宝塔线是绿的，以“昨底端”为“今开端”，以“昨顶端”为“今敏感”位；如果昨天宝塔线红绿并存，则以“昨敏感”位为“今敏感”位，以强化宝塔线的“隔日纠错功能”。

宝塔线具体画法如下：在起步股价和当日收盘价之间画线。股价上涨时，画红色空心实体；股价下跌时，画绿色实心实体。若前一交易日是上涨红线，而次日股价下跌，未跌破前一天红线低点的那一部分跌幅仍画红线，只有跌破的部分才画绿线。如图 11-1 中 A、B 所示。

若前一交易日为下跌绿线，而次日股价上涨，未涨过前一天绿线高点的那一部分涨幅仍画绿色实体，只有涨过的部分才画红线。

宝塔线的特征与点状图类似，并非记载每天或每周的股价变动过程，而是在股价创新高（或创新低）时才予以记录，这与 K 线的画法有一定区别。如图 11-1 中 C、D 所示。

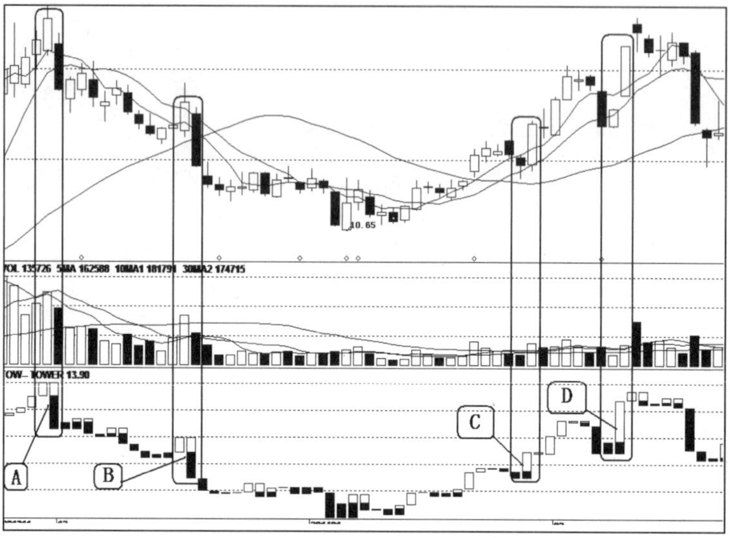

图 11-1

为了更好地运用 TOW 指标进行分析判断，除了点状图外，可以添加一条 N 日参数的均线，如 5 日、10 日、30 日等参数，以便进行辅助分析，其参数长短可以根据个人习惯和实盘经验而定。

当收盘价低于前 5 日的最低价时，视为卖出信号；当收盘价高于前 5 日的最高价时，视为买入信号。实盘操作中，投资者还总结出“三平底翻红为买入时机”“三平顶翻绿为卖出时机”等经验，如图 11-2 所示。

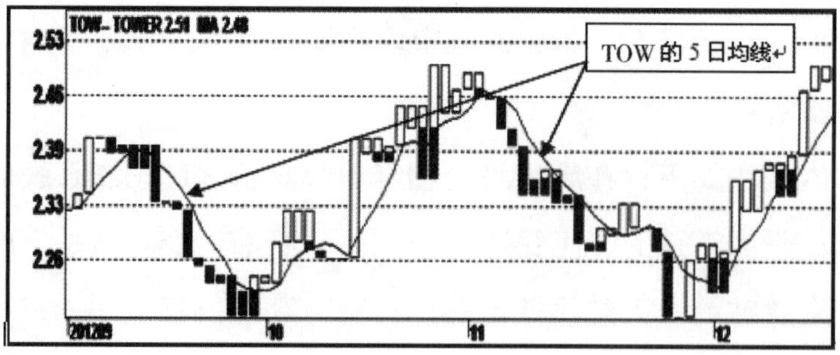

图 11-2

2. TOW 的基本形态

（1）三平顶形态。所谓三平顶形态，是指股价经过一段时间的快速上升行情后，宝塔线图表中出现了连续三个或以上、几乎处于同一水平位置的实体很长的绿棒线，或棒体下部为绿、上部为红的混合棒体线的形态。如图 11-3 所示。

三平顶形态有两种类型：一种形态的前提条件为，股价短期涨幅已经相当大，近期波段涨幅超过 30% 以上，涨幅越大，形态越有效。其研判方法概括如下：股价经过一段时间的拉升后，在高位出现这种三平顶翻绿的形态时，预示股价的强势行情已经见顶，将开始一段比较迅猛的跌势行情。一旦宝塔线指标在高位出现三平顶翻绿形态，应果断短线卖出全部股票，离场观望。

另一种形态为，股价在中高位进行了一段时间的盘整后，一旦 TOW 指标出现三平顶翻绿形态，并且股价也几乎同时向下跌破中长期均线，则意味着股价新一轮跌势开始，应及时清仓观望。

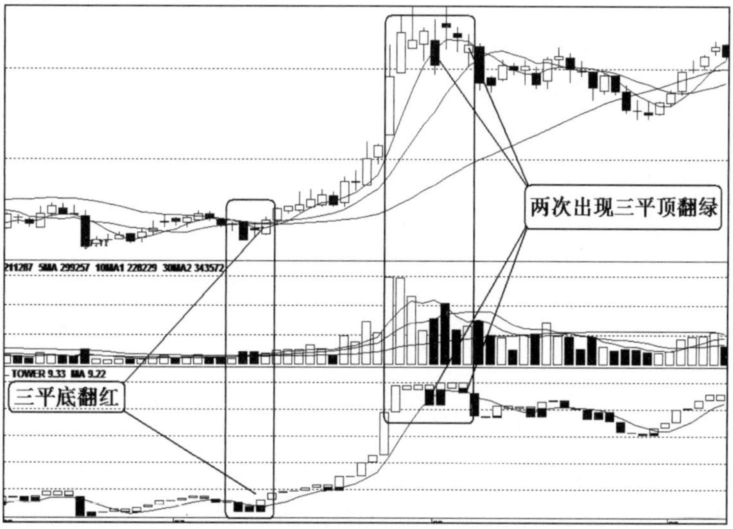

图 11-3

（2）三平底形态。所谓三平底形态，是指股价经过一段时间的快速下跌行情后，宝塔线图表中出现了连续三个或以上、位置依次向上的实体较长的红棒线，或棒体下部为绿、上部为红的混合体棒线的形态。如图 11-3 所示。

三平底形态也有两种类型：一种形态的前提条件是，股价中长期跌幅已经很大，而且近期跌幅累计超过 30% 以上。其研判方法是，股价经过一段时间的暴跌后，在低位出现三平底翻红形态，预示股价已经严重超跌，短期内可能产生一波短线反弹行情。当宝塔线指标在底部出现三平底翻红形态时，投资者可以适量买入股票，做短线反弹行情。

另一种形态为，股价在上涨中途进行一段时间的盘整后，一旦 TOW 指标出现三平底翻红形态，同时股价依托中长期均线向上扬升，则意味着股价新一轮涨势开始，短线应及时逢低买入或持股待涨。

三、TOW 指标的应用法则

（1）当股价由底部向上反转，宝塔线绿线出现翻红状态时，说明股价开始上涨，投资者可适量介入。

（2）在股价上升途中，只要宝塔线一直持续出现红线，说明股价一直维持强势上涨态势，投资者应坚决持股或逢低短线买入。

（3）当宝塔线维持红线状态的时间很长，并且股价短期内涨幅已经很大时，投资者应密切关注宝塔线的状态。一旦宝塔线的红线开始翻绿，说明股价短期涨势可能结束，投资者应卖出全部股票，离场观望。

（4）在股价下跌途中，只要宝塔线一直持续出现绿线，就说明股价一直维持弱势下跌态势，投资者应坚决持币观望或逢高卖出。

（5）当股价在一定幅度的盘整区中间维持小翻红、小翻绿状态时，只要这个盘整区间没有被突破，就说明股价的整理态势没有结束，投资者可以选择持股或持币观望。

（6）当股价维持高位盘整时，一旦出现实体很长的绿线向下突破盘整区间，就说明股价高位盘整态势已经结束，将进入一个长时间的下跌行情。投资者应及时卖出股票，离场观望。

（7）当股价在上升途中维持中低位整理时，一旦出现实体很长的红线向上突破整理区间，说明股价中低位整理态势已经结束，将进入一个快速的上涨行情，投资者应及时短线买入股票或持股待涨。

（8）在股价下跌途中，宝塔线翻绿了一段时间后突然翻红，投资者应再观察几天，不可轻易买入，防止股价出现假突破。

四、TOW 指标实盘应用技巧

宝塔线指标的买卖技巧，主要集中在宝塔线的运行方向和三平顶、三平底形态的研判这两个方面。

1. TOW 买卖信号

（1）平底翻红买入信号。股价在上涨中途进行了一段比较长时间的盘整后，一旦 TOW 指标在低位出现三平底翻红形态，同时股价也依托中长期均线向上扬升（或带量向上突破中长期均线），就意味着新一轮涨势开始，这是 TOW 指标发出的买入信号。此时，投资者应及时跟进买入。

一般而言，当 TOW 指标三平底翻红时，平底越多越好，一旦突破，涨幅也会很大。至于能涨多少，没有人给出过准确的说法。笔者在此给广大投资者一个准确的说法，以帮助大家突破宝塔线分析的第一个瓶颈。

在牛市中，三平底翻红后的上涨幅度通常应该为 80%，平衡市中上涨幅度为 30%~60%，熊市中只有 10%~20%。当出现四平底或者五平底翻红的情况时，上涨幅度往往会更高。另外，宝塔线是一个中长期指标，也是一个不滞后的指标，具有相当强的指导意义。

如图 11-4 所示，景兴纸业（002067）。该股股价经过一段时间的调整后，成功构筑了扎实的底部。不久，宝塔线出现三平底翻红形态，股价向上突破均线系统，成交量温和放大。随后 5 日均线向上金叉 10 日均线和 30 日均线，均线系统呈现多头发散状态。此时可以看多做多，甚至可以追多，不惜帮庄家抬轿子，肯定能得到丰厚的回报。

（2）平顶翻绿卖出信号。股价经过一段很大的涨幅后，在中高位区域滞涨盘整，一旦 TOW 指标出现三平顶翻绿形态，股价也几乎同时向下跌破中长期均线，则意味着股价的新一轮跌势开始，这是 TOW 指标发出的卖出信号。此时，投资者应及时清仓离场。

通常来说，三平顶翻绿后，一般牛市下跌幅度为 10%~15%，平衡市具有不确定性，一般为 10%~20%，熊市中起码要跌 15%~30%。所以在应用该指标分析价格走势时，一定要弄清市场是处于牛市、平衡市还是熊市。该指标配合 RSI 指标使用最为合理，准确率也会大大提高。

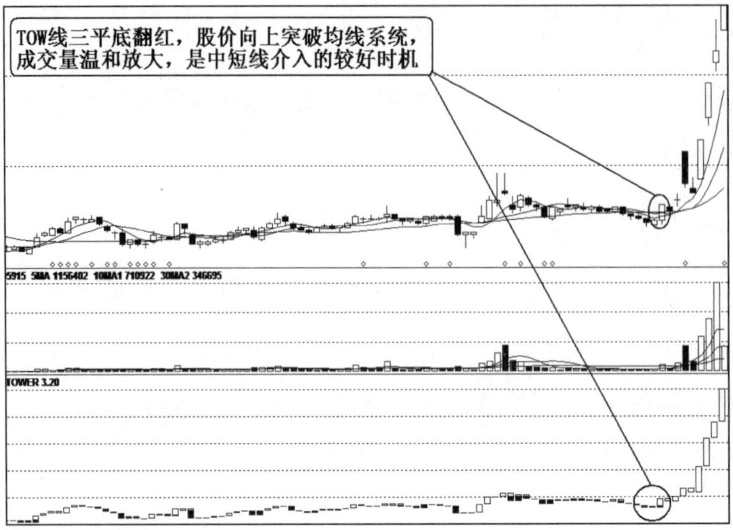

图 11-4

如图 11-5 所示，通光线缆（300265）。该股经过一段时间的向上涨升后，股价在高位出现盘整走势。不久，宝塔线在高位出现三平顶由红翻绿，且 5 日均线掉头下行死叉 10 日均线，表明上涨空间已被封闭。此时应看空做空，甚至不计盈亏地抛售。

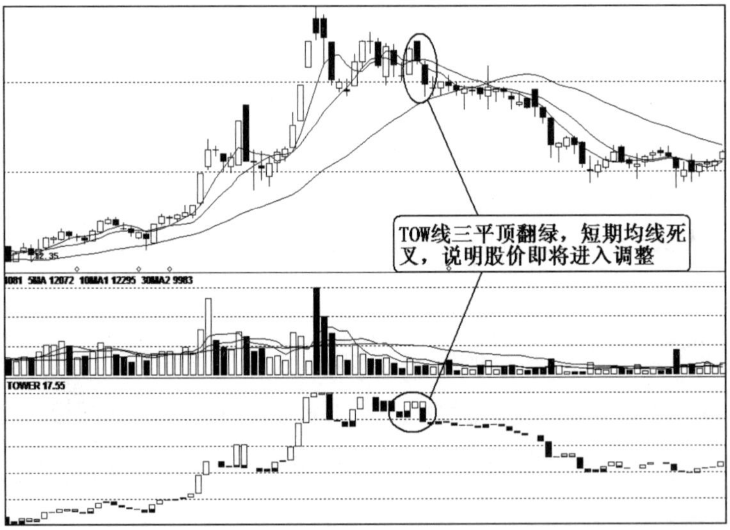

图 11-5

如何判断三平底或者三平顶的真假呢？对此，外界一直介绍得很笼统，也给操作者造成了很大的困扰。笔者在此介绍一下如何判断三平底和三平顶的真假。

首先要注意其形态。如果“三平”出现的完全不规则，就不能算是标准的“三平”。也就是说，庄家控盘能力有问题。要寻找那种三天基本形态接近的，有红有绿并不影响是不是真正的“三平”，因为上下影线会造成这样的形态。

其次要看其当天的值。根据长期操作经验，宝塔线的值以 8 和 8 的倍数为基准，8 以下是 0.03 的误差，16 就是 0.06 的误差。依次类推。比如，某股连续 3 天的值为 7.77—7.75—7.78，第 4 天翻红为 7.90，那么在图形很接近的情况下，就是标准的“三平”翻红，后市一定会上涨。

同样，如果某股连续 3 天的值为 7.77—7.80—7.67，第 4 天也翻红 7.90，由于超过 8 以下 0.03 的误差，因此就算第 4 天翻红，形态也不错，也不能作为“三平”翻红来计算后期的走势。

注意，这个值是以第 1 天的值作为基准的。有一种特例，比如连续 3 天的值为 7.77—7.80—7.74，然后第 4 天翻红 7.90，这个也要算成标准的“三平”翻红，因为 0.03 的误差是按照第 1 天的 7.77 为基准的。同样，翻绿的计算方法也一样。

2. 持股、持币信号

（1）当 TOW 指标在中低位翻红上涨后，红线一条接一条地往上运行，趋势线也从低位陡峭向上，只要 TOW 指标放出一连串的红色实体，并且股价依托中短期均线向上运行，就说明股价强势依旧，还将继续上攻，这是 TOW 指标发出的持股待涨信号。此时，投资者持股不放，不见平头翻绿就不出货，就能获得丰厚的回报。

如图 11–6 所示，潜能恒信（300191）。该股庄家完成建仓计划后，股价开始向上突破，TOW 线出现五平底翻红。虽然股价在上涨过程中出现一些震荡，但 TOW 指标红棒逐日叠加上行，角度比较陡峭，表明短期爆发力大，上行能量充沛。此时投资者应当坚定持股信心，可以等待 TOW 指标平头翻绿时卖出，这样可以做足一波行情。如此波段操作，成功率高，收益丰厚。

（2）当 TOW 指标在高位翻绿向下后，绿线一条接一条地往下挂，趋势线也从高位陡峭向下，只要 TOW 指标放出一连串绿色实体，没有明显的翻红现象，同时股价也被中短期均线压制下行，说明股价跌势依旧，这是 TOW 指标发出的持币观望信号。此时，投资者应以持币观望为主。

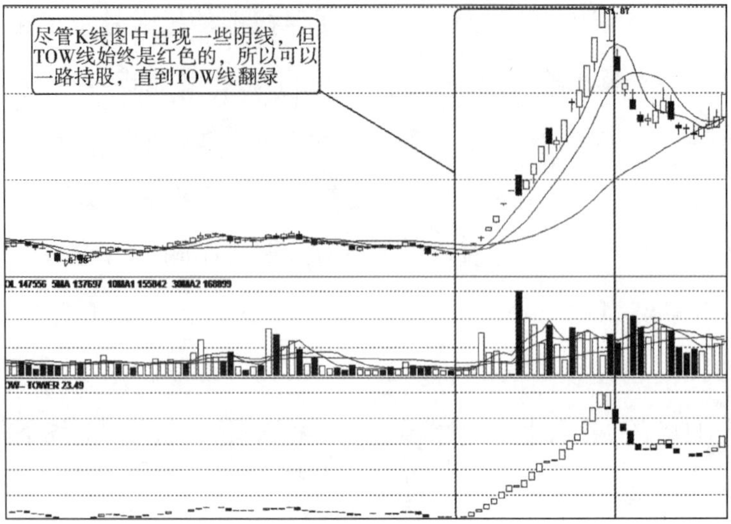

图 11-6

如图 11-7 所示，北生药业（600556）。从该股走势图可以看出，股价见顶后逐波下跌。在快速下跌过程中，虽然也出现一些小阳线，但 TOW 指标始终是呈绿色下行，说明股价跌势未尽。投资者遇到这种情况时，只要 TOW 指标没有成功翻红，就应一路持币观望，以免入场被套。

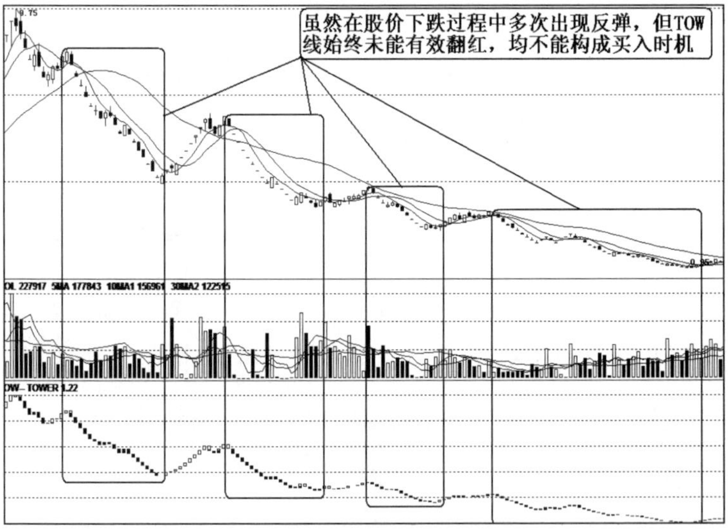

图 11-7

3. TOW 转势信号

（1）在高位时，即使宝塔线是红色，如果 5 日移动平均线走平或下行，则表明股价已经上行乏力，有筹码的应短线减仓或出局，没有筹码的观望不进。

（2）在低位区域，宝塔线虽然是绿色，但如果 5 日移动平均线走平或上行，则表明下跌动能减弱，此时看空不做空，没有筹码的观望不进，有筹码的即使套牢也暂不割肉。

如图 11–8 所示，廊坊发展（600149）。从图中可以看出，股价下跌到低位后，虽然 TOW 指标仍然不断出现绿线，但均线系统已经平走，说明下跌动能不足，随后股价企稳回升。

股价经过一轮盘升行情后，在高位形成平台走势，此时 TOW 指标虽然呈红色，但 5 日、10 日均线已渐渐下行，说明股价上涨已经十分吃力。随后股价很快转为调整走势，投资者应逢高离场观望。

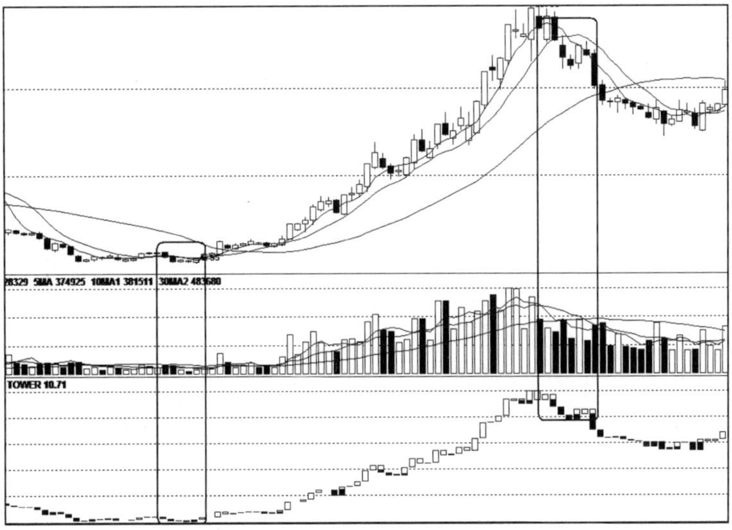

图 11–8

4. TOW 与 K 线的综合应用

（1）股价在底部横盘很久后，若 K 线图中突然出现一根实体很长的向上突破大阳线，此时如果宝塔线也出现实体较长的向上红线时，说明股价涨势基本确立，投资者可以及时买进股票。

如图 11–9 所示，航天科技（000901）。该股庄家在底部完成建仓计划后，股价放量向上突破底部盘整区域，当日收出一根涨停大阳线。同一天，TOW 指标也产生一根实体较长的红线，说明股价上涨力度较大，投资者可以跟进做多。TOW 指标与 K 线产生技术共振，随后股价出现一波快速拉升行情。

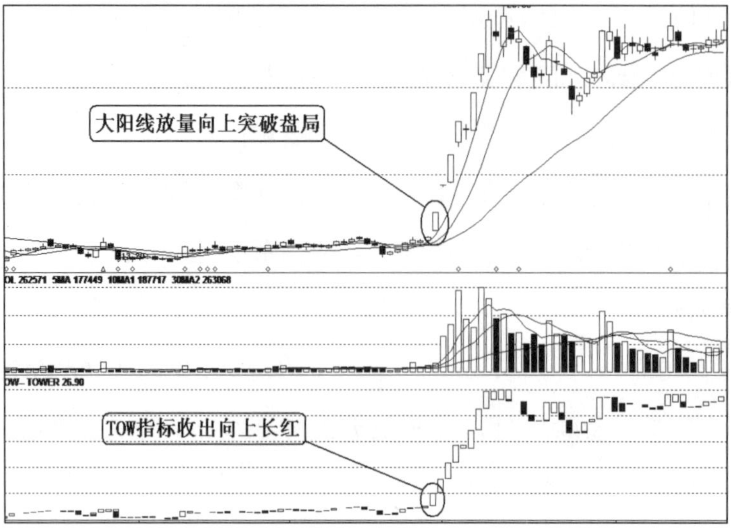

图 11-9

（2）股价中长期上升途中，K 线出现小阴大阳相互交替的向上态势时，只要宝塔线一直维持红线状态，就说明股价涨势强劲，投资者应坚持一路持股待涨。

（3）股价中长期下降途中，K 线出现大阴小阳相互交替的向下态势时，只要宝塔线一直维持绿线状态，就说明股价跌势绵绵，投资者应坚持一路持币观望。这一点和上面一点，对于股价走势研判的准确率极高。

（4）股价经过一段时间的大幅上涨行情后，如果 K 线在高位出现一根实体较长的向下突破阴线，宝塔线也出现一根实体较长的向下绿线，说明股价跌势已经开始，投资者应及时卖出股票。

如图 11-10 所示，廊坊发展（600149）。股价见顶回落过程中，该股出现小幅反弹行情。反弹结束后，一根跌停大阴线向下突破均线系统。同一天，TOW 指标也产生一根实体较长的绿线，显示下跌势头猛烈，投资者应以离场观望为主。TOW 指标与 K 线产生卖出共振信号，此后股价继续向下阴跌。

五、TOW 指标的缺憾及克服方法

宝塔线指标的应用法则较为简单，且操作方向明确、客观，就是根据股价高低点反转进行判断，投资者很容易掌握。

值得注意的是，虽然宝塔线指标能起到一定的“过滤”作用，但和其他指标一样，该指标也不可能杜绝“骗线”的困扰。如行情在高位出现调整，宝塔线翻绿发出卖出信号，或下跌一段后，可能翻红发出买入信号，但此时很有可能是下跌途中的小幅反弹，后市仍有继续下跌的可能。因此，投资者应结合 K 线、均线及成交量等因素综合研判，以便更好地把握买卖时机。

另外，对于波动幅度比较小、交易成本比较高的股票，TOW 指标也有缺陷。翻红翻绿，让大家忙进忙出，所得总盈利可能还不够支付交易税费。因此，使用 TOW 指标指导实盘操作时，需要使用其他辅助规则进行过滤。这些辅助规则相对复杂一些，一般投资者可以将其与 K 线、均线及其他技术指标综合研判，效果更佳。

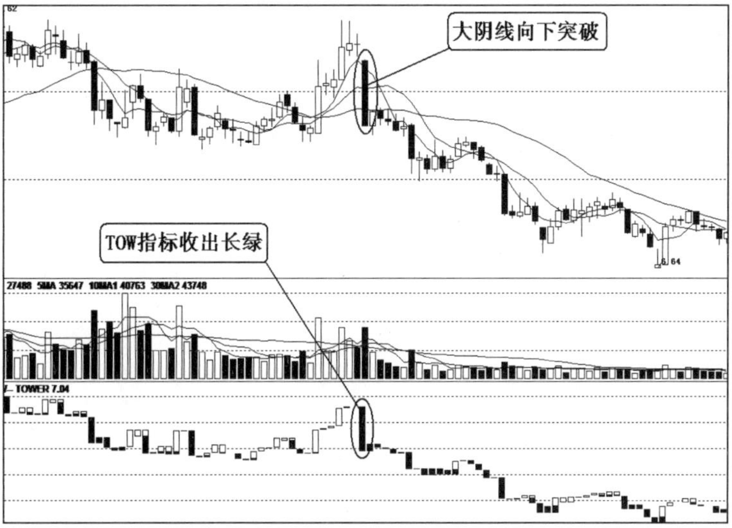

图 11–10

第十二章 /
累积能量线（OBV）

一、OBV 指标简介

1. OBV 指标概要

中文全名	累积能量线
英文全名	On Balance Volume
指标热键	OBV
指标属性	趋势型技术指标
指标应用	短线技术指标
原始参数	无
波动范围	无固定波动区间

2. OBV 指标基本原理

累积能量线（OBV），又叫能量潮或成交量净值额指标，它是把股市的成交量与股价关系数字化，以成交量来估计目前股市的推动力，从而推测股市发展趋势。

OBV 指标是葛兰碧在移动平均线之外的又一大贡献。在该指标中，他将“量的平均”概念加以引申。葛氏认为，“成交量是股市的元气，股价只不过是它的表征而已，因此成交量通常比股价先行”。这种“先见量，后见价”的理论，构成了 OBV 指标的基石，弥补了移动平均线及道氏理论对成交量较少重视的缺憾。

由于成交量变化是股市人气聚散的结果，因而 OBV 又被称为人气指标，它通过成交量的变化趋势来推测价位的变动趋势。投资者对股价的评论越不一致，成交量越大；反之，成交量就越小。因此，可用成交量来判断市场人气和多空双方的力量。

（1）惯性法则——动则恒动、静则恒静。那些被投资者或主力看中的热门股，在很长一段时间内，成交量和股价的波幅都比较大；无人问津的冷门股，在一段时间内，成交量和股价波幅都比较小。因此，股价波动有惯性可循，其波动区间达到某一点后，就会改变方向。

（2）重力原理——上升的物体迟早会下跌。物体上升所需的能量比下跌更多，所以股价上升时，成交量必须增加，虽然量价不一定成正比。涉及到股市则可以解释为：一方面股价迟早会下跌；另一方面，股价上升时所需的能量大。在股价上升过程中，特别是上升初期，必须有较大的成交量相配合；在股价下跌时，则不必耗费很大的能量，因此成交量不一定放大，甚至有萎缩的趋势。

惯性法则是技术分析研判有关“势”的基本方法，重力原理则解释能量配合的问题。股价的变动必须有成交量配合，若股价升降而成交量不相应升降，则股价的变动难以持续。成交量是股价变化的动力和源泉，是市场的生命与活力所在。通过成交量、资金、股价三者的变化关系，可以间接了解资金进出动向，进而预测股价方向。

OBV 指标的计算方法极为简单，将前一日的 OBV 值加上或减去当日成交量，所得的和或差，就是当日的 OBV。当日股价与前一日相比上升用加，下跌用减，平盘为零（当日 OBV 等于前一日 OBV）。由此可见，OBV 指标不需要设定参数。

二、认识 OBV 指标

OBV 指标最大的用处，是观察股市何时会脱离盘局，以及突破后的未来走势。OBV 线的变动方向是重要的参考指标。

OBV 指标在图表上有两条曲线，一条是 OBV 线，另一条是 OBV 线的 N 日平均线。平均线的大小（在 0~1000 之间，钱龙软件的默认值为 30）可以根据自己的习惯选择。如图 12–1 所示。

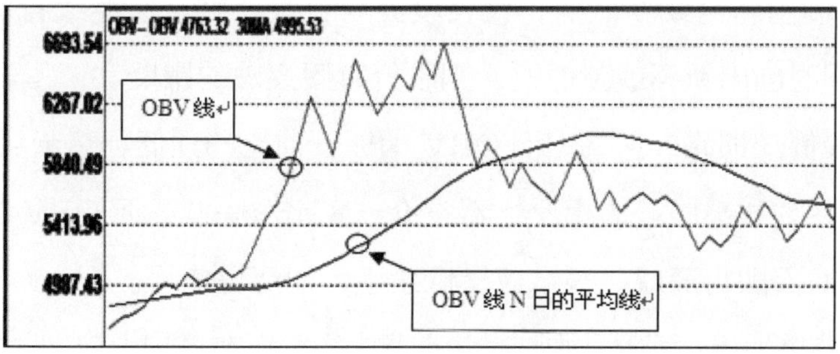

图 12–1

OBV 指标通过统计成交量的变动趋势来推测股价趋势，以 N 字形为波动单位，由许许多多 N 形波构成 OBV 的曲线图。一个大的 N 形波，可以包括许多个小的 N 形波。

对于一浪高于一浪的N形波，称其为上升潮，上升潮中的下跌回落则称为跌潮。对于一浪低于一浪的N形波，称其为下跌潮，下跌潮中的反弹回升则称为升潮。

一个完整的上升潮包含“上升—下跌—上升”。当OBV指标向上超越N形波的转折高点时，为一个完整的向上N字形。一般认为，OBV指标连续出现5个以上向上的N形波时，为短期卖出信号。

一个完整的下跌潮包含“下跌—上升—下跌”。当OBV指标向下超越N形波的转折低点时，为一个完整的向下N字形。一般认为，OBV指标连续出现5个以上向下的N形波时，为短期买入信号。如图12–2所示。

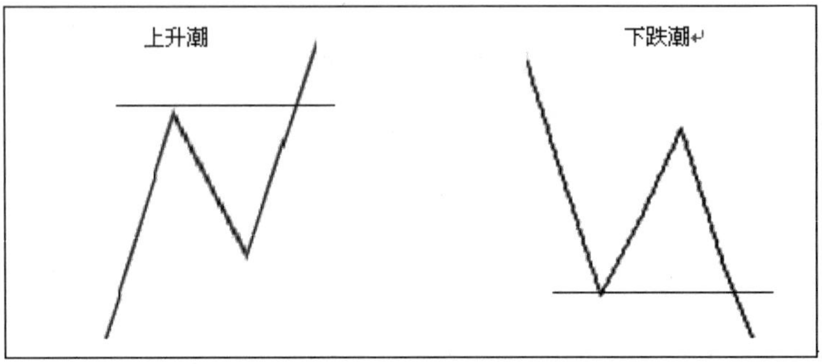

图12–2

三、OBV指标应用法则

（1）OBV指标是短期指标，应配合股价趋势予以研判分析。同时它又是先行指标，能将股价的变化延伸到“先见量、后见价”这一理论。若OBV曲线比股价领先或同时创出新高或新低时，代表股价为有效突破，应继续看多或看空；若OBV线未能同时创出新高或新低时，则股价有假突破的嫌疑。

（2）若股价一顶比一顶高，而OBV指标一顶比一顶低，暗示头部即将形成，表示买盘无力，为卖出信号；相反，若股价一底比一底低，而OBV指标一底比一底高，则暗示底部即将形成，表示应逢低接手，为买进信号。

出现这种背离现象，可用以判别目前市况中是否存在机构大户“收集”或“派发”筹码的情况。所谓“收集”，意指庄家暗地里在市场中一边出货打压行情一边吃货，实际上是出少进多；所谓“派发”，意指庄家暗地里逢高卖出，逢低买进，实际上是出多进少。OBV曲线则能帮助投资者推测市况是否处于“收集阶段”或“派发阶段”。

如图 12–3 所示，外运发展（600270）。股价经过一波快速上涨后，短线庄家在高位不断派发获利筹码，OBV 指标与股价走势形成顶背离形态，说明股价上涨乏力，有见顶回落的可能。随后 OBV 指标出现一个向下的 N 形波，股价从此渐行渐弱。

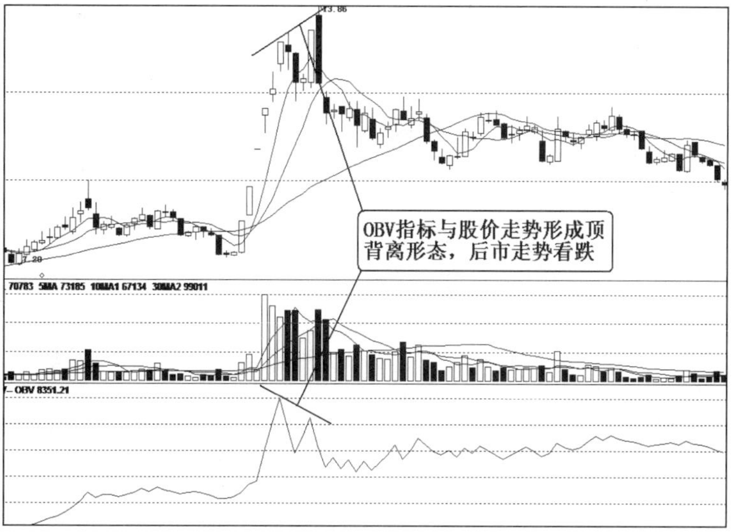

图 12–3

如图 12–4 所示，国机汽车（600335）。该股走势中，股价经过大幅下挫后，在低位不断震荡走低，但同期 OBV 指标却渐渐向上爬高，形成底背离走势，说明股价下跌动能不强，有酝酿反弹行情的要求。此时如果出现向上突破信号，就是一个较好的入场机会。

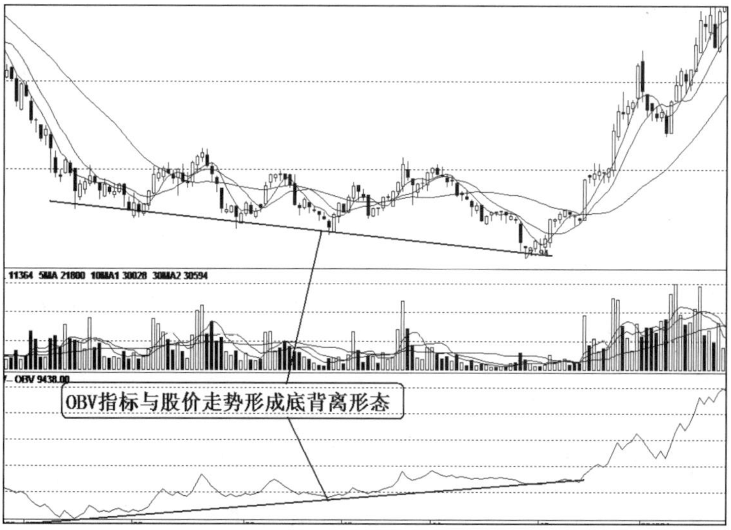

图 12–4

OBV 指标的底背离现象和异常动向，往往对捕捉黑马股有相当明确的指示作用。比如，股价经过大幅下跌之后，OBV 值出现明显止跌回稳，并出现超过一个月以上近似水平的横向移动时，则表明市场正处于一段漫长的盘整期。

此时，大部分投资者因为没有耐心而纷纷离场，这往往预示着做空能量已慢慢减少，逢低吸纳的资金已逐渐增强，极有可能是大行情之前的宁静期，行情随时都有可能发生。

当 OBV 指标能够有效向上爬升时，表明庄家收集阶段已经完成。投资者可根据该收集阶段的股价来计算庄家吸货阶段的成本价，计算方法为：

庄家成本价 =（吸货区域的最高价 + 最低价）/2。

比如，个股在某时期的最高价为 15.8 元，最低价为 11 元，则庄家成本价 =（15.8+11）/2=13.4 元。庄家吸货区域的成本价以内是最低支撑价，投资者可在庄家成本价区间大胆吸纳。

（3）OBV 指标与股价同步缓慢上升（下降）时，表示买气（卖气）逐渐加强（减弱），继续看好（看空）。尤其是 OBV 指标从负（正）的累积数转为正（负）数，代表买方（卖方）势力已占据优势，股价由跌（升）转升（跌），此时应该买进（卖出）股票。

（4）正常情况下，OBV 指标出现急速上升（下降）时，无论股价暴涨还是暴跌，都表示能量过分释放，行情可能出现反转。尤其是当 OBV 指标急速上升（下降）之后，如出现锯齿状走势，说明股价已经欲涨无力（止跌企稳），是明显的出货（进货）信号。

（5）OBV 指标对双重顶（M 头）第二个高峰的确定有较为标准的显示。当股价自双重顶第一个高峰下跌后又再次回升时，如果 OBV 指标能随股价趋势同步上升，价量配合，则可能持续多头市场，并出现更高峰。股价再次回升时，如果 OBV 指标未能配合同步上升，甚至出现下降，则可能即将形成第二个峰顶，完成双重顶（M）形态，导致股价反转回落。但是，当 OBV 指标回落时并没有击穿前面的低点，再次反转上升时，则仍可以继续持股，这时 OBV 指标就构成一个失败的双重顶形态。

如图 12–5 所示，动力源（600405）。该股在构筑一个向上的 N 形波时失败，也就是未能形成一个上升潮，次日股价出现回落，疑似形成一个双重顶形态。但是第三天股价再度上涨，并且 OBV 指标创出新高，说明多头行情并未完全消失，仍可持股做多。

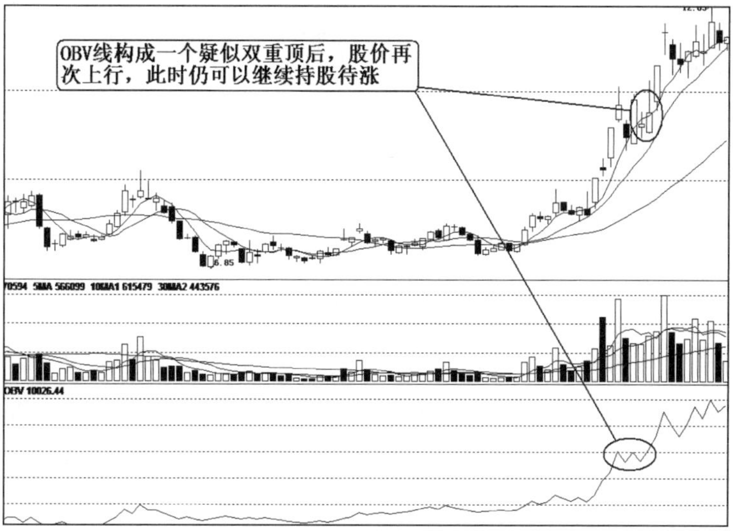

图 12-5

（6）关注 OBV 指标 N 形波时，当指标线超越（或跌破）前一次 N 形波高点（或低点），即形成一个完整的向上（或向下）的 N 形波，若累计形成 5 个向上（或向下）N 形波，即为短期反转信号；累计形成 9 个 N 形波时，即为中期反转信号。N 形波加大时，需注意行情随时有反转的可能。

（7）当 OBV 指标出现大致接近水平的横向移动超过一个月以上时，代表市场正处于盘整期，大部分没有耐心的投资者已经纷纷离场。此时正是大行情之前的宁静，转折随时都有可能发生。

四、OBV 指标实盘应用技巧

运用 OBV 指标研判行情时，只要把握以下四个方面，就能够基本掌握其操盘技巧。①掌握 OBV 指标是否突破盘局的确认方法；②了解 N 形波信号的产生和构成，即一个完整的 N 形波的形成；③注意大型 N 形波的后市研判方法；④关注 OBV 指标 N 形波的确认，亦即 N 形波向 M 头和 W 底的转换过程。

1. 突破信号

行情进入盘局后，盘整行情持续时间长短不一，不存在时间约束的概念，因此对盘局突破的确认显得尤为重要，对投资者的盈利也会产生重要影响。

（1）突破盘局。OBV 指标在底部窄幅横向盘整，震荡幅度十分微弱，几乎呈一条直线或锯齿状的水平走势，时间达到一个月（越长越好）以上。某日，若 OBV 指标从水平走势一跃而起，当日收盘点超过水平直线或锯齿状中的任一高点，成交量大于前一交易日或 5 日均量的 50% 以上，日 K 线为阳线，这是确认突破盘局的重要依据，为最佳买入点，此时应全仓杀入，不要怕追涨被套。

经验证明，这种走势大多是蓄势已久，庄家在较长的调整期中悄悄进场，耐心吸取廉价筹码。庄家酒足饭饱后，黑马奋蹄狂奔，上升空间往往令人想象不到。

相反，如果在高位 OBV 指标出现窄幅横向盘整，震荡幅度十分狭窄，几乎呈一条直线或锯齿状的水平走势，持续较长时间。某日，若 OBV 指标从水平走势向下滑落，当日收盘点低于水平直线或锯齿状中的任一低点时，不论成交量放大与否，都成为卖出信号。

这种现象表明头部基本构筑完毕，庄家在较长的盘头行情中出货比较顺利。出完货一身轻的庄家放弃护盘后反手打压，导致股价迅速脱离顶部区域，之后股价步入漫漫熊途，底部遥遥无期。

OBV 指标的突破信号，如果配合 WVAD 指标使用效果会更好。WVAD 指标几乎呈直线时，与 OBV 指标同时发力上攻，其信号可靠性高，投资者可以多加验证。

如图 12–6 所示，华昌化工（002274）。该股在底部长时间横向盘整，震荡幅度渐渐缩小，OBV 指标呈水平直线或锯齿状走势，时间长达两个多月。不久，OBV 指标终于沉不住气，向上脱离原来的走势，力度十分强劲，股价当日放量上涨，形成较好的买点。

（2）回抽确认。OBV 指标脱离横向水平线或锯齿状盘整后，由于短线获利盘涌出，解套盘平仓出局，庄家顺势进行短暂的洗盘，股价出现回档整理，OBV 指标也顺势回落至横向水平线附近企稳。之后股价再次回升，表明震仓洗盘结束，确认突破盘局成功。此时，投资者可以跟进做多。

相反，OBV 指标脱离横向水平线或锯齿状盘整后，由于短线空头回补，使股价出现小幅回升。OBV 指标回升至横向水平线附近遇阻，然后股价再次下跌，表明确认突破盘局成功，股价再陷跌势，应及时卖出观望。

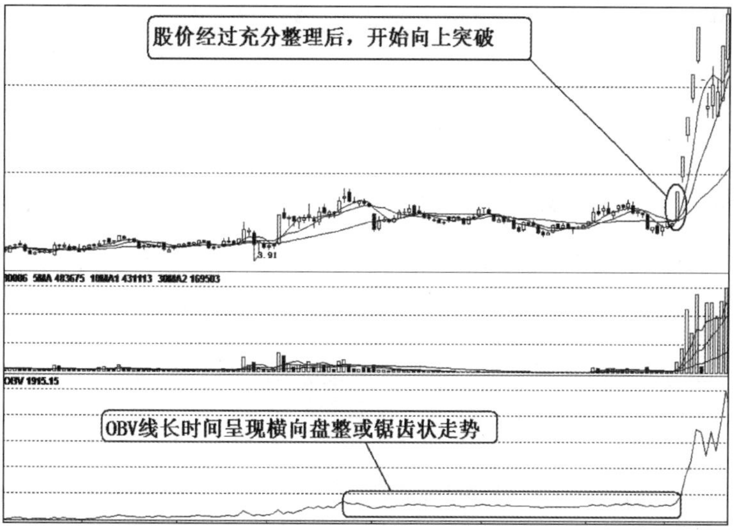

图 12-6

如图 12-7 所示，友阿股份（00277）。OBV 指标在底部呈横向水平走势，庄家暗中通吃筹码后，不久 OBV 指标发力向上，脱离水平震荡走势，股价出现同步上涨。由于短期升幅过快，庄家开始打压洗盘，进行必要的技术修复，股价出现回调整理，OBV 指标回落至前期形成的水平直线附近企稳。在此处维持几个交易日后，庄家洗盘整理结束，股价与 OBV 指标重新同步上扬，成交量再度放大，表明突破确认成功，这是难得的买入点。入场之后，短线获利丰厚。

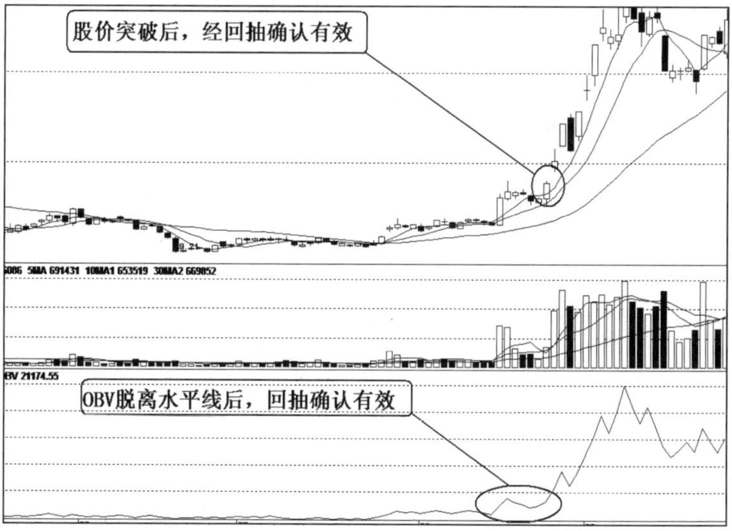

图 12-7

（3）构筑N形波。OBV指标突破盘局确认成功后，股价将挑战N形波的转折高点。当成功突破这一高点时，即构筑突破后第一个N形波，这是对突破盘局的再次确认，此时可加仓或追涨买进。

如果在脱离水平线之前没有买入，这是后知后觉者最后一次买入机会，否则就会成为不知不觉的后悔者。因为之后的行情，极有可能产生一个大型的N形波，其涨幅会非常惊人。

相反，OBV指标向下突破盘局确认成功后，股价将构成下跌N形波的转折低点。当成功跌破这一低点时，即跌破后的第一个下跌N形波，是对突破盘局的再次确认，后市可能会产生一个大型的下跌N形波，此时应减仓或杀跌出局。

如图12–8所示，三丰智能（300276）。该股经过长时间的调整后，OBV指标在底部出现横向水平锯齿状走势，持续时间较长。不久，OBV指标脱离原来的平台区，然后经过回调确认突破成功。这时OBV指标向N形波的第一个高点挑战，能量持续放大，说明庄家做多意愿强烈。之后OBV指标成功构筑突破后的第一个N形波，说明庄家洗盘整理结束，这是最理想的买入点。

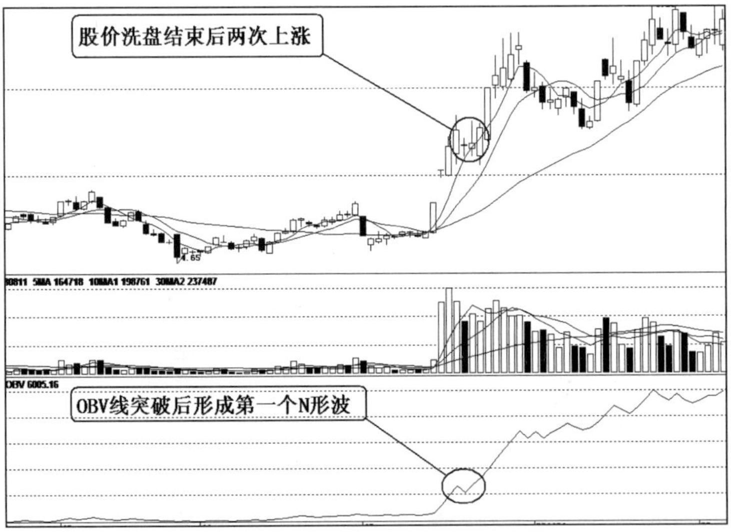

图12–8

通过盘局突破—回档确认—构筑N形波，可以确认盘局被有效突破。但不一定每只股票都要经过这三个环节，有的在突破后连续拉升，一步到位，有的在确认突破有效后再盘升上涨。投资者应结合不同市况，根据具体个股具体研判，不可用某个模型去生搬硬套，否则容易吃亏。

2. 波形信号

关注 OBV 指标的 N 形波。当 OBV 指标超越前一次 N 形波高点，即形成一个完整的向上 N 形波，为买入信号；相反，当 OBV 指标跌破前一次 N 形波低点，即形成一个完整的向下 N 形波，为卖出信号。

通常，连续累计 5 个以上 N 形波时，为短期反转信号；累计 9 个 N 形波时，为中期反转信号。N 形波加大时，需注意行情随时有反转的可能。

M 头和 W 底都是从 N 形波演变过来的，因此对 N 形波进行深层次的研究，总结其变化规律，对行情的研判具有举足轻重的作用。行情向上或向下形成若干个 N 形波后，是继续朝原方向构筑新的 N 形波，还是原 N 形波终结，转换为 M 头或 W 底？掌握这一点非常重要，它牵涉到投资者的买卖决策，也意味着盈或亏两种结局。

（1）行情向上经过连续若干个 N 形波后，如果跌潮跌破前一次跌潮的低点，或最后一个上升 N 形波的转折高点，可以确认为 M 头初步形成。如果跌破最后一个上升 N 形波的跌潮低点，则可以认定为上升 N 形波向 M 头转换成功，此时应尽快卖出。

如图 12–9 所示，航天信息（600271）。股价从底部启动后，出现连续多个向上的 N 形波，股价累计涨幅也不小。这时庄家不断地向外派发获利筹码，股价上档压力加大，盘中抛盘出现增多。

之后，OBV 指标跌破前一次跌潮的低点，形成一个 M 形态，先知先觉者此时可以把筹码还给庄家。随后 OBV 指标继续下行，又跌破了最后一个上升 N 形波的跌潮低点，一个完整的 M 头已经形成。此时形成卖点，投资者应全线抛空。

（2）行情向下连续出现若干个 N 形波后，如果升潮突破前一次升潮的高点，或最后一个下跌 N 形波的转折低点，则初步构成 W 底。如果突破最后一个下跌 N 形波的升潮高点，则可以认定下跌 N 形波向 W 底转换成功，股价已经成功见底，应及时介入。

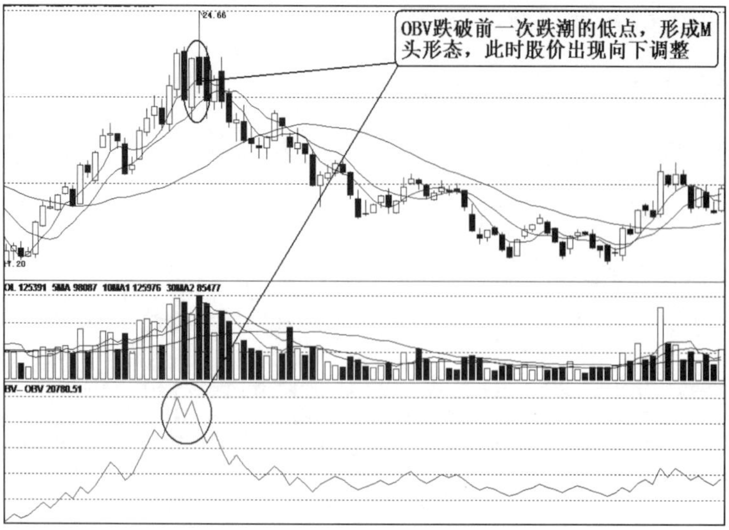

图 12-9

如图 12-10 所示，利德曼（300289）。在行情运行过程中，OBV 指标连续出现多个向下的小 N 形波后，形成一个显著低点，初步产生一个小 W 形态。之后，股价再次下行，又构成一个小 W 形态。这样，在 OBV 指标中就形成了一个大的 W 形态，说明股价下跌势头已大大减弱，有见底回升的迹象。

之后，股价随大盘放量上攻，突破底部盘区，OBV 指标成功突破前一次升潮的高点，同时升破最后一个下跌 N 形波的升潮高点，构成一个标准的 W 底形态。在此介入风险较小，随后股价开始震荡上行。

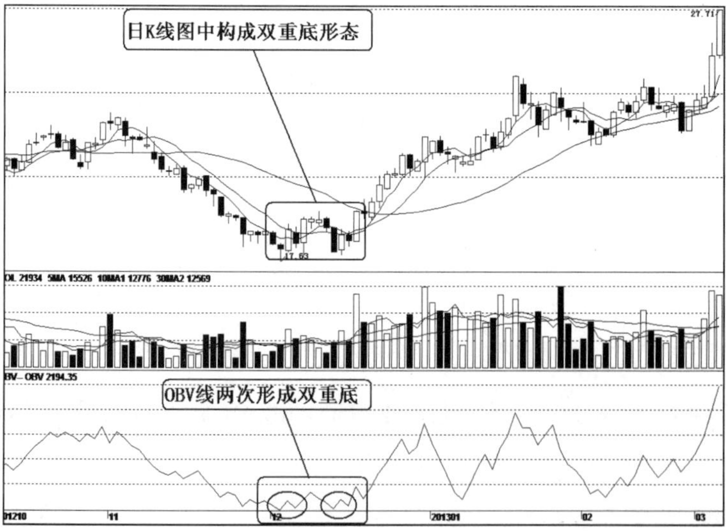

图 12-10

（3）行情向上或向下连续出现若干个小的N形波，接着出现一个大的N形波时，在高位区域，如果新的N形波不能有效突破其转折的高点，则无论是否已经获利，都应坚决出局。

相反，下跌行情中出现的大N形波，即使不能跌破N形波转折的低点，也不必马上跟进，因为行情有可能在底部进行长时间的盘整。一旦买入，难熬盘整之苦，不如等到突破盘整后跟进。

如图12–11所示，蓝英装备（300293）。在一轮上涨行情中，OBV指标连续产生几个向上的小N形波后，接着拉出一个向上的大N形波。在随后几个交易日里，OBV指标不能有效产生新的向上N形波，且跌破前一个跌潮的低点，形成一个向下的N形波，表明盘中抛盘大，股价短期已见顶，因而构成卖出点。

图12–11

如图12–12所示，兰生股份（600826）。在一轮持续下跌行情中，OBV指标产生一个向下的大N形波。在随后的行情中，OBV指标虽然没有创出新的N形波，但也并未立即在此产生向上反弹，而是继续下跌一段距离后才开始止跌回升。对于这种信号，只能看多不做多，不要急于介入，等待明确的做多信号出现后方可介入。

图 12-12

3. 操作要点

实盘中应用 OBV 指标时，需要注意以下几点。

（1）在股市中，价格、成交量、时间、空间是进行技术分析的四大要素。大家应该清楚，OBV 指标作为量能指标不能单独使用，必须与价格曲线结合使用，才能更好地发挥作用。

（2）OBV 指标选择的方向，反映了市场主流资金对持仓兴趣增减的变化。OBV 指标曲线方向通常有三个：向上、向下、水平，N 形波是最常见的形态。

（3）当股价上涨，OBV 指标同步向上，反映在个股上，就是一个价涨量增的看涨信号，表明市场的持仓兴趣在增加。反之，当股价上涨，OBV 指标却向下或水平状态时，实际上是一个上涨动能不足的表象，表明市场持仓兴趣没有多大变化，个股向上趋势难以维持。

（4）当股价下跌，OBV 指标同步向下时，反映在个股上，就是一个下跌动能增加的信号，市场做空动能释放必然会带来股票价格大幅下行。发生这种情况时，投资者应想到设立好止损位和离场观望。在这种情况下，回避风险成为第一要务。

（5）股价变动，OBV 指标呈水平状态，这种情形在 OBV 指标中经常见到。OBV 指标呈水平状态，首先表现为目前市场持仓兴趣变化不大，其次表现为目前大盘或个股为调整走势。此时最好的操作策略是不参与调整。当股价下跌，OBV

指标呈水平状态时，是股价下跌不需要成交量配合的一个最好的例子。这种股价缩量下跌的走势，必将导致投资者全线套牢。

五、OBV 指标的缺憾及克服方法

（1）OBV 指标偏向于中短期进出，是预测股市中短期波动的技术指标。虽然 OBV 指标可以从局部显示出庄家资金的流向情况，帮助投资者确定股市突破盘局后的发展方向，却无法解释资金移动的理由，因此无法区别是否与随机产生的重大利空或利多因素有关。

以上所述操盘技巧，仅适用于某些强庄股。大多数弱势股无法用 OBV 指标来明确地辨别，因此在使用 OBV 指标时，还应参考其他技术分析方法。

（2）OBV 指标以今收盘价与昨收盘价比较，认定今天的成交量是属于多方能量还是空方能量。这种方法固然很简单，但是未免有些片面，甚至有时可能是不合适的。正因如此，就产生了 OBV 指标的很多变体，它们在一定程度上弥补了 OBV 指标的不足。在考虑 OBV 指标时，把这些变体结合起来，分析效果会更好。

（3）OBV 指标有一个重大不足，就是如果今天的股价只比昨天高一点或低一点，就要把今天全天的成交量加在多方或空方头上，这一点是很不合理的。价格高那么一点和低那么一点，并不能说明多方或空方占据优势。

这一问题的解决思路有两个：一是增加价格相距大的那一天成交量的权重，这样可以更突出上升趋势和下降趋势；二是当天的成交量以一定比例加入到 OBV 指标中，而不是将全天的成交量全部加入 OBV 指标中。

（4）涨跌停板走势会导致 OBV 指标失真。由于 A 股市场采用了涨跌停板限制制度，很多股票连续涨停的时候，因为投资者预期后市会继续大涨，往往会持股观望，导致出现越涨越无量的现象。对于那些达到涨跌停板的股票，OBV 指标也无法正常发挥作用。

目前，我国股市仍有大量的庄家存在。对于中长线庄家而言，需要在股价处于底部的时候，尽可能地吸进大量筹码，然后拉到高处派发。在底部收集筹码阶段，由于庄家的买进，必然会使股价有一定的上涨，同时伴随成交量放大。这个时候，为了降低吸筹成本，庄家会把小幅上涨的股价向下打压，到底部后继续吸筹。如此反复，直到吸到足够的筹码为止。这个过程反映在 OBV 指标上，就是股价在底部盘整，而 OBV 指标却一波一波走高，形成底部背离形态。

需要特别注意的是，大众掌握的分析方法也有可能被庄家利用。就 OBV 指标而言，庄家可以在每日盘中吸筹，使成交量增加，到收盘时再把股价打成阴线，这样 OBV 指标就会往下走，以此来迷惑投资者。要破解这种手段，一个最有效的方法是选择 15 分钟或 60 分钟的 OBV 指标，这样就可以避开庄家释放的烟雾。

（5）在计算 OBV 指标时，仅以收盘价涨跌为依据，显然有失真现象。当股价出现平盘时，并不代表多空双方的实力没有发生变化。如 K 线的长上下影线，代表着某一方曾一度占据市场优势，但 OBV 指标在计算的时候，却将其完全忽略了，因而在一定程度上影响了对市场人气的判断。

克服方法：只能参考其他指标，如离散量（ADV）、波幅价量线（PVT）、腾落指标（ADL）、威廉多空力度线（WAD）等指标搭配使用，进行综合研判。

（6）判断股价波动趋势所产生的 M 头时，当股价在高位可能形成两个高峰的趋势（第二高峰尚未确定）时，投资者在研判股价趋势是持续攀高还是后继无力，往往难以把握。

此时正确的做法是：如果 OBV 指标随着股价趋势同步扬升，能量潮相互配合，将会不断出现新高峰；如果此时 OBV 指标无力上扬，成交量反见萎缩，则很容易形成 M 头，之后股价开始下跌。

（7）若某日个股成交量放大，当日股价波动亦加大，但最后收盘价却与前一日收盘价相同，此时 OBV 指标的累积数与前日相同，就这种指标线而言，则表示这一日没有什么信号。进一步讨论，即使股票的收盘价不涨不跌，股市的实质结构、人气动向却都在改变，OBV 指标却毫无反应，这是重大缺憾。遇到这种情况时，应当结合趋势线、均线、市场人气及庄家意图等因素进行综合判断。

第十三章 /
变动率指标（ROC）

一、ROC 指标简介

1. ROC 指标概要

中文全名	变动率指标
英文全名	Rate Of Change
指标热键	ROC
指标属性	超买超卖型技术指标
指标应用	短线技术指标
原始参数	10
波动范围	以 0 线为中心，上下至正负无限波动

2. ROC 指标基本原理

箱形理论为“高抛低吸”操作提供了极大的便利。那么在平时的操作中，如何寻找箱形股票？或者当行情突破箱形之后，后市如何发展？带着这个问题，不妨来认真研究一下 ROC 指标，也许可以得到确切的回答。

变动率指标（ROC），是通过计算当日股价与一定距离之前的价格变动速度的大小，用以反映股价变动快慢程度的技术指标。其最大特点就是可以同时监视常态和极端两种市场行情，等于综合了 RSI、W%R、KDJ、CCI 四种技术指标的特性。

二、认识 ROC 指标

ROC 指标是测量价位变动量的一种方法。ROC 指标以 0 线作为中轴线，理论上可以上升到无限大，下降到无限小。如图 13-1 所示。

在实际行情变化中，ROC 指标主要围绕 0 线上下变动。若 ROC 值在 0 线之上，且继续上升，表示上涨动量继续增加；若 ROC 值在 0 线之上，但目前正处于下降情形，表示上涨动量已经降低，卖点出现；若 ROC 值在 0 线以下且继续下降，则表示下跌动量仍在增加；反之，若 ROC 指标已反转上升，则表示下跌动量减弱，买点出现。

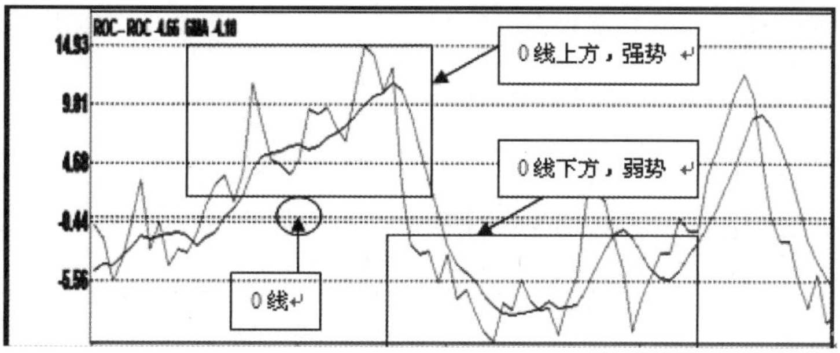

图 13-1

改进后的钱龙分析系统有三条默认曲线，一条是 ROC 线，一条是 ROC 的 N 天移动平均线 ROCMA 线，还有一条是开关参数线（实际应用中该线可以忽略）。行情系统上，白色线为 ROC 线，黄色线为 ROCMA 线。如图 13-2 所示。

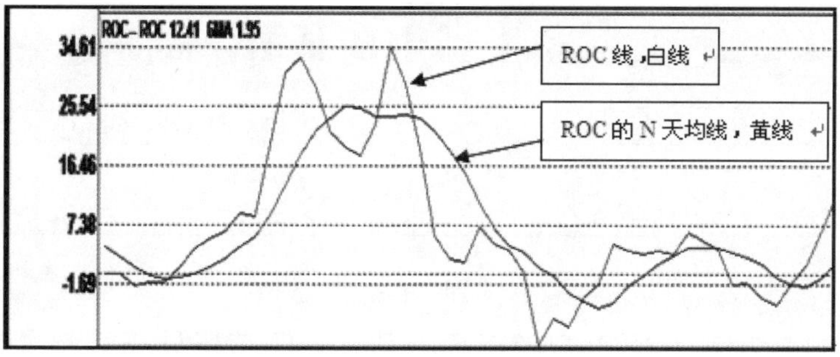

图 13-2

虽然 ROC 指标以 0 线为中心轴，可以上升至正无限大，也可以下跌至负无限小，但基本上 ROC 指标线上下波动会保持有限的幅度，不会无限制地扩展，因此可以设置一条参考线。

ROC 指标的主要作用是判断行情的超买超卖状态，帮助投资者作出最佳买卖决策。

三、ROC 指标应用法则

（1）ROC 指标由下向上穿越 0 线时，表明股价由下跌动能转变为上升动能，多方力量开始强于空方力量，行情将进入强势区域，为买入信号。

ROC 指标由上向下穿越 0 线时，表明股价由上涨动能转变为下跌动能，空方力量开始强于多方力量，行情将进入弱势区域，为卖出信号。

如图 13-3 所示，华贸物流（603128）。该股 ROC 指标向上突破 0 线，同时股价也站在均线系统之上，说明多方力量开始转强，构成较好的买入时机。此后股价出现强劲的主升浪行情，短期涨幅巨大，庄家获利丰厚。

不久，股价在高位出现震荡，ROC 指标持续下行，很快向下击穿 0 线。两天之后，ROCMA 线也向下击穿 0 线，说明股价由强势转为弱势，构成卖出信号。

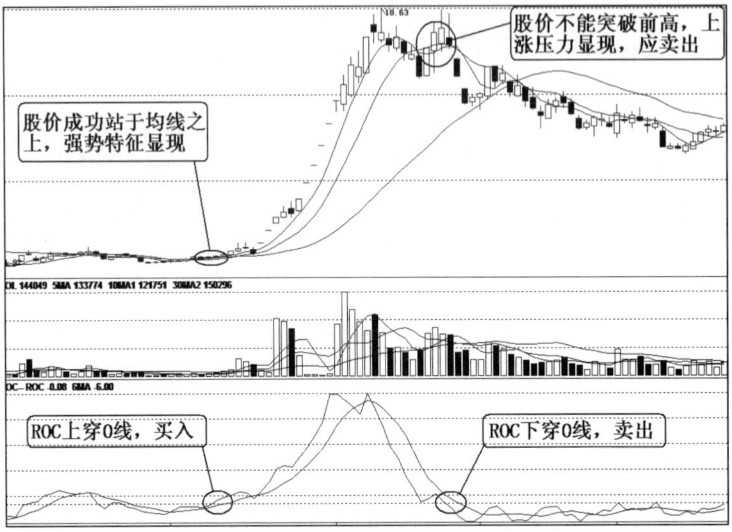

图 13-3

（2）ROC 指标在 0 线上方或持续上升，表明市场处于强势，股价上涨动力充足，多方力量占据绝对优势，股价仍将继续上涨，是较强的持股信号。

ROC 指标在 0 线下方或持续下降，表明市场处于弱势，股价下跌力度较大，空方力量占据绝对优势，股价仍将继续下跌，是较强的持币观望信号。

如图 13-4 所示，富瑞特装（300228）。该股 ROC 指标向上突破 0 线后，一直在 0 线之上运行，说明市场始终处于强势中，多方占据市场优势。在上涨过程中，ROC 指标几次回落，考验 0 线支撑的有效性，然后继续保持强势上涨格局，因此可以坚定地持股不动。直到 ROC 指标向下有效击穿 0 线后，逢高退出观望。

（3）ROC 指标在 0 线上方且离 0 线较远时，如果 ROC 线掉头向下，表明股价上涨动力开始枯竭，短线即将见顶，是短线卖出信号，如图 13-5（左图）所示。ROC 指标在 0 线下方且离 0 线较远时，如果 ROC 线拐头向上运行，表明股价下跌动力开始枯竭，短线即将见底回升，是短线买入信号，如图 13-5（右图）所示。

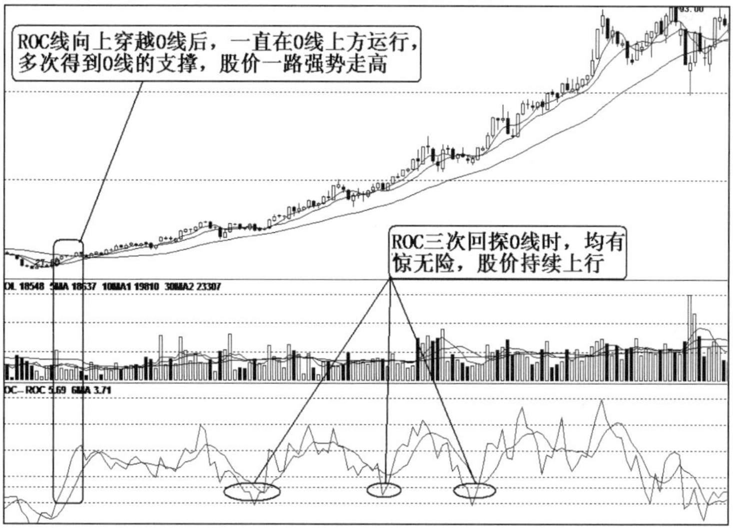

图 13-4

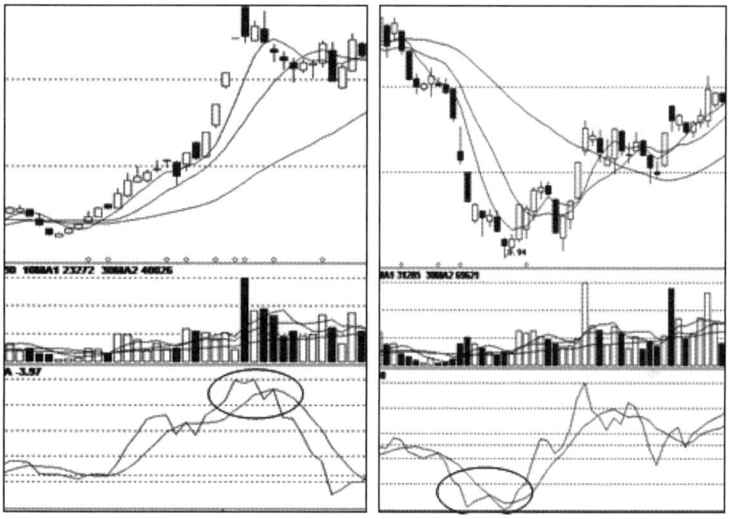

图 13-5

（4）股价创新高时，若 ROC 指标未能配合上升，表明上涨动能不足，出现此现象，应谨防股价反转向下；股价创新低时，若 ROC 指标未能配合下降，表明下跌动能不足，出现此现象，应逢低吸纳。

（5）若股价与 ROC 指标在低位同步上升，显示短期趋向正常，或短期有反弹现象；若股价与 ROC 指标在高位同步下降，显示短期趋向正常，或短期有回落现象。

四、ROC 指标实盘应用技巧

ROC 指标除了用上述基本特征判别行情外，实盘中发现该指标还有其特殊用法。其中有三点需要重点关注：①关注 ROC 指标出现锯齿状走势后的突破方向；②把握 ROC 指标的背离和形态的产生与终结；③了解和掌握 ROC 指标的取值大小，并设定一条参考线。

1. 突破信号

股价长时间在底部盘整，ROC 指标长期（1 个月以上）围绕 0 线上下呈锯齿状运行（ROC 指标在 0 线附近最好），若某一天 ROC 指标向上脱离 0 线，角度在 45 度左右（角度过大，用力过猛；角度过小，用力不够），成交量持续放大，均线系统走势健康，这时为买入点（买入后可能产生回调）。

此方法主要目的是买在起涨点。若是开盘后 30 分钟内出现涨停板，可以大胆追进，成功率较高。

如图 13–6 所示，鹏欣资源（600490）。股价长时间在底部维持盘局走势，ROC 指标在 0 线附近窄幅震荡，且震荡幅度逐步收敛，时间超过 1 个月。不久，ROC 指标开始向上进攻，上攻力度很大，成交量温和放大，此时投资者可以买入。同时，均线系统中的 5 日、10 日、30 日均线黏合后向多头发散，30 日均线也随之上行，买入信号进一步得到验证，可在回调时大胆买入。

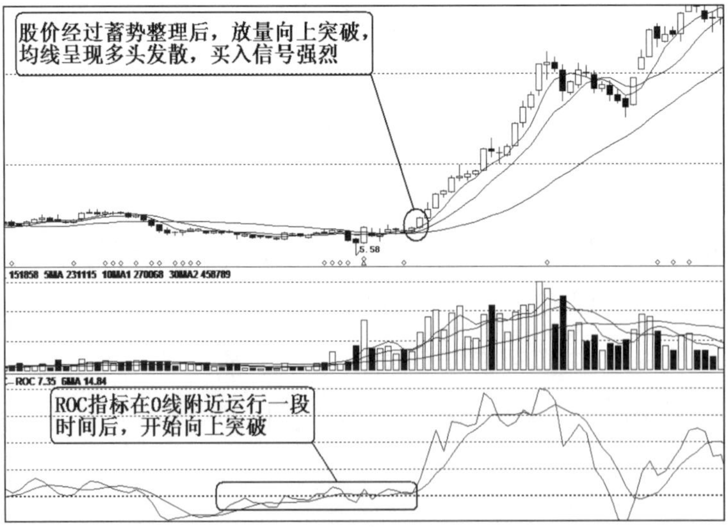

图 13–6

2. 确认信号

当 ROC 指标由下向上穿越 0 线后，由于股价出现二次探底或洗盘回调，ROC 指标也快速回探至 0 线或下穿 0 线，然后重新反转向上穿越 0 线，这时表明探底或洗盘结束，应立即买入。出现此反复现象，多为庄家洗盘所致，后市将展开主升浪行情。

如图 13–7 所示，亚盛集团（600108）。股价在底部盘整一段时间后，庄家成功完成了建仓计划。不久，ROC 指标突然向上突破 0 线，然后再次展开筑底，ROC 指标也快速回探至 0 线附近。ROC 指标在 0 线附近维持短期整理后，很快重新发力上攻，返回到 0 线之上，此时量价配合理想，均线系统黏合后向多头发散，这是极好的买入时机。

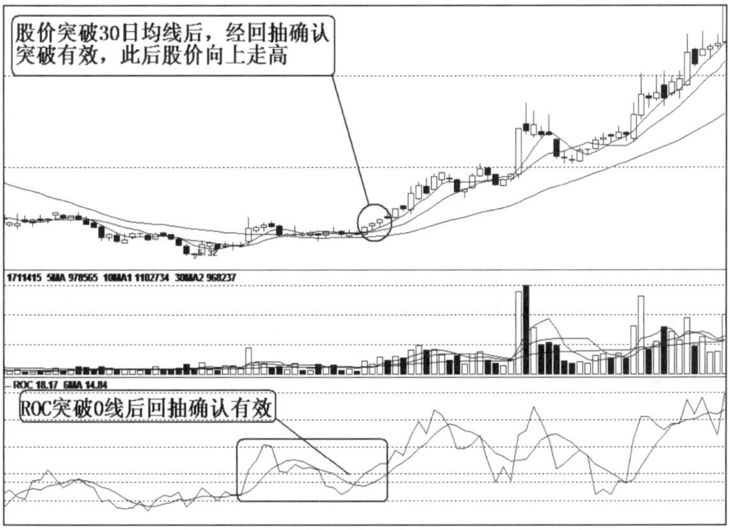

图 13–7

3. 背离信号

（1）顶背离信号。运用 ROC 技术指标时，经常会遇到股价走势与技术指标走势背离的现象。当股价高点比前一次的高点高，而指标的高点却比前一次高点低，也就是说当指标处于高位并形成一峰比一峰低的两个或两个以上峰点，此时股价对应的却是一峰比一峰高，就形成顶背离现象。顶背离表示 ROC 指标怀疑股价的上涨是外强中干，暗示股价很快就会反转下跌。

顶背离信号是股价在高位即将反转下跌的信号，表明股价短期内即将下跌，是比较强烈的卖出信号。顶背离所处的位置越高，形成的时间越靠后，其信号的可靠性越高。如果出现在股价大幅上涨后的高位区域，其信号的准确性较高。

实盘操作中，顶背离信号比底背离信号的可靠性要高，通常在高位出现一次顶背离信号，即可以成为确认信号。低位出现底背离信号，往往需要几次反复确认后才较为可靠。

如图 13–8 所示，兴源过滤（300266）。股价成功见底后稳步上行，并出现加速上涨行情。在涨势接近尾端时，股价与指标出现顶背离走势。从图中可以看出，股价逐波上涨，不断创出上涨新高，但同期 ROC 指标不但没有配合，反而逐波下行，说明股价上涨得不到市场的一致认可。遇到这种走势时，应逢高离场为宜。

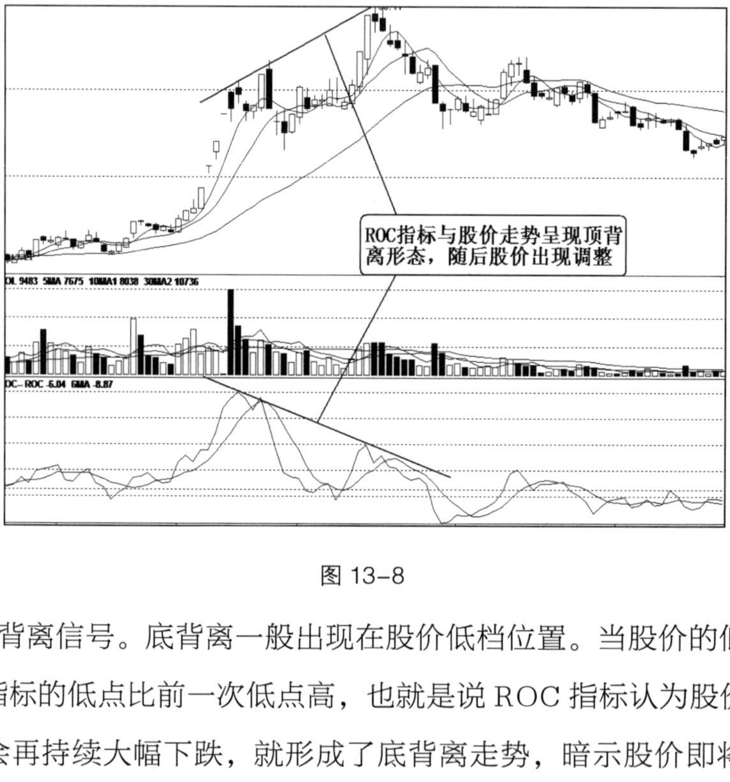

图 13–8

（2）底背离信号。底背离一般出现在股价低档位置。当股价的低点比前一次低点低，而指标的低点比前一次低点高，也就是说 ROC 指标认为股价下跌有非理性成分，不会再持续大幅下跌，就形成了底背离走势，暗示股价即将反转上涨，这是可以开始建仓的买入信号。

底背离所处的位置越低，形成的时间越靠后，其信号的可靠性越高。如果出现在股价大幅下跌后的低位区域，其信号的准确性较高。

如图 13–9 所示，信成集团（600485）。股价见顶后，出现一浪接一浪下跌的走势，不断创出近期新低点，而同期 ROC 指标却未能出现同步下行走势，反而一底比一底高，两者形成底背离走势。底背离说明股价离底部已经不远了，反弹行情一触即发。投资者可逢低介入，做一波反弹行情。此后该股逐步企稳，渐渐步入上升通道，后来走出强劲的盘升行情。

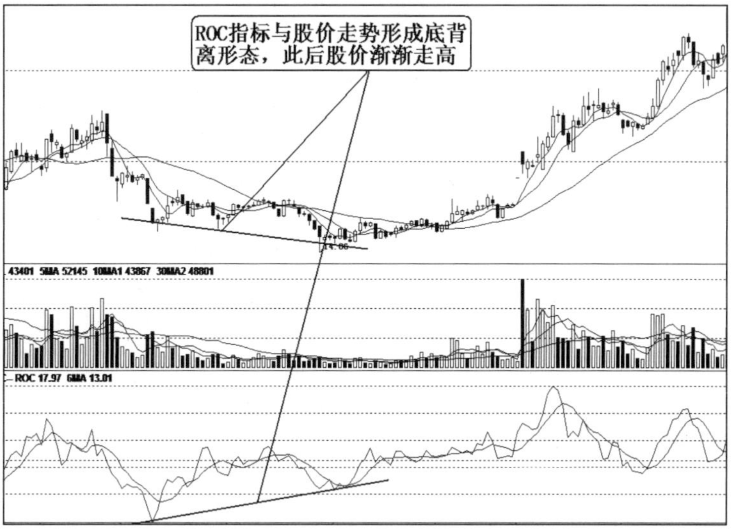

图 13-9

4. 角度信号

（1）当 ROC 指标向上运行角度大于 45 度时，如果 ROC 指标刚刚突破 0 线，说明多方能量开始聚集，股价仍将继续上升；如果 ROC 指标已经突破 0 线向上运行了一段时间，且股价短期内涨幅较大，说明多方能量消耗较多，股价有回跌的可能，投资者可以逢高了结。

（2）当 ROC 指标向下运行的角度大于 45 度时，说明空方的力量比较强大，股价跌势比较迅猛，仍有下跌空间；如果 ROC 指标已经突破 0 线向下运行了一段时间，且股价短期内跌幅较大，说明空方能量消耗较多，股价有企稳反弹的可能，投资者可以逢低轻仓介入做反弹。

如图 13-10 所示，外运发展（600270）。ROC 指标向上突破 0 线后，庄家开始放量拉升，股价出现快速上涨。经过短暂的休整后，ROC 指标再次上行，且角度大于 45 度，显示多方力量强大，涨势十分凶猛。

短线上涨空间较大，ROC 指标已在 0 线上方运行了较长一段时间且远离 0 线，显示多方力量消耗较大，股价有回调的要求。不久，ROC 指标在高位出现向下掉头迹象，日 K 线图中出现阴包阳 K 线组合形态，此时构成卖出信号。

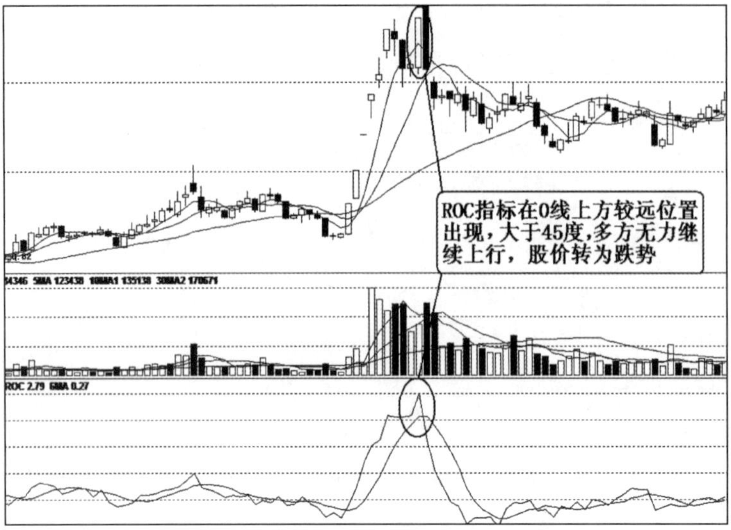

图 13–10

五、ROC 指标的缺憾及克服方法

（1）ROC 指标可以上升至正无限大，也可以下跌至负无限大（绝对值），因此投资者难以把握超买超卖的尺度。

克服方法：可以为 ROC 指标设定上中下各三条线，即以 0 线为中心轴，向上和向下各画出三条等距离的横线，就形成以 0 线为中心轴，包含三条天线和三条地线的参考线。当股价触及第一条天线、地线时，属于常态范围内运动；当股价触及第二条天线、地线时，属于超买超卖状态；当股价触及第三条天线、地线时，属于疯狂性多头或崩溃性空头行情。

（2）每只股票的超买超卖值都不一样，在界定上有一定的难度。

克服方法：界定某一只股票的超买超卖值时，需在图表上显示至少一年的走势，观察其在常态行情中大约上升至何处会下跌，下跌至何处会上涨，这个距离就是第一条天线、地线的位置，再以此等距离向上和向下画出第二、第三条天线、地线即可。

第十四章 /
技术指标应用的若干问题

一、技术分析和指标分析

1. 技术分析

目前，证券投资分析方法分为两种：一种是技术分析，一种是基本分析。技术分析是相对基本分析而言的，是直接对证券市场的盘面动态进行分析，针对证券市场过去和现在所呈现的行为，用数学和逻辑的方法，探索一些典型规律，以此来预测证券市场未来的变化趋势，研判股市行情的阶段性底部和顶部，为投资者在技术上把握最佳买卖时机提供依据。

技术分析和基本分析的目的都是分析证券的投资价值和投机价值，但又有明显的区别。

（1）侧重点不同。基本分析主要是分析证券的内在投资价值；技术分析反映的是证券市场的运行规律。

（2）方法不同。基本分析方法是从证券市场的外部因素，如经济、政治和行业发展等其他因素入手，并从这些外部因素与证券市场相互关系的角度进行分析；技术分析方法则是直接从证券市场入手，根据证券市场的供需关系、市场价格、交易数量、投资心态等市场因素进行分析。

（3）周期不同。基本分析一般具有中长期性；技术分析一般分析的是中短期市场行为。

（4）依据不同。基本分析是以上市公司的财务报表和宏观经济形势等背景材料为主要依据；技术分析是以上市公司股价变动图表为分析的主要依据。

（5）作用不同。基本分析通过对宏观经济形势和公司经营状况、所属行业及发展前景的分析，帮助投资者了解证券市场的发展状况和各种证券的投资价值，从而引导投资者正确选择投资对象；技术分析主要通过对证券市场价格的波动形式、证券成交数量和投资者心理状况等市场因素的分析，帮助投资者选择适当的投资机会和投资方式，对实际的投资活动具有重要的指导意义。

技术分析和基本分析又是相辅相成、缺一不可的，仅凭单一的某种分析方法进行交易是不全面的，只有把两者结合起来使用，才能提高准确度。

实际操作中，有人仅以基本分析来选择长线投资品种，对技术分析不予理会。如果有足够的耐心捂住股票，并正巧逢低介入，逢高派发，应该可以获得丰厚的利润。假如选到好股票并有持股耐性，但不巧的是没有在适当的价位进出，或者在长期持股过程中被庄家的震仓行为吓到而退出，可能就无法获得丰厚利润或者根本无法获利。

可见，无论是短线、中线、长线投资，市场上对于介入或退出一只股票的时机是非常有讲究的。长线投资仍需要技术分析的辅助，以争取获得尽量多的投资回报。

同样，技术分析也离不开基本分析。一则突发性消息或事件，势必影响到技术分析，甚至造成技术分析失效，这与任何一种分析工具都有其自身的局限性一样。事实上，在中国证券市场中，技术分析依然有非常高的预测成功率，这已经被多年的实践所证明。

技术分析和基本分析是两种相互联系又独立完整的分析方法。技术面总是围绕基本面的变化作上下波动，大方向是一致的。当基本面向好时，技术面也随之趋多；反之，当基本面向坏时，技术面也随之趋空。但在中短期趋势上则往往不一致，也就是说基本分析和技术分析两者在价格之间并没有一一对应的关系或者说线性关系。

无论技术分析反映到图表上是怎样千变万化，总是有一定的规律可循的。技术分析的理论基础是三大合理的市场假设。

（1）市场行为涵盖一切。其合理性在于，对证券市场有影响的消息，最终通过投资者的市场行为对价格作出反应。不合理性在于：可能会损失信息。

（2）价格沿趋势演进。价格波动是有规律的，要顺势而为，但外部因素往往被忽略。

（3）历史往往会重演。这主要是从心理面分析。其不合理性在于忽略差异，历史不会简单地重演。

技术分析有量、价、时、空四大要素。简单来说，在量、价历史资料基础上进行的统计、数学计算、绘制图表等方法是技术分析的主要手段。从这个意义上讲，技术分析方法可以有多种，一般可以划分为指标学派、K 线学派、切线学派、波浪学派、形态学派以及周期学派等。

2. 指标分析

技术指标是股民非常熟悉的名词，但是对于指标分析方法目前还没有一个明确的定义。大概的含义是：按事先确定好的固定方法对原始数据进行处理，将处理之后的结果绘制成图表，并用制成的图表对当前行情进行判断，进而预测市场未来的发展趋势，这种方法就是指标分析法。

指标分析是将原始的市场交易数据（有的指标采用原始数据计算出来的派生数据），如开盘价、收盘价、最高价、最低价、成交量和成交金额等，有时还包括成交笔数，按一定的方式进行整理，然后将整理后的数据制成图表。因此，指标分析就是对整理后的数据在图表上的位置及演变趋势进行分析，据此判断股价或股指的变化倾向，从而决定最佳买卖行为。

技术指标之所以能体现股价走势，是因为被广泛使用的技术指标容易得到广大投资者一致或较大程度的认同和信任。在相同心理的影响下，当某一技术指标达到一定位置时，投资者会不约而同地采取相同的投资策略。可见，技术指标往往是借助投资者的心理因素对股价产生影响的。

指标分析要考虑市场行为的各个方面，将原始数据的部分或全部通过一种固定的方法，设定一个数学模型，运用一个数学公式，得出一个数值，这个数值就叫指标值，用这个指标值作为判断股市行情的分析工具。指标值的具体数值和相互间关系，直接反映市场所处的状态，为投资者的操作行为提供方向指导。

指标反映的东西，大多无法从行情报表中直接看到，不同的处理方法会产生不同的技术指标。从这个意义上讲，有多少种处理原始数据的方法，就会产生多少种技术指标；反过来，有多少种技术指标，就表明某种思路前人已经思索过并将其公式化了。其实投资者自己也可以设定一个数学公式，计算出自己感兴趣的技术指标。当然，这些指标能否推广应用，就要看它是否有效了。

目前国内市场上相当多的证券分析软件在做市场推广时，都声称自己拥有“独门暗器”，也就是自己开发出的某种或某几种技术指标，在分析市场时有其独到之处。

（1）指标的类型。

指标分析是股市技术分析的重要组成部分，同技术分析中的K线理论、切线理论、波浪理论、形态理论以及周期理论等一起，并列为技术分析几大重要工具之一。但是和其他几种技术分析工具不太一样的是：指标分析并不是“一种理论”，而是“一种指标”，它是由众多的分析指标组成的。这些指标来自不同的分析人员，依据不同的分析理论，并指向不同的分析目标。

指标分析的一个特点是数量极其庞大（目前有数千种指标，并不断有新指标加入），分析对象五花八门。在这些技术指标中，有的只适用于大市，不适用于个股，如涨跌比率ADR。有的只适用于个股，不适用于大市，如简易波动指标EMV。大多数技术指标既适用于大市，又适用于个股。

指标有多种划分标准，根据其主要功能，可以划分为趋势型、均线型、量价型、能量型、超买超卖型、压力支撑型、大盘型以及图表型、主力型等几大类。这是根据侧重点不同采取的相对归类，有的指标可以同时归为多个类型。

（2）技术指标的盲点。

金无足赤，人无完人。同样，作为分析市场、判断市场的工具，技术指标也有种种不足之处。也就是说，每一个技术指标都有其不适用的时候，或者说都有其易于出错的环境。这种不适用性，通常就是大家所说的技术指标的盲点。

比如，MA、MACD、SAR等技术指标都有共同的盲点：在市场或者个股没有明显趋势或处于盘整阶段时，极易发出错误的买卖信号，使得投资者频繁操作，却不能有所收获。此外，MA还有其自身特有的弱点——即使市场或者某只个股形成了明显的趋势，在趋势进行中，难免会有中途休整或者与原趋相反的短暂运动，但是MA却不能很好地处理这类问题。

又比如KDJ、RSI、W%R等技术指标，也有共同的盲点。由于这些技术指标都具有波动范围，取值都在0～100之间，所以通常将其划分为超买区（强势区域）、超卖区（弱势区域）以及中间常态区（盘整区域）三部分。按照这种划分方法，相当一部分投资者就会以为技术指标超过80就应该考虑卖出，低于20就应该考虑买入。

这种操作是很简单的，同时又是很容易出错的。完全按这种方法进行操作，很容易招致损失。市场处于强势时，技术指标超买后还可以再超买；市场处于弱势时，技术指标超卖后还可以再超卖，这样的市场案例可以说是不胜枚举。

应该说明的是，上述 0 ~ 100 的划分，只是技术指标应用的一个初步过程，仅仅是一个信号。真正作出买卖决定，还必须依据其他诸多因素，比如技术指标的背离、技术指标的形态，甚至是几个技术指标的综合判断。

二、辩证看待技术指标

任何事物都有利有弊，技术指标更是如此。

技术指标是一种辅助性工具，熟练运用技术指标来辅助分析判断股价走势是可以的，但不能把技术指标看成是万能的炒股工具。有的股民对技术指标十分痴迷，已经到了走火入魔的程度，甚至把技术指标当作股价走势。如果对技术指标的“厚爱”超过了对股价走势的研究和对股票基本面方面的关注，就是踏进了技术指标的“迷宫”。

因过分迷信技术指标而赔钱的投资者不在少数。“痴迷”技术指标的投资者，要弄清楚什么样的技术指标在什么时候能够帮你赚大钱或者不赚钱，特别要搞清楚什么技术指标在什么时候很容易赔钱，这样才能趋利避害，帮助你赚大钱。也就是说，投资者需要对技术指标的特性有充分、全面的了解。

技术指标的特性可以从滞后性、阶段性、欺骗性三个方面来认识。

1. 滞后性

由于股价和成交量是技术指标的主要依据，所以先有价和量，后有技术指标，这两者的主次关系不能倒置。股价涨跌不是技术指标好坏的反映，相反，技术指标的好坏只是股价走势的反映。

相对于股价走势而言，技术指标是被动的。技术指标一旦走好，说明股价已经走好；技术指标一旦走坏，说明股价已经下跌。也就是说技术指标是滞后的。

技术指标滞后于股价是明显的，有时候股价已经上涨或下跌了许多，技术指标还来不及反应。如果根据技术指标买卖股票，可能高买好几角、几元或低卖几角、几元，长此下去，对职业股民来说可是一笔不小的损失。

技术指标的滞后性还表现在钝化方面。在股价连续拉升或者庄家凶狠洗盘的时候，许多技术指标仍停留在高位或低位，或继续前进，或停滞徘徊。如果依据技术指标指示的方向操作，那么结果正好与股价运行趋势背道而驰。

股价进入调整阶段后，技术指标的滞后性最令人烦恼。当股价反复震荡的时候，技术指标也跟随着反复走好或走坏，但技术指标的方向与股价走势几乎是相反的：技术指标刚刚走好，股价就可能掉头向下；技术指标刚刚走坏，股价就可能掉头向上。

2. 阶段性

技术指标的阶段性体现在两个方面。

第一，要区分大市的不同势道。势道不同，技术指标的含义和使用方法是不一样的。

（1）在牛市中，做多的数据和技术指标体系偏好，准确率较高，而做空的数据和技术指标体系偏淡，准确率较低。

（2）在熊市中，做多的数据和技术指标体系偏淡，准确率较低，而做空的数据和技术指标体系偏好，准确率较高。

（3）在平衡市，做多和做空的数据和技术指标体系均偏淡，准确率均较低。

第二，要区分股价所处的不同阶段。股价所处的阶段不同，技术指标的含义和使用方法也不一样。

（1）股价刚刚从底部启动，这时候做多技术指标体系的准确率就高；股价刚刚见顶下跌，这时候做空技术指标体系的准确率就高。

（2）在庄家吸货阶段，由于庄家需要通过震荡从别人手中抢夺筹码并吓跑跟风者，所以股价走势总是反复无常。反映到技术指标与股价的关系上，就会出现技术指标刚刚走好，股价就可能走坏，或者技术指标刚刚走坏，股价就可能走好的情况。

（3）在股价调整阶段，股价在一定范围内震荡盘整，往往在百分之几或者再多一点的范围内上下波动，技术指标也在一定的区域内徘徊，这时依赖技术指标指导操作就没有太大的帮助。

盘整阶段，技术指标跟着股价变动，二者在节奏上存在不一致的现象。当技术指标刚刚回头反向运动时，股价却已掉头折返，所以折返的股价就踩到了掉头运行的技术指标的脚尖上。如果技术指标是股价盘整的真实反映，那么这种走势是市场自然而成的；如果技术指标是庄家刻意做出来的，那么这是庄家跟喜欢技术指标的股民开的玩笑。

股价一旦结束调整，将会选择一个突破方向，这时候依赖技术指标的风险更大。因为股价结束盘整时，在选择向上突破前的最后时刻，庄家有时会故意再往下洗一下盘；股价选择向下突破时，庄家有时候会故意再往上拉一把。在这种情况下，依赖技术指标操作极有可能倒大霉。这时候应该结合股价所处的位置来考虑，高位盘整当心股价下跌，低位盘整股价上涨的可能性极大。

（4）在庄家洗盘的时候，为了达到洗盘的目的，庄家可能控制股价短期突破任何支撑和上升趋势。依据向坏的技术指标操作，正好落入庄家的圈套，利益损失将会十分巨大。

（5）在庄家拉升的时候，由于股价拉升速度较快，技术指标往往来不及反应。如果是中途拉升，股价很快就要进入盘整，这时候技术指标刚刚走好不久，依据技术指标操作就可能短期被套。如果是庄家出货前的最后拉升，技术指标就会显示严重超买，但股价仍会持续上涨，依据技术指标操作将会踏空一大段行情，失去赚大钱的机会。

（6）在庄家出货或者高位整理阶段，任何时候走好的技术指标都是中长线套人的信号。庄家一旦出完货，股价进入回落阶段，只要股价没有真正见底，任何上涨都只是反弹而已，任何做多的指标信号，都不过是在诱惑别人买单而已。

如果不分势道，不区别股价所处的阶段，不加区别地看待和使用数据及指标体系，就会落入技术指标的误区，不仅会对技术指标产生迷茫，还有可能不赚钱或者赔钱。

3. 欺骗性

技术指标不一定就是股价走势的真正反映。股票虽然是大家共同参与的，但决定股票涨跌的主要原因还是庄家。在没有行情或者个股没有油水的时候，股价走势也许是真实的，技术指标也许也是真实的。但在个股有较大行情的情况下，股价走势本质上是庄家行为的反映。一只股票有油水，被庄家看中入驻其中，行情越大，庄家玩弄的欺骗花样就越多。

庄家需要“骗”的时候，喜欢利用技术指标。庄家在底部吸货的时候，既要吸货，又怕别人知道，还要让别人不敢跟风买入，“心甘情愿”地抛出手中的筹码；在中途震仓、洗盘和盘整的时候，又要尽可能地甩掉跟风者，适当吸引新的多头入场换手；到了顶部的时候，则以鼓励多头入场接货为主，将烫手的高位筹码扔给看好的多头股民。在这些阶段，技术指标不可能是股价走势的真实反映，更不要说庄家还要千百万计地利用技术指标的一些“优点”和“缺陷”，故意设置圈套和陷阱，引诱别人上当受骗。即便碰到的不是故意制造假信号的庄家，但是如果碰到以反技术操作为主的庄家，太在意技术指标，也容易倒大霉。

三、应用指标需注意的问题

（1）在充分掌握技术指标的特性并能够熟练运用的前提下，利用技术指标分析判断股价走势，是可以达到意想不到的效果的。但是对于普通股民来说，依赖技术指标就像盲人摸象。如果不了解技术指标的特点、缺陷和局限性，不能掌握和熟练运用技术指标，其使用效果就不会太理想。如果又不能区别不同个股、不同市况以及庄家设置的种种陷阱，那么就有危险了。

（2）技术指标只是判断股价走势的辅助工具。技术指标绝对不是决定股票涨跌的主要因素，决定股票涨跌的主要因素是庄家。庄家做盘的时候，根据需要控制指标走势，有时候“刻意调整”技术指标以控制股价的涨跌。当然，庄家也有不在乎、不顾忌技术指标的时候。大部分情况下，技术指标只能作为判断股价走势的参考。单纯以技术指标预测股价涨跌，风险非常大。

（3）过于偏重以技术指标来判断股价走势，这样观察股价走势的周期较短。太在意短期涨跌，太在意财富的短期增减，考虑问题可能比较片面。太注重眼前的短期、局部利益，长远的、整体的利益就可能考虑不够。

（4）可以通过技术指标寻找并辅助判断有炒作价值的股票，但是不能完全依赖技术指标选股，更不能完全根据技术指标炒股。有的股民听别人介绍了一点经验，或者看了书本上介绍的一两个“绝招”，自以为很有道理，就以技术指标来选股、炒股，很容易赔钱。

（5）技术指标的功能和使用方法是不一样的，几个指标之间也有相互打架的时候。要注意区别各种技术指标的特点，弄清各自的优点、缺陷，特别要注意总结实盘经验，找出避免这些缺陷的办法。

（6）技术指标判断还受心理因素影响。在吸货阶段，因为庄家凶狠洗盘引起技术指标超卖和钝化；在出货阶段，因为庄家猛烈拉升引起技术指标超买和钝化。面对这两种情况，如果不能克服恐惧心理，就不可能正确判断股价走势。在盘整阶段，庄家主要以消耗时间为主，消磨投资者的斗志，如果投资者耐心和信心不足，判断也可能出现问题。

（7）技术指标只是一种辅助工具，千万不要把它看得过于复杂。只要心中有“点”、有“线”就可以了，最重要的是看清股价处在什么阶段，庄家的意图是什么。要明白一个道理，简单的才是有用的，千万不要让简单的问题把自己搞乱、搞糊涂。炒股最厉害的应该是“无招胜有招”。要是能够研究出不赔钱并且能够赚钱，庄家都拿它没有办法的办法，那比任何技术指标都管用。

（8）使用技术指标不能走向极端。有的投资者先是盲目地迷信技术指标，甚至走火入魔，出了问题以后，又走向另一个极端，认为技术指标一点作用也没有，这显然是错误的。

简单地说，存在的就是合理的。一个技术指标从其发明以来，能够流传到现在，并被广大投资者认可和接受，显然有其过人之处。

当然，在吃透某一个技术指标之前，单纯地从教条主义出发，比如 KDJ 指标上了 80 线就该卖，低于 20 线就该买，多数情况下是要吃苦头的。

（9）每种技术指标都有自己的盲点，也就是技术指标都有失效的时候。在实盘操作中，应该不断地总结，找出盲点所在，仔细研究指标为何会出现盲点。更重要的是要知道下一次发生同样的情况时，应该怎样去应对。

某一种技术指标失效，并不能说明技术指标无效，也许还有其他的技术指标能够更好地解决这个问题。已经存在的众多技术指标，以及仍在源源不断被发明出来的技术指标，使得投资者除了能够对市场作出定性分析，还能作出定量分析，这无疑增加了操作的准确度。

（10）技术指标说到底是一种分析工具。利用这些分析工具对股市进行预测，每种工具都有自己的适用范围和环境，使用技术指标时，可能因个人、个股、市道、时间的不同而不同。

比如，同样的金叉和死叉，你使用起来得心应手，他使用起来却十分别扭；在这只股票中使用十分凑效，在那只股票中使用无效，甚至出现相反的走势；在上涨的市道中用得很好，在下跌的市道中一无是处；有时候用得很好，有时候用得很差。可见，技术指标因人、因股、因市、因时而异，具体问题要具体分析，不能机械地照搬结论。

四、神奇数列与技术分析的关系

1. 神奇数列组合

神奇数列是由意大利数学家列昂纳多·斐波那契首次提出来的。他在 1202 年所著的《算盘书》中提出神奇数列：1、1、2、3、5、8、13、21、34、55、89、144……。由此推导出来的数列，实际应用远远超出了本身的范围，比如从植物叶子梗子的排列、花朵的花瓣数、蜜蜂的繁殖、音符排列、人口年龄结构预测，直到方程论……，神奇数列引起了科学界的极大兴趣和密切关注，但至今仍未解释出具体原因。这个组合揭示了大自然的规律，应用在证券市场中也具有意想不到的效果。

第一，上述数列中，包含着丰富的内涵。

（1）除前两个数之外，任意相邻两个数之和，等于后一个数。

（2）除前 4 个数外，任意前一位数字除以后一位数字，其值接近 0.618。如：5÷8=0.625；21÷34=0.6176……

（3）除前 4 个数外，任意后一位数字与前一位数字之比，其值接近 1.618。如：8÷5=1.6；34÷21=1.6189……

（4）相隔一个数的两个数字相除，结果分别接近于 0.382 和 2.618。如：21÷55=0.382；21÷8=2.625……

（5）任意一个数字的平方，等于它相邻的前一个和相邻的后一个数的乘积加上 1 或减去 1。如 13 的平方 =8×21−1=169……

第二，上述数列的特征，包含诸多市场现象。

（1）0.382×0.618=0.236，这是较为少见的波浪理论第 2 浪或第 4 浪的回吐比率，通常在事后才发现，这时调整已经结束。

（2）0.382 是第 4 浪常见的回吐比率，部分第 2 浪的回吐比率，以及 B 浪的回吐行程。

（3）0.5 是 B 浪的调整幅度。

（4）0.618 是大部分第 2 浪的调整幅度，B 浪的调整比率，第 5 浪的预期目标。

（5）1.618÷1.382，在不规则的调整形态内，可以利用 B 浪对 A 浪的关系，预测 B 浪的目标。

（6）1.618 是第 3 浪与第 1 浪的关系，B 浪与 A 浪的比率。

2. 黄金分割率

黄金分割率的基本公式，是将 1 分为 0.382 和 0.618 两个数，然后再根据不同要求，演变成其他的计算公式。其中较为常见的比值包括 0.191、0.382、0.5、0.618、0.809；1.382、1.5、1.618、2、2.382、2.618。

那么，0.382 和 0.618 究竟有什么“黄金”含量呢？埃及著名的金字塔与上述神奇数字有着密切的关系。金字塔的几何形状有 5 个面，8 个边，总数为 13 层，从任何一边看上去，都可以看到三个层面。金字塔的长度是 5813 寸，即 5+8=13，高和低的比率是 0.618。

黄金分割率在证券市场中的应用十分广泛，其作用也十分神奇。当一轮行情上涨或反弹到黄金分割线时，就会遇到很大的压力，容易出现回落；反之，当行情下跌或回档到黄金分割线时，就有可能获得支撑，产生反弹。黄金分割率印证了中国股市近 30 年的发展规律。

3. 神奇数列与技术分析的关系

在证券市场中，神奇数列之所以能够持久应用，是因其使用结果的准确度之高令人信服。利用神奇数列作出股价或指数的支撑线与阻力线，判断行情在涨跌过程中可能受到的支撑与阻力，能帮助投资者更好地把握买卖时机。最常用的是0.382、0.5、0.168这三个比率，能够对股价形成初级、中级、高级三个档次的支撑或阻力。

例如，在波浪理论中，一个完整的波浪形态，由一个上升主浪和一个下跌主浪构成。上升主浪有5个子浪，包括3个上升浪和2个调整浪；下跌主浪由3个子浪构成，包括1个上升浪和2个调整浪。这样一个完整的波浪形态，由8个子浪构成。

在循环周期理论中，8、13、21、34、55都是一些重要的循环周期，1天、2天、3天、5天、8天……，周、月、年，也可以等同运用，这样就更有利于从时间角度对市场行情的运行趋势进行预估。有时将这些数字配合在周线中，可以帮助我们发现一些中期及长期波动的顶点及底点。

在技术指标中，将部分神奇数字运用到技术指标的参数中，也具有神奇的效果。一般日线（分钟线）变盘的重要参数：8、13、21、34、55天（或小时），其中尤以13、34、55相对重要。周线中，8、13、21、26（13×2=26）周，可能有变盘的意义。月线中，13、17（34÷2=17）个月显得尤为重要。将这些神奇数字作为某些指标的技术参数，如移动平均线等，效果非常明显。

K线理论、切线理论、形态理论也与神奇数列有一定的联系。

神奇数列包含大自然的神秘规律，运用于股市技术分析中，能充分揭示人们的心理因素及股市内在的规律。由于市场人为炒作的因素居多，因而神奇数列运用于指数分析上效果更为明显。根据神奇数列计算出来的结果，只是为投资者提出了一个参考依据，不能过分依赖，还要与其他因素进行综合研判。

五、技术指标的计算及综合应用

1. 技术指标的计算

任何一个技术指标的问世，都是经过原创者严谨而繁琐的推导计算，并在市场上经过无数次验证后，才逐渐被使用者接受的。

早期的技术指标绘制过程，是通过人工计算来完成的，使用者必须将每天发生的新数据进行繁琐的计算，将最后得数绘制于图表上，这样一项一项地完成每个指标的绘制工作。常用的大多数指标演算过程十分复杂，不能有丝毫的差错，否则就会导致指标偏差。可见，绘制技术指标不仅费时费力，还要求使用者具备一定的数学应用知识。

在高科技飞速发展、电脑软件高度普及的21世纪，以手工计算技术指标实在是吃力不讨好的事情，也毫无必要。瞬息万变的股市行情，通过电脑就可以自动绘制出各种指标的标准图形，人们只需要根据自己的爱好设定技术参数，轻轻点击一下鼠标，即可获得满意的图表。其实，作为一般投资者，无须花太多的时间和精力去推敲指标的计算过程，只要熟悉其中的概念及参数设置就差不多了。

基于上述因素，本书省略了技术指标的计算推导过程（有的书籍把计算过程介绍得太繁琐，不易懂，使许多投资者远而弃之，实在是费力不讨好），只教会读者一套崭新的操作方法和技巧，借以寻找股市的共振点及指标的顶部、底部，从中揭示主力吸筹、试盘、洗盘、拉升、出货的五步曲。

2. 技术指标的综合运用

曾经有投资专家将证券市场行情的综合研判，比作价、线、量、突发因素、市场感觉（首先要有大量的市场实践才能找到感觉）和最终把握进出节点这六个因素所组成的六维空间。这六个因素中，价、线、量、突发因素，投资者可以说比较熟悉，但理解有别。市场感觉则少不了在实践过程中，在技术分析方面经受许多磨练，最终达到“任凭风吹浪打，胜似闲庭信步”的从容境地。把握进出节点，正是投资者最为关注的问题，它与技术分析的过程是密切相连的。

那么如何进行综合研判呢？不同的技术分析者有不尽相同的方法，但最后也能达到不谋而合的目的：以最小的投入，获取最大的收益。

由于技术指标种类繁多，所以要考虑的方面就很多，人们能够想到的，几乎都能在技术指标中得到体现，这一点是别的技术分析方法无法实现的。在实盘操作中，不少技术指标能相互印证补充。投资者在掌握尽可能多的技术指标的应用方法之后，在操作中要把它们融会贯通，综合应用。亦即当某些技术指标发生买卖信号后，投资者可以参考其他技术指标，观察其他技术指标所在的位置，以及是否也同时发出买卖信号。当相关的多项技术指标共同发出了买卖信号时，证明此时的买卖决策可靠性比较高。

由此可见，在掌握技术指标数量上“多多益善”的同时，还要在实际应用上精益求精。通常使用的方法是以四五个技术指标为主，其他指标为辅。当然，技术指标的选择各人有各人的习惯，不能强求。但是，实盘效果有好有坏，对常用的几个技术指标，应该不断地在实盘中进行总结和提高，以使其更好地为自己的收益作出贡献。

在进行技术指标分析和判断时，也可以使用别的技术分析方法得出的基本结论。比如，在使用 RSI 等技术指标时，要用到形态学中的头肩形、颈线和双重顶、双重底，以及切线理论中支撑线和压力线等分析方法。由此可以看出，全面学习技术分析的各种方法是很重要的，只注重一种方法，对别的分析方法一无所知，会严重影响判断的准确度。

最后，祝大家能够恰到好处地利用技术指标，为自己在市场投资中带来不错的收益！